山东社会科学院出版资助项目

段晓宇 著

贸易政策扭曲与中国虚拟水进口贸易利益研究

VIRTUAL WATER

中国社会科学出版社

图书在版编目（CIP）数据

贸易政策扭曲与中国虚拟水进口贸易利益研究/段晓宇
著 . —北京：中国社会科学出版社，2020.10
ISBN 978 – 7 – 5203 – 6783 – 7

Ⅰ.①贸… Ⅱ.①段… Ⅲ.①水资源—进口贸易—贸易
利益—研究—中国 Ⅳ.①F752.61

中国版本图书馆 CIP 数据核字（2020）第 124169 号

出 版 人	赵剑英
责任编辑	李庆红
责任校对	夏慧萍
责任印制	王 超

出 版	中国社会科学出版社
社 址	北京鼓楼西大街甲 158 号
邮 编	100720
网 址	http://www.csspw.cn
发 行 部	010 – 84083685
门 市 部	010 – 84029450
经 销	新华书店及其他书店
印 刷	北京君升印刷有限公司
装 订	廊坊市广阳区广增装订厂
版 次	2020 年 10 月第 1 版
印 次	2020 年 10 月第 1 次印刷
开 本	710×1000 1/16
印 张	14
插 页	2
字 数	209 千字
定 价	78.00 元

前　言

近年来，随着国际贸易的深入发展，中国传统的贸易发展模式遭到诸多学者的质疑。一方面，由于贸易政策制定的惯性，中国不能动态有效地优化自身的实际贸易利益；另一方面，低附加值高能耗的粗放型贸易发展模式不可持续。当前，中国已经进入建设新经济体系的"过关期"，保证贸易发展的质量、提高双边贸易利益，是中国经济发展的首要任务。传统的统计口径不能充分体现经济体参与经济全球化的贸易利益，"虚拟水贸易"的概念应运而生。"虚拟水"是指商品和服务的生产活动中所必须耗费的水资源。顾名思义，"虚拟水贸易"理论主要考察商品的跨境流动背后隐含的水资源跨国及跨区域流动。"虚拟水贸易战略"主张水资源稀缺的国家及地区通过进口密集使用水资源的商品来缓解水资源稀缺的现状，与此同时，水资源丰裕的国家及地区出口密集使用水资源的产品，进而优化水资源在全球范围内的配置效率。

如何优化我国双边虚拟水进口带来的贸易利益成为当前亟待解决的问题，而若能将推动我国优化虚拟水进口贸易利益的战略目标与我国现有的贸易政策体系有机融合，将为我国规避国家之间贸易摩擦、形成水资源战略优势打下基础。然而必须承认，自由贸易状态下的虚拟水贸易利益尚未得到精确度量，现实情况中存在的不同种类的贸易政策扭曲可能造成对当前中国虚拟水进口贸易利益的高估或低估。如何识别中国当前贸易政策扭曲影响下的双边虚拟水进口贸易利益？近年来中国的贸易政策扭曲指标体系对中国双边虚拟水进口贸易利益是正向促进还是负向抑制？为了回答上述问题，本书对中国当前面临的贸易政策扭曲水平及结构进行了全面测度。本书通过选取一系列指标，运用贸易限制指数方法系统刻画不同种类的贸易政策扭曲水平。具体包括中国对进口贸易实施的非关税贸易壁垒、中国双边贸易遭遇的关税贸易壁垒以及由于特惠贸易协定的签订带来的一系列贸易政策扭曲指数。由于非关税贸易壁垒有配额、非自愿许可证、反倾销、技术贸易壁垒等多种形式，本书首先将所有类别的非关税贸易壁垒转化为可以与关税贸易壁垒进行比较的从价关税等值，在此基础上基于贸易限制指数方法分别构建了仅包含关税贸易壁垒和同时包含非关税贸易壁垒的绝对贸易政策扭曲指数。本书随后为了专门考察特惠贸易协定对贸易可能带来的扭曲效应，通过借鉴贸易限制指数方法同时构建了相对贸易政策扭曲指数，进而完善了贸易政策扭曲指数评价体系。

　　本书基本结构和主要内容如下：导论主要介绍了本书的选题背景、研究意义、研究思路、内容、方法以及创新点和不足之处。第一章为相关文献综述，主要包括三个部分，一是贸易政策扭曲的相关研究，二是虚拟水贸易利益的相关研究，三是贸易政策扭曲影响虚拟水贸易利益的相关研究。第二章是对中国贸易政策扭曲与双边虚拟水贸易进行测度与分析，首先基于贸易限制指数理论构建了我国贸易政策扭曲指标体系并进行相应测算，随后基于投入产出方法测算了中国双边虚拟水贸易的各项指标。第三章为贸易政策扭曲对虚拟水进口贸易利益的影响机理分析，借鉴 Eaton 和 Kortum（2002）构建的理论模型，分析贸易政策扭曲对双边虚拟水进口贸易利益的作用机制。第四章至第六章分别对贸易政策扭曲影响中国双边虚拟水进口贸易利益的综合效应进行了三个层面的实证检验，即贸易政策扭曲作用下的中国双边虚拟水进口贸易流向偏离效应、贸易流量效应及贸易结构效应，证实了前文的理论分析结论。第七章为研究结论、政策建议以及研究展望。

　　本书通过理论与实证分析、边际分析、投入产出分析以及多种计量方法的综合运用，得出如下结论：

　　第一，本书的测算结果表明，与 2000 年相比，中国的绝对贸易政策扭曲程度在 2001—2005 年的下降趋势较为明显，但是在金融危机之后有轻微上扬的趋势，而相对贸易政策扭曲指数没有随时间变化逐年下降的趋势，且在 2008 年前后的波动较为明显。本书的测算结果同时显示中国对不同贸易伙伴采取的贸易政策形成的贸易政策扭曲水平存在较大差异。经过测算，本书同时发现中国双边虚拟水贸易体量巨大，前景广阔。中国是总量虚拟水的净进口国，从虚拟水贸易类别看，在所有类别中，绿色虚拟水贸易占中国总量虚拟水贸易的比重最高，中国在部分年份的双边虚拟水贸易存在对外的灰色虚拟水净流出，灰色虚拟水净出口带来的环境影响不容忽视。

第二，关税贸易壁垒以及非关税贸易壁垒的从价关税等值形成的贸易政策扭曲对进口方的双边虚拟水贸易流量带来负向抑制效应。而与一般的贸易政策扭曲影响商品贸易的作用机理不同，贸易政策扭曲不仅对虚拟水双边进口贸易的流向、流量以及结构变动带来直接的扭曲效应，还通过前后向产业关联的投入产出关系影响到中间品和中间复合品生产商的成本约束，进而造成了贸易政策扭曲的间接效应。此外，虚拟水贸易的进出口双方的直接水耗系数的变化率也是导致一国家或地区虚拟水进口贸易利益发生变动的重要来源。

第三，在不考虑贸易政策扭曲的前提下，中国双边虚拟水进口贸易流向偏离现象较为严重，而各类贸易政策扭曲指标能分别解释上述现象。在所有贸易政策扭曲指标中，导致中国双边虚拟水进口贸易流向偏离现象最为明显的是相对贸易政策扭曲指数。在所有的行业中，中国双边虚拟水进口贸易流向最不符合理论预期的行业主要有非金属矿物制品业和农、林、牧、渔业，双边虚拟水进口贸易流向最符合理论预期的主要是健康与社会工作行业。在所有贸易政策扭曲指数中，相对贸易政策扭曲对中国双边虚拟水进口贸易流量无效率项的影响最高。因此，由于特惠贸易协定的签订带来的贸易政策扭曲效应不容忽视。经过比较，本书同时发现中国双边虚拟水进口贸易流量最有效率的来源地主要有自然资源较丰富和与中国地理距离相对较近的国家和地区，而中国需要注意提高从土耳其、立陶宛、希腊等国家及地区进口虚拟水的效率水平。不同种类的贸易政策扭曲对中国虚拟水进口贸易结构升级效应作用显著：绝对贸易政策扭曲显著抑制了中国虚拟水进口贸易结构的优化升级，而当前通过签订特惠贸易协定形成的相对贸易政策扭曲指数能够促进中国虚拟水进口贸易结构的优化升级。产业前后向关联程度显著增强了贸易政策扭曲对中国双边虚拟水进口贸易结构升级的作用程度。

　　本书的学术贡献在于对贸易政策扭曲作用下的中国虚拟水进口贸易利益进行了系统回答，其中对于贸易政策扭曲如何影响中国虚拟水进口贸易利益的作用机理突破了传统分析框架；本书的另一个理论突破在于基于贸易限制指数的方法在一个统一的框架下对贸易政策扭曲进行全面的测度，能够丰富扩展相关文献。本书的现实意义在于通过解读不同种类的贸易政策扭曲对虚拟水贸易利益的综合作用，为将来相关的贸易政策制定提供理论依据。当然，由于水平有限，书中疏漏与不当之处难免，敬请指正。

段晓宇

2020 年 3 月

目　录

导　　论

第一节　选题背景与研究意义

一　现实背景

改革开放以来，中国对外贸易取得了突飞猛进的发展。根据海关统计数据，1979 年中国进出口贸易总额仅为 206.4 亿美元，2016 年进出口贸易总额已达到 36855.6 亿美元，较 1979 年增长了约 177 倍。尤其是自加入 WTO 以来，中国对外贸易增长迅速：2001 年至 2016 年中国对外贸易总额年均增长率为 15.2%，远远超出世界平均水平。然而需要认清的是，中国现有的对外贸易发展模式不可持续，一方面中国对外贸易的高增长是以自然资源尤其是水资源的高消耗、高污染为代价的粗放型增长，另一方面中国的水资源现状却不容乐观。根据世界银行的数据，截至 2014 年，中国的人均可再生内陆淡水资源为 2062m^3，相对于 1962 年下降了 51%，且仅为世界平均水平的 34.8%；《世界水资源发展报告 2018》则指出，预计至 2050 年世界对水资源的总需求将提高三分之一，以中国为代表的诸多国家环境污染严重，生态平衡状况逐年恶化。当前，世界各国对水资源等战略性资源的争夺愈演愈烈，在经济全球化推动资源全球化进程加速的背景下，各国政府对与贸易相关的资源与环境问题更加关注，中国由于环境问题面临的国际压力也有所增加。中国的贸易增长与水资源合理利用之间的矛盾日益突出，而水资源稀缺已经成为制约中国经济长远健康发展的重大现实问题。基于此，中国提高水资源配置效率、走出水资源困境，提升双边贸易战略优势迫在眉睫。

商品和服务贸易与水资源配置效率之间的关系逐渐引起关注，"虚拟水贸易"理论应运而生。"虚拟水"是指生产一单位商品和服务必须使用的水，即凝结在商品和服务中的水资源含量（Allan，1997）。在虚拟水概念的基础上，可以将虚拟水进一步细分为蓝色虚拟水、绿色虚拟水以及灰色虚拟水（Chapagain & Hoekstra，2011）。其中，蓝色虚拟水是指以地表水和地下水形式投入商品生产过程中的虚拟水，也包括生产过程中浪费以及蒸发的水量；绿色虚拟水主要指以自然降水形式进入商品生产而使用的虚拟水；而灰色虚拟水则指生产污染型商品或从事污染型服务活动所必须使用的虚拟水总量。顾名思义，虚拟水贸易的具体含义是指商品与服务贸易背后隐含的虚拟水的跨国流动。Allan（2003）提出水资源丰裕的经济体更应当鼓励虚拟水的出口，降低虚拟水的进口；而水资源稀缺的经济体应当增加虚拟水的进口，约束虚拟水的出口。理论上，虚拟水贸易使水资源从水资源丰裕的经济体流向水资源稀缺的经济体，因此将优化全球范围内的水资源配置效率，然而虚拟水贸易的现实情况却与理论预期有一定偏差。以中国为例，根据水足迹数据网络（Water Footprint Network）的数据，中国作为轻度缺水国家①，1996—2005 年年平均出口虚拟水量高达 1427 亿吨，进口虚拟水 1192 亿吨，是总量虚拟水的净出口国，且年均虚拟水净出口总量达 235 亿吨。按类别看，中国的蓝色虚拟水和绿色虚拟水年均净进口量分别为 289 亿吨和 12 亿吨；同时中国也是主要的灰色虚拟水净出口国，每年的灰色虚拟水净出口量高达 536 亿吨。综上，虽然中国虚拟水贸易体量巨大、前景广阔，但并没有完全依据要素禀赋论进行虚拟水贸易，因此中国虚拟水贸易获得的实际贸易利益需要进一步的系统科学的评估。

自由贸易条件下中国能否优化自身的虚拟水贸易利益尚未经过系

---

① 按照国际标准，人均可再生水资源低于 3000 立方米的国家为轻度缺水国家；人均可再生水资源低于 2000 立方米的国家为中度缺水国家；人均可再生水资源低于 1000 立方米为严重缺水国家；人均可再生水资源低于 500 立方米的国家为极度缺水国家。由世界银行的数据，中国可再生的人均可在生水资源为 2119 立方米，因此是轻度缺水国家。

统度量，贸易政策约束下中国的虚拟水贸易利益更是值得进一步关注。根据 WTO 的监测报告，中国的平均关税水平近年来得到了大幅度削减，然而仅关税水平的削减并不能代表贸易政策扭曲的整体水平的下降。由全球贸易预警（Global Trade Alert，GTA）的数据可知，2008 年年底以来中国针对商品进口采取了 529 项贸易政策干预措施；中国的商品出口整体则受到贸易伙伴国 5358 项贸易政策干预的影响，处在世界排名第一的位置。从行业维度看，基础有机化学、基础无机化学、金属废料加工、有色金属冶炼等行业是我国受贸易政策干预最多的行业，上述各行业也是水资源消耗系数较高以及水污染比较严重的行业。尤其是近年来，以美国特朗普政府为代表的少数国家奉行贸易保护主义政策，譬如，2018 年 3 月 8 日，备受关注的《全面进步的跨太平洋伙伴关系协定》（CPTPP）得以签署，并于 12 月 30 日正式生效。[①] 全球范围内的贸易自由化前景不甚明朗，也增加了中国政府应对贸易伙伴政策变化对自身贸易政策工具进行调整的难度。因此，精确测度贸易政策扭曲的实际水平、深入挖掘贸易总量背后的虚拟水含量，进而立足于我国基本国情和行业现状进行相应的贸易政策调整及优化，不失为规避贸易摩擦、形成中国水资源战略性优势并实现我国对外贸易可持续发展的良策。

二　理论背景

各国及地区参与国际分工获得的实际贸易利益一直是国际贸易学领域的一项经久不衰的研究主题：从古典贸易理论、新古典贸易理论到新贸易理论和新新贸易理论，都试图对一个国家参与国际分工取得多少贸易利益做出回答。然而由于贸易利益属于一种规范的价值判断，目前在学界针对贸易利益相关概念的界定尚未达成统一认识。重商主义认为国别之间的贸易差额是国际贸易利益的根本来源，而古典贸易理论的代表人物亚当·斯密（1776）则指出国际生产分工带来的资源优化配置是一国贸易利益的主要表现。新古典贸易理论则认为生

---

① 白洁、苏庆义：《CPTPP 的规则、影响及中国对策：基于和 TPP 对比的分析》，《国际经济评论》2019 年第 1 期，第 58 页。

产交换为消费者和生产者分别带来剩余，与此相对应，贸易利益则可以具体划分为消费者剩余和生产者剩余。新贸易理论通过引入垄断竞争和规模收益递增假设，认为消费种类多样性的增加也是一国贸易利益有所提升的体现。

当前，全球范围的资源整合进入新一轮的调整阶段，学术界对贸易利益的研究视角也发生了巨大变化。Koopman 等（2014）指出，总量贸易的统计口径已经不能够充分表示国家之间价值增值的流动，而基于投入产出分析的资源再分配效应为各国的贸易利益来源提供了一种新的解释。早在 1935 年，Leontief 的研究就开始强调最终品双边贸易背后的要素跨国流动带来的贸易利益，随后，以 Hummels 等（2001）、Yi（2003）、Baldwin 和 Nicoud（2014）为代表的诸多学者克服了经典的 Leontief 投入产出统计方法存在的重复计算问题，通过引入中间品贸易、引入产业前后向关联等方法对各国贸易活动带来的贸易利益进行了更为完善的测算，为国际贸易学相关领域的研究注入了新的血液。

虚拟水贸易战略试图从水资源配置效率的视角诠释贸易利益的来源，其本质是刻画双边商品贸易背后水资源要素的跨国流动，因此自该理论被提出以来就吸引了学界的广泛关注。该理论不仅为世界各国及地区在缓解水资源稀缺现状的基础上优化本国贸易发展模式提供了新思路，也从可持续发展的视角丰富和发展了国际贸易学经典理论——比较优势理论。然而自虚拟水贸易概念被提出以来，就受到了部分学者的质疑。诸多学者通过测算，认为存在类似于"里昂惕夫之谜"的"虚拟水贸易悖论"现象：在实际的双边虚拟水贸易进程中，出现了缺水国家或地区大量出口水资源密集型产品、进口水资源稀缺型产品的现象（Ansink，2010；Wichelns，2004；Kumar & Singh，2005；Guan & Hubacek，2007）。"虚拟水贸易悖论"现象显然是对比较优势理论的挑战，而贸易政策扭曲种类繁多且难以直观测度，更是为相关的政策制定增加了难度。

毫无疑问，新古典贸易理论宣扬的自由贸易作为实现贸易利益最大化的根本手段，能够促进世界总体福利水平的提升。但无论是在国

家及地区之间还是内部，都始终存在着贸易利益分配的矛盾，这也为
现实中各国普遍存在的贸易保护提供了合理化借口。目前已有诸多研
究指出良好的贸易政策环境能够促进一国的贸易活动，减缓资源配置
的扭曲程度，而不良的贸易政策环境容易引发贸易摩擦和增加贸易成
本，并造成贸易国的福利损失（Martin et al.，2003；Kee et al.，
2009；Fugazza & Nicita，2013）。此外，也有学者指出由于当今世界
政治经济格局的变动，近年来贸易政策扭曲的不确定性也逐年增加
（Rodrik，1991；Handley & Limão，2015）。值得注意的是，近年来学
界针对贸易政策的研究主要转向对贸易成本的研究，原因在于无法准
确地测度贸易政策扭曲的真实水平，然而贸易政策对贸易量的实际影
响却不容小觑（Goldberg & Pavcnik，2016）。贸易政策扭曲的多样性
与复杂性限制了对虚拟水贸易战略效应的精确评价。因此，准确理解
并合理度量现实中的贸易政策扭曲及其造成的虚拟水贸易利益损失，
将有助于政策制定者更加深入认识和把握贸易政策的内涵，同时为优
化我国虚拟水贸易利益打下基础。

学界已有大量文献对关税贸易政策扭曲的数值测度进行研究，比
较常见的方法主要有贸易简单平均关税、贸易加权平均关税、有效保
护率等测度方法，上述方法操作简单易行，度量结果也比较直观，然
而却存在较多的离群值，且内生性问题难以克服（Kee et al.，2008）。
基于此，Anderson 和 Neary（1994）创造性地提出了贸易限制指数理
论，克服了传统测度方法的内生性问题。贸易限制指数理论具有较为
坚实的理论基础，该理论通过构建一般均衡模型分析的方法为科学测
度贸易政策的扭曲程度提供了有力保障。然而考虑到数据的可获得性
与计算的复杂性，传统的贸易限制指数理论仅仅针对存在关税壁垒和
配额的情形进行了特定分析，并未对更广泛意义上的贸易政策扭曲做
出深入研究。目前，已有针对非关税壁垒的相关研究主要集中在对动
植物卫生检疫措施（SPS）、技术性贸易措施（TBT）以及反倾销
（Anti – Dumpimg）、反补贴（Anti – Subsidy）措施上的研究，并多数
采取引力模型的方法对某一项的贸易政策扭曲进行测度，对非关税贸
易政策整体的涵盖程度较低（吴国松，2012）。此外，特惠贸易协定

带来的贸易创造和贸易转移效应将会为贸易政策扭曲的测算增加难度。而根据 Limão（2016）的研究，截至 2010 年，特惠贸易协定签订的次数已经是 1990 年的四倍，而每个 WTO 的成员国又分别平均签署了 13 项特惠贸易协定。在此理论背景下，如何对贸易政策扭曲测度模型进行扩展和修正，在一个更富有解释力的统一框架下更精确地测度贸易政策扭曲效应、进而优化中国虚拟水贸易利益理应成为下一步研究的重点。

三　研究目的与意义

从时间维度看，历史上真正的自由贸易仅在很短时期内的少数国家及地区实现过，大多数国家出于保护本国产业的目的对贸易保护政策工具青睐有加。贸易政策上的国别差异增加了交易的不透明性和不确定性，而种类繁多且隐蔽的贸易政策扭曲广泛存在更是不容忽视的问题。那么贸易政策扭曲对中国的贸易利益产生了什么效应？对上述问题的回答能够使我们更好地认清中国参与经济全球化所处的位置，也为政策制定者采用何种政策工具提供理论上的指引。虚拟水贸易试图从双边商品贸易背后隐含要素的视角对中国贸易利益问题给出一种解释。与研究宏观层面的贸易利益相比，研究贸易总量背后的水资源含量同样意义重大，而一系列投入产出理论为要素层面的相关研究提供了坚实的理论基础。根据以上现实和理论背景，本书将丰富和拓展相关文献，在一般均衡分析框架下，从经济全球化中贸易隐含要素的角度系统评价中国贸易政策扭曲下的虚拟水贸易利益，在此基础上制定科学的、行之有效的贸易政策调整体系，进而对中国的虚拟水贸易利益进行优化。基于此，本书的研究目标在于结合全球国家（地区）与行业间的前后向关联特征，通过理论分析和经验检验分析贸易政策扭曲对虚拟水贸易利益的综合影响，具体包括以下四个方面。

（1）对贸易政策扭曲作用下中国虚拟水贸易利益的全面解读

本书结合投入产出分析的最新研究成果，根据虚拟水贸易的特征，对当前中国面临的虚拟水贸易利益进行全面的系统评估，目的在于回答以下问题：中国当前的虚拟水贸易利益具体包括哪些方面？中国当前的虚拟水贸易利益具有什么行业特征？

（2）对贸易政策扭曲中国虚拟水贸易影响机制的深入分析

本书结合虚拟水贸易的特征构建一般均衡模型，在全球各产业存在前后向关联的背景下从理论上分析贸易政策扭曲变动对中国虚拟水贸易利益的作用，目的在于回答以下问题：贸易政策扭曲对虚拟水贸易利益的作用机制是什么？其中产业之间的前后向关联关系的主要特征及作用是什么？

（3）对中国现有贸易政策扭曲程度及其变化趋势的全景把握

本书将结合非关税壁垒复杂且隐蔽的特征，对贸易限制指数理论体系进行丰富和完善，在一个统一的框架之下构建商品层面加总的关税贸易政策扭曲指数、总体贸易政策扭曲指数以及相对贸易政策扭曲指数，并试图对下面两个问题做出回答：中国的贸易政策扭曲的实际水平是多少？中国对外实施的贸易政策扭曲具有哪些国别和行业特征？

（4）为中国政府贸易政策选择提供理论基础和政策依据

本书采用理论分析与实证检验相结合的方法，就贸易政策扭曲对中国双边虚拟水进口贸易利益的综合效应做出系统性实证检验，并为将来的贸易政策选择提供了政策建议，目的在于解决如下问题：为了优化中国的虚拟水贸易利益，政策制定者如何选择贸易政策工具？在长期应当如何进行贸易政策调整？

本书的研究意义主要体现在理论意义与现实意义两个方面。

理论意义方面：

（1）修正传统的贸易限制指数模型，系统分析中国对贸易伙伴实施贸易政策形成的贸易政策扭曲水平。贸易限制指数理论弥补了相关领域的研究空白，然而传统的贸易限制指数理论大部分针对关税贸易壁垒、配额进行分析，其他类别的非关税壁垒以及特惠贸易协定并不在研究的范围之内，而且很难将各种类型贸易政策的测度放在一个统一的理论分析框架中。本书修正传统的贸易限制指数模型，丰富和拓展已有文献，将非关税贸易壁垒、特惠贸易协定引入分析框架，更全面、更系统地测度我国的贸易政策扭曲水平，为后续的理论研究提供参考。

（2）梳理贸易政策扭曲影响中国虚拟水贸易利益的机理，丰富和完善虚拟水贸易理论。中国在进行双边虚拟水进口贸易获取的贸易利益尚未经过系统论证，也为后续的贸易政策制定提出了难题。本书首先基于虚拟水贸易的特征，对中国当前虚拟水贸易利益进行全面分析，并在前人工作的基础上构建一般均衡模型，引入全球范围内产业间的前后向关联关系，系统分析贸易政策扭曲对虚拟水贸易利益的综合效应，具有重要的理论指导意义。

现实意义方面：

（1）检验虚拟水贸易战略的可行性，合理定位贸易政策扭曲作用下的中国双边虚拟水进口贸易利益。了解贸易政策扭曲对中国虚拟水贸易的综合作用具有迫切而重要的现实意义。贸易政策扭曲将造成进口国的虚拟水进口贸易的贸易流向、贸易流量以及贸易结构的变动，进而影响中国的可持续发展。此外，由于现有针对虚拟水贸易的研究主要集中在国家层面，很少有文献对虚拟水贸易进行行业层面的比较，因此，本书基于上述研究视角对既有研究进行完善，具有重要的应用价值。

（2）科学构建贸易政策调整体系，为中国下一步的贸易政策选择提供政策指导。出于保护本国产业、维护国家利益的考虑，中国应当在履行 WTO 的基本义务的前提下，采用一定的贸易政策手段对本国的产业进行适度保护。本书根据中国虚拟水贸易的国别与行业特征，在一个统一的理论框架之下有针对性地矫正原有贸易政策带来的扭曲效应，进而为中国下一步的贸易政策工具选择提供方向，具有重要的现实指导意义。

第二节　研究思路与研究内容

本书试图结合虚拟水贸易自身的特点，在贸易政策扭曲影响中国双边贸易的前提下，以中国密切参与全球生产网络为背景，梳理贸易政策扭曲影响中国虚拟水贸易利益的作用机制，以及对贸易政策扭曲对中国双边虚拟水贸易利益的综合效应进行三个层面的实证检验，并分析中国采用虚拟水贸易战略的可行性。具体而言，本书首先对贸易政策扭曲、虚拟水贸易利益以及贸易政策扭曲作用下的虚拟水贸易的相关研究进行了简要回顾与评述；随后运用贸易限制指数方法就中国现有的贸易政策扭曲程度的各项专项指标进行专门测度，同时构建投入产出模型测算中国参与双边虚拟水贸易的各项指标，并总结各项指标的主要国别特征与时间变化趋势；然后通过构建一般均衡理论模型，对贸易政策扭曲影响中国虚拟水贸易利益的机理进行了梳理；接着就贸易政策扭曲对中国双边虚拟水贸易流向、贸易流量、贸易结构带来的综合效应分别构建计量模型进行分析，考察贸易政策扭曲对中国虚拟水贸易利益变动的影响；最后得出本书的研究结论、政策建议以及未来的研究方向。

本书主要内容如下。

导论主要介绍本书的研究背景、研究目的和意义、研究思路和研究内容、研究框架、研究方法，并指出论文的创新点和不足之处。

第一章为有关贸易政策扭曲以及虚拟水贸易利益的相关文献综述。本章主要围绕三个方面展开：一是梳理形成贸易政策扭曲的各类贸易政策对贸易利益影响的相关理论和经验研究，同时归纳对贸易政策扭曲测度的主要方法；二是总结虚拟水贸易利益的相关研究；三是梳理与归纳贸易政策扭曲影响下虚拟水贸易利益的相关文献，最后对现有的文献进行简要评述。

第二章是对贸易政策扭曲指标以及中国双边虚拟水贸易各项指标的全面测度和考察。本章首先在 Feenstra 构建的局部均衡贸易限制指数模型的基础上，对模型进行适当修正，构建中国贸易政策扭曲评价体系。其次，在前人研究的基础上测度中国 HS6 分位编码的非关税贸易壁垒的关税等值，随后全面测算基于 HS6 分位编码加总的绝对贸易政策扭曲指数和相对贸易政策扭曲指数最后，构建投入产出模型，对中国的双边虚拟水贸易各项指标进行测算，并给出所有指标的描述性统计。

第三章为贸易政策扭曲影响中国虚拟水贸易利益的机理分析。本章主要是构建一般均衡模型，在全球生产网络的背景下，国家（地区）之间以及国家（地区）内部从事生产活动的诸多产业存在上下游产业关联的基本特征，比较分析贸易政策扭曲对双边贸易背后隐含的虚拟水贸易利益的影响，并分别得到贸易政策扭曲对中国双边虚拟水进口贸易利益的直接效应和间接效应。本章发现贸易政策扭曲除了本身作用于进口国的虚拟水进口贸易结构效应，而且上述效应可以通过产业间前后向关联特征得到进一步加强。

第四章是贸易政策扭曲与中国虚拟水进口流向偏离效应的分析。本章利用前文测算的数据，在 HOV 理论模型的基础上构建仅包含中国进口贸易政策扭曲指标的单边虚拟水进口贸易流向偏离指标，和包含中国贸易伙伴政策扭曲指标的虚拟水双边进出口贸易流向偏离指标，并着重分析不同种类贸易政策扭曲对中国不同种类的双边虚拟水进口贸易流向偏离的效应。

第五章是贸易政策扭曲与中国虚拟水进口贸易流量效应的相关研究。本章首先在前文测算的贸易政策扭曲指标和中国双边虚拟水进口贸易流量的基础上，构建异质性随机前沿模型，对各项贸易政策扭曲指标影响下的中国双边虚拟水进口流量的效率损失进行实证检验。随后分析了不同类别贸易政策扭曲以及贸易政策变动的不确定性对中国双边虚拟水进口流量无效率项的解释程度。最后，对贸易政策扭曲导致的中国不同类别双边虚拟水进口贸易流量的无效率项进行了分别检验。

第六章是贸易政策扭曲与中国虚拟水进口贸易结构效应的分析。本章将进行虚拟水贸易的所有行业分为高水耗行业和低水耗行业，并将高水耗行业与低水耗行业虚拟水进口量之差额作为中国虚拟水进口结构升级效应的代理变量，进而分析绝对贸易政策扭曲和相对贸易政策扭曲对中国不同种类虚拟水进口贸易结构优化升级的效应。与此同时，通过引入产业前后向关联指数与贸易政策扭曲的交互项，实证检验贸易政策扭曲通过作用于产业前后向关联程度影响我国虚拟水进口贸易结构升级效应的作用机制。

第七章是研究结论、政策建议及研究展望。本章对全文进行总结，归纳全文理论和相关经验研究的主要结论，并给出针对性的政策建议。

本书的研究框架结构如图 0 - 1 所示。

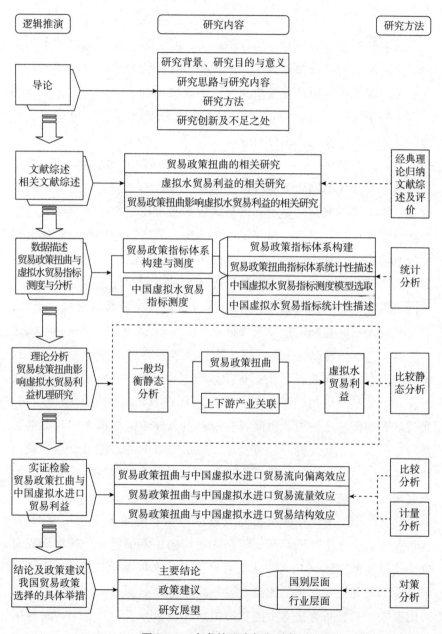

图 0 - 1　本书的研究框架结构

第三节　研究方法

本书运用理论分析与实证分析相结合的方法，在全面测度中国进口贸易面临的贸易政策扭曲实际状况以及中国虚拟水贸易各项指标的基础上，深入研究贸易政策扭曲对虚拟水贸易利益的作用。其中核心的方法包括 Anderson - Neary 贸易限制指数测度方法、一般均衡模型边际分析方法和投入产出分析方法。

第一，本书在 Anderson - Neary - Feenstra 贸易限制指数理论模型的基础上测算各类别的贸易政策扭曲的实际水平。通过对传统方法的修正，将非关税贸易壁垒引入贸易限制指数测度模型，并借鉴贸易限制指数测度方法的思路构建特惠待遇差额，测度特惠贸易协定的贸易政策扭曲程度，从而得到中国维持效用水平不变的绝对贸易政策扭曲和相对贸易政策扭曲的实际扭曲程度。为了方便对比，本书同时构建维持进口量不变的绝对贸易政策扭曲指数和相对贸易政策扭曲指数，对贸易政策扭曲指标度量体系进行完善。

第二，本书将结合 EK 模型，基于全球生产网络中产业之间存在前后向关联的基本特征，根据虚拟水贸易的特点构建一般均衡模型，系统分析贸易政策扭曲整体对中国虚拟水进口贸易利益的综合作用。通过一般均衡静态分析，预测贸易政策扭曲导致的虚拟水进口贸易利益的边际变化。与此同时，将贸易政策扭曲带来的效应分为直接效应和间接效应，并将贸易政策组合带来的虚拟水进口贸易利益变化分解为贸易流向效应、贸易流量效应以及贸易结构效应。

第三，本书与以往研究贸易政策影响贸易总量的宏观层面不同，将重点考察全球生产网络产业间存在前后向关联的特征，并将研究对象细化至商品跨国（地区）流动背后隐含的水资源要素层面。为了克服虚拟水贸易流向、贸易流量、贸易结构等数据测量上的难题，本书采用投入产出分析方法对中国双边国别（地区）及行业层面的总量虚拟水、蓝色虚拟水、绿色虚拟水以及灰色虚拟水的流量变动、流向变动以及结构变动进行测度，为理论分析和经验分析提供必要的数据。

第四，面板数据分析主要用于经验分析部分。面板数据同时兼顾截面和时间两个维度，可以增强分析结果的稳健性。在测度非关税贸易壁垒的关税等值时引入工具变量法，控制非关税贸易壁垒对中国双边进口带来的影响的内生性问题；在贸易政策扭曲对虚拟水进口贸易流量变动综合效应的检验部分使用异质性随机前沿模型，并证实了该模型的可行性；贸易政策扭曲导致虚拟水进口结构变动效应的检验部分则使用系统 GMM 方法。

第四节　研究创新及不足之处

一　研究创新

（一）研究内容的创新

一是为贸易政策扭曲影响中国虚拟水进口贸易利益的研究提供了一个较为系统的研究框架。与以往研究贸易政策影响国际贸易总量的宏观层面分析不同，本书建立了分析贸易政策扭曲对贸易国（地区）的虚拟水进口贸易利益影响的理论模型，以双边商品贸易背后隐含的水资源为研究对象，为对现有贸易政策扭曲组合对虚拟水进口贸易利益的影响进行全面的评估。其中关于产业间前后向关联的分析是本书的一个重要尝试，也为今后的研究提供了新的视角。

二是修正贸易限制指数测度模型，更精确地测度贸易政策扭曲程度。本书对传统的局部均衡贸易限制指数进行了修正，同时测度维持效用水平不变和维持进口量不变的中国的关税贸易壁垒、非关税贸易壁垒以及特惠贸易协定形成的贸易政策扭曲的实际水平，并在此基础上得到中国当前进口贸易面临的绝对贸易政策扭曲水平和相对贸易政策扭曲水平。本书的测度结果不仅可以被后续研究借鉴，也可以丰富贸易限制指数理论体系，对其他领域的研究也有重要的价值。

三是首次较为系统地实证检验贸易政策扭曲对中国虚拟水进口贸易利益的综合作用。本书丰富了虚拟水贸易的相关理论研究，通过运用多种计量检验方法，系统评估了不同贸易政策组合造成的贸易政策扭曲作用下的中国虚拟水进口贸易利益，具体表现为贸易政策扭曲影响下的中国虚拟水进口贸易流向扭曲效应、贸易流量效应以及贸易结构效应。对国别（地区）之间、行业之间以及不同虚拟水类别的虚拟水进口贸易之间的计量分析结果进行了比较，得出的相关研究结论可以为政策制定者下一步构建科学的贸易政策调整体系提供理论指引。

（二）研究方法的创新

本书在研究方法上有如下创新：

一是将一般均衡模型分析与投入产出方法相结合。通过在一般均衡模型中引入行业之间的前后向关联特征，将传统的一般均衡分析由商品层面拓展至虚拟水要素层面。通过投入产出方法的使用，在分析虚拟水跨越区域的同时，考察虚拟水在双边贸易行业之间的流动，为相关的后续研究提供数据支持。

二是在融合贸易限制指数经典理论的基础上，为将来的贸易政策选择提供方向。通过将前期测算的直接贸易政策扭曲和间接贸易政策扭曲指标纳入理论模型中，并进行不同类别虚拟水进口贸易利益分国别（地区）以及分行业的比较，可以给出下一步我国针对不同行业不同国家（地区）的贸易政策的调整方向，使分析更加直观，结论更系统。

二 不足之处

在本书研究和写作的过程中，由于各种原因，尚存在一些不足之处，主要包括以下四点：

第一，本书仅从贸易政策扭曲的视角考察我国商品进口贸易背后隐含的水资源流动带来的贸易利益，而实际上虚拟水进口贸易利益的决定因素涉及自然、政治、经济等多个方面。制定有利于我国虚拟水进口贸易利益优化的贸易政策体系是构建科学有效的政策体系的重要一环，而如何同时兼顾经济效益、国家安全，加强以优化我国虚拟水进口贸易利益为目标的相关贸易政策体系的构建与其他政策性工具之间的兼容性成为下一步研究关注的重点。

第二，为了形成双边贸易新格局，政策制定者在决策的过程中不能一味地从水资源节约的角度出发，只不过随着全球水资源的需求增多与紧缺程度的加剧，从虚拟水贸易的角度分析问题将会对实际双边贸易产生更大的影响。仅从虚拟水的视角研究中国的双边贸易利益是本书的局限，在今后的研究中，可以尝试将更多因素纳入进口国进口贸易利益的评价体系中，譬如，将虚拟土地贸易、虚拟技术贸易等新概念引入国际贸易理论体系，进而丰富相关的理论研究。

第三，本书为了增强贸易限制指数理论的应用性，首先放弃了对一般均衡模型的应用，在 Feenstra 局部均衡贸易限制指数理论模型的基础上构建贸易政策扭曲指标体系，系统测度中国当前贸易政策扭曲的实际水平。然而需要指出的是，影响中国虚拟水进口的贸易政策工具还有很多，尤其是以解决环境问题为首要目的的绿色贸易壁垒造成的贸易政策扭曲效应亟待更深入的研究。

第四，本书在测算中国以及其他国家及地区面临的贸易政策扭曲的实际水平时，运用了大量的弹性数据，其准确性和稳健性影响到了本书的重要结论。而本书中所有国家及地区的进口需求弹性数据来自 Kee（2008），虽然这一做法为本书提供了大量的观测值，然而对中国进口需求弹性的处理方式较为粗略，这也成为本书研究的一个不足，未来的研究需要对该数据进行更为精确的处理。

第一章　相关文献综述

第一节　贸易政策扭曲的相关研究

贸易政策扭曲一直是国内外学者积极探索的领域。长期以来，学界从理论分析与实证检验两个角度对已有文献进行丰富和完善。本节从不同种类的贸易政策扭曲的综合效应以及贸易政策扭曲水平的相关测度方法两个方面对已有相关文献进行梳理。

一　贸易政策扭曲的相关研究

根据不同贸易政策扭曲效应的主要类别，可以将其分为关税贸易壁垒扭曲效应、非关税贸易壁垒扭曲效应和特惠贸易协定扭曲效应。自 20 世纪 70 年代末以来，各大研究机构、国际组织、政府部门以及学者开始关注贸易政策带来的扭曲作用。进入 21 世纪之后，以非关税贸易壁垒为代表的相关学术研究大量涌现，而与本书研究高度相关的文献主要体现在以下三个方面。

（一）关税贸易壁垒扭曲效应

早在 1965 年，Bhagwati 就指出了关税贸易壁垒对一国贸易利益的扭曲效应。长期以来，诸多学者对关税贸易壁垒对经济体可能带来的影响进行了相关研究，并试图丰富已有文献，例如，从经济增长（Edwards，1998；Frankel & Romer，1999；）、贸易总量（Baier & Bergstrand，2001）、收入分配（Doller & Kraay，2003）、异质性企业生产率（Melitz，2003）、资源配置（Ferreira & Trejos，2011）、出口产品质量（Amiti & Khandelwal，2013）、出口扩展边际（Klenow &

Rodriguez，1997；Arkolakis et al.，2008）等方面研究限制性关税贸易壁垒带来的扭曲作用。此外，Markusen（1975）、Fischer 和 Serra（2000）研究了绿色贸易政策的有效性，同时指出绿色贸易政策的实施能够降低进口国在环境保护层面的福利损失；Ismer 和 Neuhoff（2004）、Bhagwati 和 Mavroidis（2007）等学者则专门研究碳关税带来的经济效应，同时指出在设计好贸易政策组合及实施国数量的前提下，碳关税具有一定的合理性。一般而言，关税减免能够导致进口国的福利改进（Baldwin & Mutti，1980；Feenstra，2013），如刘薇（2019）通过博弈分析发现，如果充分重视环境问题的外部性，贸易补贴政策将导致全球福利的降低。在针对中国的研究中，薛荣久（2002）、陶忠元（2003）、唐绍祥和周新苗（2017）等学者分别研究了关税贸易壁垒对我国企业、产业以及社会福利的影响。然而需要指出的是，关税贸易政策对贸易利益及社会福利的综合效应通常根据模型的基本假设和模型的形式产生巨大差异，因此选取适宜的模型和分析框架尤为重要，而模型中的进口需求弹性、部门设置、经济规模工具变量的选择等都会影响分析结果（Haaland & Venables，2016；汪明珠，2015）。

目前来看，学界大多数的理论与实证研究主要将关税贸易政策视为外生变量，并在设定最终品以及中间品的关税削减为衡量贸易自由化关键指标的前提下，分析贸易自由化的综合效应，得出贸易自由化显著促进贸易国贸易利益提升的结论（Caliendo et al.，2015；Bown & Crowley，2016；毛其淋、许家云，2017）。部分学者从贸易政策的政治经济学角度直接将关税设定为内生变量，刻画由特定要素组成的利益集团通过政治献金和游说行为（Grossman & Helpman，1994；盛斌，2002）。Leamer（1988）对关税贸易壁垒的内生性进行了专门讨论，他在研究中分别直接测算了关税贸易壁垒对进口贸易的影响，得出贸易政策扭曲作用不显著甚至贸易政策对进口有显著的正向促进作用的结论，作者认为实证结果不尽如人意的一个重要原因是贸易政策扭曲存在严重的内生性：一个国家倾向于对进口量较大的行业采取更高的关税。Trefler（1993）在随后的研究中证实了 Leamer（1988）的推断，他分别将 1983 年美国的贸易保护措施作为内生变量与外生变量进行分析，得出关税措施作为内生变量带来的扭曲作用是关税措施作为外生变量带来扭曲效应十倍的结论。

（二）非关税贸易壁垒扭曲效应

Baldwin 和 McLaren（2000）曾经指出，随着世界范围的关税贸易壁垒的逐年降低，非关税贸易壁垒的作用日益凸显，因此各国追求贸易自由化任重而道远。正如 Anderson 和 Van Wincoop（2004）所提出的那样，一国在进行国际贸易时所面临的壁垒，除了关税之外，还包括运输成本，信息成本，由于不同的货币、语言、法律体系引起的附加成本等一系列非关税壁垒，而这些因素往往比关税重要得多，用关税衡量贸易壁垒大大低估了实际贸易成本。学界广泛认为非关税贸易政策的存在势必会对一国带来一定影响，主要体现在纠正市场失灵（Maskus et al.，2005；Disdier，2008）、优化福利水平（Feenstra，1989；Staiger & Sykes，2011）和收入再分配效应（Kalenga，2012）上。而非关税贸易壁垒对一国贸易利益的影响主要体现在价格效应（Treichel 等，2012）、数量效应（Maskus & Wilson，2001，Bao & Qiu，2012），以及流向扭曲效应（Baldwin & Forslid，2000）。

学界对非关税贸易壁垒可能带来的扭曲效应的作用方向尚未达到统一认识。其中，鲍晓华和朱达明（2015）认为随着贸易伙伴国人均收入水平的提高，进口国实施 TBT 的贸易限制效应将会降低。Wilson（2003）和 Gebrehiwet（2007）从农产品进口的视角研究检验检疫标准对农产品的作用，并认为非关税贸易壁垒对双边贸易的总量有正向促进的作用。Crivelli 和 Gröschl（2012）、Bao 和 Qiu（2012）测度了 TBT 对出口二元边际的影响，都得出 TBT 对出口国的扩展边际的影响显著为负，而对出口的集约边际显著为正的结论。值得注意的是，Kee 等（2009）在 104 个发展中和发达国家 HS6 位数产业的样本中，采用计量分析方法验证了进口关税与主要非关税贸易壁垒之间是互补而不是替代关系，这意味着非关税贸易壁垒与进口关税是同升同降的关系。

在对中国的相关研究中，Park（2009）根据中国发起的反倾销措施案例，研究了这些应急措施对贸易的影响。结果显示，对于出口国而言，中国发起的反倾销措施引发了贸易萧条和贸易转移（表现为某些指定国家的进口份额下降，同时其他未指定国家的进口份额上升）效应。鲍晓华和朱钟棣（2006）对我国1998年至2001年96种产品的单边进口进贸易进行分析，结果显示，我国实施的进口国标准总体上显著抑制了进口贸易。在此基础上，利用1998年至2006年，我国与43个出口国的HS2位产品的双边贸易数据，通过计算技术性措施等进口监管措施的频率比率，控制产品、国家和加入世贸组织前后等因素后，发现我国技术性措施显著阻碍了农产品贸易，却明显促进了工业制成品贸易。其他传统贸易壁垒并未显示出这种贸易效应的行业差异。Bao和Chen（2013）研究了技术性贸易壁垒对我国贸易利益的再分配效应，填补了相关领域的研究空白。吴国松（2012）系统地研究了中国在农产品贸易方面存在的非关税贸易措施对中国农产品进口总体或分类农产品贸易的影响，田云华（2016）对中国HS八分位的商品进口进行回归，并发现非关税贸易措施的存在对我的加工贸易和一般贸易进口都有较为明显的负向抑制作用。

（三）特惠贸易协定扭曲效应

特惠贸易协定（Preferential Trade Agreement，简称PTA）的相关研究成果较为丰富。诸多学者对特惠贸易协定的签订带来的效应进行了理论研究与实证检验，并将PTA的贸易边界效应归纳为贸易创造（Krueger，1999；Kim & Shikher，2015）、贸易转移（Viner，1950；Baier & Bergstrand，2007）以及贸易偏转效应（Meade，1955），得出的结论也不尽相同，然而更多的学者认为特惠贸易协定的签订能为贸易双方带来正向的促进效应（Urata & Kiyota，2005；Magee，2008；Caliendo et al.，2015）。

近年来，诸多学者开始从更多角度分析特惠贸易协定可能带来的实际扭曲效应，并对已有的研究进行了一系列的补充与完善。例如Kemp和Wan（1976）、Krishna（1998）、Ornelas（2005）从贸易对象国贸易利益的视角，在理论层面分析了特惠贸易协定对非缔约国的综合影响。Baldwin（1993）首先将"多米诺效应"引入经济学的研究范畴，并从行为经济学的角度出发，指出一个国家若首先签订特惠贸易政策，会对非缔约国存在一种类似于"示范效应"的激励效应，这种激励效应主要体现在非缔约国加入关税同盟的倾向有所增加上，且加入关税同盟的可能性随着关税同盟规模的扩大也有所增加，进而推动全球的贸易自由化进程。Johnson 和 Noguera（2017）从跨境贸易模式的变化的角度研究特惠贸易协定可能带来的变化，发现双边贸易中增加值贸易占总量贸易的比例下降与特惠贸易协定的签订显著正相关。刘志中和崔日明（2017）从贸易谈判的视角分析贸易协定，并认为 PTA 能够整合全球治理体系、提升缔约国的话语权。Bagwell 等（2018）从贸易福利效应的视角对多边关税进行了分析，认为放弃最惠国待遇的基本要求会使全球范围的资源配置效率降低，进而导致全球福利的恶化。也有学者对特惠贸易协定可能带来的贸易利益进行事前分析，进而对特惠贸易协定签订背景下的贸易利益变动进行评估（Caliendo & Parro，2015），以及对可能签订的贸易协定带来经济效益的反事实预测（董逸恬，2017；郭志芳等，2018）。Maggi（2014）则从贸易政策变动的不确定性视角研究问题，认为不确定性对双边贸易有显著的负向影响，特惠贸易协定的签订降低了贸易政策的不确定性，因此有利于构建健全的新型贸易体系。

二 贸易政策扭曲水平测度方法

形成贸易政策约束的贸易政策扭曲指标复杂而多样，但可以根据贸易政策扭曲的类别将所有贸易政策扭曲分为关税政策和非关税壁垒政策，长期以来，学者们都在努力试图寻找一种更科学、更具有可比性的度量方法，从而能够对各个国家、不同时期的复杂贸易政策进行合理度量。

（一）传统的贸易政策扭曲度量方法

学者们主要通过三种途径构建各种度量贸易政策限制程度的方法，第一种是借助关税率、配额量、补贴量等直接反映各种贸易政策限制程度的政策变量构建测度方法，比较有代表性的包括有效保护率、非关税壁垒覆盖率、数量限制平均覆盖率、生产者支持估计值、消费者支持估计值等；第二种则是借助受贸易政策影响的进口量、价格等非政策变量构造代理变量，构建相应的测度方法，比较有代表性的方法有贸易依存度方法、Dollar 指数法、Leamer 指数法、Wolf 指数法以及服务贸易非关税壁垒的频度工具；第三种则是 20 世纪 90 年代，学者们为了克服前面二者的缺陷，对前两种方法进行了综合，同时运用政策变量以及非政策变量构建测度贸易政策限制程度的指数，其中比较有代表性的方法有 Sachs - Warner 法、Harrison 法、Edwards 法以及综合开放度指标。因此，按照各种测度方法在构建过程中对政策变量的使用程度，可以将测度贸易政策限制程度的方法分为完全使用政策变量的测度方法、未使用政策变量的测度方法以及部分使用政策变量的测度方法（见表 1 - 1），每种度量方法都有一定的优势和局限。

表 1 - 1　　　　　　　　三种传统贸易政策限制程度测度方法

	研究方法	方法提出者	主要特点
完全使用政策变量的测度方法	有效保护率	Corden（1966）、Balassa（1965）	考察了贸易政策对最终品和中间品价格的影响，规避了名义保护率的局限，较好地连接了受贸易政策影响的生产和消费领域，然而数据较难获取，计算误差较大
	非关税壁垒覆盖率和数量限制平均覆盖率	Leamer（1990）	操作性强，通过测算频数比例衡量贸易政策的限制程度，然而此方法存在严重的内生性问题，容易出现高关税低覆盖率的现象
	关税当量方法	Campbell 和 Gossette（1994）	此方法可度量非关税壁垒对贸易政策的限制程度，但是存在价格数据难以获取且数据可信度较低的问题，使测出的贸易保护程度不准确
	生产者、消费者支持估计值	OECD 政策评价方法	分别从生产者和消费者的角度对国内支持政策的转移支付程度进行了测度，度量了国内支持政策的保护程度

续表

	研究方法	方法提出者	主要特点
未使用政策变量的测度方法	贸易依存度	Brown（1940）、小岛清（1950）	提供一种简单可行的用宏观经济指标衡量贸易限制程度的方法，然而因经济规模等因素与贸易依存度正相关，测算出的贸易限制程度比实际值要高
	Dollar 指数	Dollar（1992）	用价格扭曲程度度量贸易限制，避免了对各种贸易政策的限制程度进行加总，但该方法仅选取美国价格作为参考标准，不能得到贸易限制的准确数值
	Leamer 指数	Leamer（1988）	采用包含 9 种要素的 H－O 模型测算贸易强度比，能够较全面地反映贸易政策的限制程度
	Wolf 指数	Wolf（1993）	拓展 Leamer 模型的要素数量，采用更细分的商品数据，该模型涉及要素种类较多，容易造成预测偏差
未使用政策变量的测度方法	服务贸易非关税壁垒的频度工具	Hoekman（1995）	为测度服务贸易非关税壁垒政策的限制程度提供方法，该方法易于理解，可操作性强，然而对限制程度进行三分法使计算结果略显粗糙
部分使用政策变量的测度方法	Sachs－Warner 法	Sachs 和 Warner（1995）	采用与贸易相关的五个变量构建性的贸易限制指数，此方法只对国家进行二值划分，无法算出贸易政策限制水平的准确值
	Harrison 法	Harrison（1996）	综合政策变量和非政策变量，选取七个指标，更全面衡量贸易政策的限制程度，然而七个指标彼此孤立，在国家间的可比性较差

简单平均法和加权平均计算方法在计算贸易政策扭曲程度的净福利损失上得到了广泛应用。然而由表 1－1 可知，上述两种方法仅仅是对所有商品层面的关税收益进行简单加总，并进行后续的计算工

作，这样的数据处理方法存在较明显的问题，例如，在考虑极端情况下，限制性的关税贸易政策会导致零贸易利润，因此平均计算方法将对贸易政策扭曲的实际值造成较为严重的低估（Feensrta，1995）。Rodriguez 和 Rodrik（2001）也进一步论证，认为传统的贸易政策扭曲方法的测算不够精确，并且缺乏坚实的理论基础。Kee 等（2009）也指出加权平均关税计算法存在的缺陷：因为进口关税壁垒越高的商品，相应的进口量会越低，用于计算加权平均关税方法的相应的权重也会越低，极端情况下，进口关税最高的商品的权重可能为零，造成贸易政策扭曲实际水平的严重低估。

总之，学术界各种度量贸易政策限制程度的方法或者从政策本身，或者从政策对经济体某一方面的影响出发，研究贸易政策的限制程度，都能对贸易政策进行较为合理的评价。其中，完全使用政策变量的测度方法直观地反映了政策变量的限制程度，但是缺乏坚实的理论基础，且较易受极端值的影响，并且这一类方法都只能度量单一贸易政策，而无法得到整体贸易政策的限制程度（Feenstra，1995；Kee et al.，2009）。未使用政策变量的测度方法由于无法剔除其他相关变量对代理变量的影响，因此，所得到的贸易政策的限制程度也不够准确。而部分使用政策变量的测度方法通过构造较为全面的指标体系对贸易政策进行评价，但是无法准确界定政策的限制水平，而只能得到贸易政策限制水平较高或较低的判断。在此背景下，学术界急需一种具有坚实经济基础的，既能够充分反映贸易政策对各个经济变量的影响，又能够直接反映关税政策、非关税壁垒政策以及国内支持政策等政策变量的限制程度的方法，同时这一方法又能够将关税、非关税以及国内支持政策等各种复杂的贸易政策的限制程度进行合理加总，从而得到经济体的整体贸易政策的限制程度。由此，贸易限制指数理论应运而生。

（二）贸易限制指数测度方法

ANF 贸易限制指数理论是 Anderson 和 Neary 自 1992 年起，在其一系列论文中从微观经济基础出发，通过合理的假设，构造一般均衡模型，将所有贸易政策的限制程度都刻画为一个统一关税，该统一关税下的福利水平或进口量与给定贸易政策的福利水平或进口量相等，该统一关税就是整体贸易政策的贸易限制指数。后来，为了更加便于计算，Feenstra（1995）又结合 Anderson 和 Neary 一般均衡的贸易限制指数，构造了局部均衡的贸易限制指数，两类模型相互补充，构成了测度贸易政策限制程度的最新方法——ANF 贸易限制指数理论。

1. Anderson – Neary 一般均衡的贸易限制指数

假设在一个完全竞争的小型开放经济中，所有商品的世界价格都是外生的，而国内价格是内生的。Anderson & Neary 贸易限制指数理论的核心思想是寻找在保持初始福利水平（Anderson & Neary，1994）或初始进口量不变（Anderson 和 Neary，2003）的条件下，使新贸易状态与初始贸易状态的贸易差额函数或进口量函数保持相等的统一关税，即运用贸易差额函数或进口量函数描述竞争性的小型开放经济的一般均衡。若选择福利水平作为参考标准，则可以得到贸易限制指数（Trade Restrictiveness Index，TRI）或福利均等化的统一关税；若选择进口量作为参考标准，则可以得到重商主义的贸易限制指数（Mercantilist Trade Restrictiveness Index，MTRI）或进口数量均等化的统一关税。

2. Feenstra 局部均衡的贸易限制指数

Anderson – Neary 贸易限制指数的计算需要结合相应的可计算的一般均衡模型，其中涉及大量的变量、参数等，计算过程较复杂，为此，Feenstra（1995）将贸易限制指数由一般均衡发展为局部均衡。在小型开放经济中，假设所有商品的交叉价格弹性均为零，即商品的进口需求函数是其自身价格的线性函数。当经济体仅受关税政策约束时，将局部均衡的贸易限制指数定义为一个统一关税，在该关税下的净福利损失等于原有的异质关税结构下的净福利损失之和。根据该思想得到的局部均衡的贸易限制指数为各种商品关税率平方的加权和的 $1/2$ 次方，而权重为某种商品价格的平方与商品的进口价格弹性的乘积占所有商品价格的平方与进口价格弹性乘积的比重。

而当经济体受配额政策约束时，估计贸易限制指数就变得相对复杂，配额政策会影响商品的国内价格和进口量，因此，Feenstra

（1995）分别对商品价格和进口量进行了测度。Feenstra（1995）借鉴前人研究，将配额政策导致的国内商品价格的变化表示为商品的自由贸易进口量与实际配额量的差额与进口需求弹性的乘积。而对配额政策导致的商品进口量的变化，Feenstra（1995）借鉴了 Leamer（1988）和 Trefler（1993）的方法，选取一个特定的 HOV 进口模型，研究关税以及非关税壁垒政策对进口量的影响。在合理估计了受配额政策约束商品的国内价格和进口量的基础上，运用与受关税政策约束商品同样的贸易限制指数局部均衡计算公式，就可以得到整体贸易政策的限制水平。

3. 贸易限制指数测度方法的应用

在贸易限制指数的应用方面，盛斌（2002）运用贸易限制指数测算了我国在入世前后各个行业的贸易限制指数，并指出贸易限制指数方法必将成为未来针对贸易政策的实证研究的基础。部分学者运用贸易限制指数的方法研究贸易政策扭曲带来的生产者福利水平和消费者福利水平（Lloyd et al.，2010）。此外，Manole 和 Spatareanu（2010）、Irwin（2007）、Federico 和 Tena（1998）、Beaulieu 和 Cherniwchan（2010，2014）、Norouzi，Moghaddasi 和 Yazdani（2012）、刘庆林和汪明珠（2014）等运用贸易限制指数测算了美国、加拿大、伊朗、中国等特定商品的贸易政策扭曲程度。上述所有实证研究的结果都表明，传统的测度方法低估了整体贸易政策的真实保护水平，并且无法得到贸易政策扭曲带来的福利效应、贸易效应等。

第二节　虚拟水贸易利益的相关研究

已有针对虚拟水贸易利益的研究主要集中在虚拟水在全球范围各国之间的流动上，相关文献主要包括下列三类：一是虚拟水贸易流量的相关研究；二是虚拟水贸易流向的相关研究；三是虚拟水贸易对贸易双方带来的价值增值的相关研究。

一 虚拟水贸易流向的相关研究

已有针对虚拟水贸易流向的相关文献主要集中在以某个国家或者多个国家的双边虚拟水流向的统计上。例如，Hong Yang（2002）、Roson 和 Sartori（2010）以地中海国家为研究区域、El – Sadek（2010）以埃及为研究区域、Affuso（2010）以北美为研究区域、Abu – Shara 和 Karablieh（2012）以约旦地区为研究区域、Allan（2003）、Isalam（2007）以中东和北非为研究区域、Chapagain 和 Hoekstra（2007）以荷兰为研究区域分别系统分析了这些国家及地区的虚拟水贸易流向，研究结果均显示虚拟水进口能有效减少本地水资源的消耗量。Mekonnen 和 Hoekstra（2011）对 100 余个国家的工业用水系数进行了全面系统的测算，同时给出了各国之间的双边虚拟水贸易流向，指出美国、加拿大、泰国、澳大利亚等国位于虚拟水国家出口的前列，日本、荷兰、韩国、中国等国家是近年来的虚拟水净进口国家。

在研究的过程中，部分学者提出了类似于"里昂惕夫之谜"的虚拟水贸易之谜现象（朱启荣等，2014）：有研究发现，部分国家的虚拟水贸易活动并不完全取决于自身的相对贸易禀赋，水资源稀缺的国家或地区可能是虚拟水的净出口国，而水资源丰裕的国家也可能是虚拟水的净进口国。例如，Prochaska 和 Dioudis（2008）研究希腊 Thessaly 地区的虚拟水贸易，发现该地区年出口 12 亿立方米虚拟水，进口了 0.4 亿立方米虚拟水，产生了大量的虚拟水净流出，对贫水的地区 Thessaly 产生了不利影响。Verma 等（2009）以印度为研究区域，对印度内部的不同区域的虚拟水贸易流向进行测算，发现虚拟水在印度境内的流向并不完全依据水资源的稀缺程度进行：水资源从相对稀缺的区域流向相对丰裕的区域，这样的后果导致了本土水资源条件的进一步恶化。Guan 和 Hubacek（2007）、Ma（2004）、Ma 等（2006）以中国为研究对象，发现了与 Verna（2009）相类似的结论：虽然中国北方水资源稀缺，但北方地区出口了大量水资源密集产品，承受着巨大的水污染压力；南方是水资源丰裕地带，却大量进口水密集产品，间接地为其他地区带来污染。孙才志等（2010）研究发现，中国粮食贸易的虚拟水流动导致了中国水资源的逆向配置，加剧了中国贫水区的水资源紧缺矛盾。Vanham 等（2013）测算了位于河流流域的28 个欧洲国农产品中虚拟水的平衡，即测算这些流域农产品中虚拟水的净进口量，结果表明，总体来讲，这些国家进口的农产品虚拟水比出口的多，它们是虚拟水净进口方。但是具体到各个国家时，国家间农产品虚拟水进出口情况又有很大差别。贾焰等（2016）测算了2003—2012 年中国与非洲的农产品虚拟水贸易总量，表明中国是虚拟水的净进口国，而中非农产品的虚拟水贸易由水资源利用效率较低的国家流向了水资源利用效率较高的国家，长期来看不利于水资源在全球范围内的配置。

二　虚拟水贸易流量的相关研究

针对虚拟水贸易流量的研究较为丰富。自虚拟水贸易被提出以来，诸多学者采用不同方法针对虚拟水跨国流动的现状进行量化研究。

部分学者根据虚拟水贸易发生地进行国别层面的研究。据计算，日本 2005 年的虚拟水总进口量为 620 亿立方米，大于日本当年 570 亿立方米的灌溉用水量（Oki & Kanae，2004）。朱启荣和高敬峰（2009）研究发现，中国进口贸易中水资源密集型产品的占比较小，出口贸易中水资源密集型产品的占比却较高，不利于节约中国水资源。Dietzenbacher 和 Velázquez（2007）分析了西班牙的虚拟水贸易，发现每年 90% 的水消费都源自农业部门，而该部门的虚拟水出口占比却高达 50% 以上，因而提议减少农业产品的虚拟水出口。王素仙和韦苏健（2018）采用 2006—2016 年中国与东盟农产品贸易数据，测算并分析了中国与东盟农产品贸易中的虚拟水流动及其特征，认为中国是虚拟水的净进口国，且中国的净进口量一直处于上升态势。

考虑到研究方法的可行性和对工业部门、服务业部门虚拟水流量测度的适应性，也有学者结合全球生产网络的具体特征，运用 Leontief（1970）投入产出分析方法对虚拟水贸易流量进行测算。正如朱启荣（2014）指出，某个从事生产的部门在生产活动中不仅需要直接用水，还需要上游产业其他部门投入中间品，中间品的生产活动也需要投入水资源，此时就形成对水资源的间接需求，而投入产出方法能够精确记录全球范围内不同部门之间的虚拟水跨区流动。国外学者如 Mekonnen 和 Hoekstra（2010）在"虚拟水"这一概念的基础上对世界范围内 1995—2009 年的农业、工业和服务业多部门的虚拟水状况进行了估算，不仅估算了全球范围内 41 个国家的多部门虚拟水消耗量，而且在种植业、畜牧业等行业对各国间的虚拟水贸易量进行了估算，这一系列研究成果为 WIOD 中的虚拟水环境卫星账户提供了重要参考。陈秀莲和郭家琦（2017）根据 2007 年和 2012 年中国的投入产出表测算了我国各行业的双边虚拟水贸易，认为我国是虚拟水的净出口国，然而虚拟水贸易差额正在逐年降低。

由于农产品是密集使用水资源的商品，更多学者进行了农产品双边虚拟水贸易的相关研究。其中，Zimmer 和 Renault（2003）通过引入产品比例因子和价值比例因子对农产品贸易的虚拟水含量进行区分计算，提出了商品分类的计算方法；学者 Hoekstra 和 Chapagain（2003）在荷兰国际水文和环境工厂研究所（IHE）支持下对全球 100 多个国家间粮食贸易引起的虚拟水流动展开了研究，这是与虚拟水贸易相关的较早较有影响力的研究，其结果表明，在其研究期内，世界范围内的粮食贸易中所包含的虚拟水量为 6950 亿立方米，而全球粮食生产中总耗水量约为 54000 亿立方米，这意味着有 13% 的粮食生产用水不是用于国内消耗而是以虚拟水的形式出口到国外。此外，Chapagain 和 Hoekstra（2006）通过测算，并得出得出农产品的虚拟水贸易节省了全球 6% 的农业用水量；程中海（2013）结合产品分类计算法和生产树法，对我国新疆地区的农产品、畜产品和林产品的虚拟水贸易量进行了测算和比较分析，并认为虚拟水贸易是缓解当地环境压力的重要手段。

三 虚拟水贸易结构的相关研究

部分学者将产品进行分类，并根据商品的不同类型，运用商品生产树的方法计算不同品类商品的虚拟水含量。部分学者从虚拟水双边进出口的部门结构的角度考察虚拟水贸易。蔡振华（2012）等通过投入产出法测算了我国甘肃省按三次产业分类的水足迹以及虚拟水贸易，得出甘肃省第一产业的虚拟水净出口占比最高的结论，并认为甘肃省降低自身的水足迹，需要从降低第一产业的水足迹入手。蒋璐（2012）研究发现，中国的轻工业、服务业是虚拟水贸易顺差的主要部门，农业、重工业是虚拟水逆差的主要部门。Hoekstra（2003）以产品生产地为基础对国家间的虚拟水贸易进行了实证研究，结果显示，1995—1999 年全球虚拟水贸易流量为每年 1.04 万亿立方米，其中 67% 为农作物产品的贸易，23% 为动物和动物产品的贸易，10% 为工业产品的贸易。朱启荣和高敬峰（2009）运用投入产出模型对我国的 44 个行业的双边虚拟水进出口贸易进行了全面测算，并认为我国出口贸易中的高耗水产品所占的比重较大，而进口贸易中低耗水产品所占的比重较大，并认为这种贸易结构不利于节约我国的水资源。Mubako 和 Lahiri（2013）运用投入产出分析法来估量水资源的利用和量化加利福尼亚州和伊利诺伊州之间的虚拟水转移情况。结果表明，养殖业的每单位经济产出对直接用水的需求最大，其次是农作物、牲畜、发电、采矿、服务业和工业。用水强度较低的工业和服务业对价值增加和员工补偿的贡献最大。

部分学者从虚拟水贸易商品构成的视角研究虚拟水的贸易结构。马超等（2011）通过分析中国 2005—2009 年农产品双边虚拟水贸易的流动情况，认为我国的农产品虚拟水贸易结构较为单一，应当依据虚拟水的要素禀赋制定相关的农产品贸易政策。世界水理事会（WWC）和联合国粮农组织（FAO）以产品使用地为基础计算了 2000 年全球的虚拟水贸易流量为 1.34 万亿立方米，其中 60% 体现在农作物产品贸易中，14% 体现在鱼类和海洋产品中，26% 体现在动物产品贸易中。刘幸菡（2007）同样将关注点投向我国对外贸易部门，对 2000—2002 年我国农产品的虚拟水贸易量进行了研究，并就如何应用虚拟水战略来缓解我国水资源短缺问题提出建议：农产品出口应以果蔬类产品为主导，畜产品则可进一步扩大奶制品、生猪及以猪为原料的加工产品的出口数量。王秀鹃和胡继连（2018）对中国 2001—2015 年的粮食虚拟水贸易进行研究，并分析我国农产品虚拟水贸易净进口的结构，认为我国应当严格控制小麦进口；适度扩大玉米进口，持续增加大豆进口，有效利用农产品虚拟水贸易的贸易流量功能节约国内水资源。

Aldaya 等（2009）提出在美国、加拿大、法国、澳大利亚以及阿根廷等粮食出口大国的虚拟水贸易构成中，绿色虚拟水在所有虚拟水贸易中占比最高，除了绿色水的使用比蓝色水的使用机会成本低，绿色虚拟水在生产活动中也具有更低的环境外部性，因此应该特别重视绿色虚拟水贸易的战略优势。

第三节　贸易政策扭曲影响虚拟水贸易利益的相关研究

已有的贸易政策约束下虚拟水贸易利益的文献主要分为两类，一类是结合进口国现有的贸易政策体系对虚拟水贸易战略相关政策的制定做出概述性建议；另一类是对虚拟水贸易战略纳入政策制定体系进行可行性的讨论。

程国栋（2003）介绍了虚拟水贸易的相关概念以及虚拟水贸易战略的理论和现实意义，并认为虚拟水贸易战略的核心在于对水资源的科学管理和合理配置。Chapagain 和 Hoekstra（2003）从国内补贴的视角研究进口国的政策制定对虚拟水贸易流量的影响，通过计算得出在中东地区的粮食补贴贸易政策下，虚拟水的进口总量相当于尼罗河每年流入埃及的总量。Wichelns（2003）则从货币政策的视角分析发展中国家的农产品贸易，并认为发展中国家的货币贬值政策不利于本国虚拟水贸易战略优势的形成。

部分学者通过对虚拟水贸易的现状进行梳理与总结，给出相关的政策调整方向及建议。孙才志和陈丽新（2010）在梳理和分析了中国虚拟水贸易流动格局，提出了广义虚拟水战略的理念，为下一步中国构建新型政策体系提供新思路。朱启荣和袁其刚（2014）通过分析中国工业出口贸易的灰色虚拟水含量，得到中国应该继续实施严格的减排政策的结论。王克强等（2011）通过一般均衡模拟分析，认为虚拟水贸易政策可以作为农业水资源政策的补充，提高水资源的利用效率。朱启荣（2014）通过对比不同行业的水耗强度以及进出口总量，认为当前中国的贸易结构下仍有少数行业的进出口贸易不利于我国水资源的节约，因此需要通过政策手段优化自身的贸易结构进而提高我国的贸易流量效率。

部分学者指出虚拟水贸易战略不仅仅是贫水国家进口水资源密集产品，政策的制定者应当结合该国粮食安全、可耕用土地数量、劳动力水平及生产技术水平、特惠贸易协定等多方面因素综合考虑（Wichelns，2004，2010；Van Hofwegen，2004；Kumar & Singh，2005；程国栋，2003；Van Hofwegen，2003；Aldaya et al.，2009）。

然而，也存在对虚拟水贸易战略质疑的观点。刘红梅等（2008，2010，2011）对影响农业虚拟水贸易的因素进行了分析；刘红梅等（2009）也对农业虚拟水贸易存在的"资源诅咒"效应进行了分析。Ansink（2010）基于 HO 贸易模型进行理论分析，对文献中关于虚拟水贸易在解决地区水资源分布不平衡和地区水资源冲突问题中的作用提出了质疑。Reimer（2012）通过理论推导，反驳了上述学者的说法，他认为，理论上虚拟水的跨国流动与其他类别贸易中隐含的要素的流动机制基本一致，虚拟水贸易战略是可行的，"虚拟水悖论"现象并不存在。由此可见，虚拟水贸易战略作为解决区域水安全、粮食安全的一种新思路，尚有许多值得深入研究的问题。

第四节　简要评述

综合上述文献可以发现，虚拟水贸易利益吸引了国内外的大量研究，与此同时，学界在贸易政策约束下的虚拟水贸易利益也取得了一定的研究成果，但是仍存在进一步提升的空间。

第一，从研究内容看，考虑到中间产品贸易占总贸易量的较大比重的现实，诸多学者在全球生产网络的背景下基于产业间的投入产出关系对虚拟水贸易利益及相关政策进行了探讨，但是，仍需要在一个富有解释力的分析框架之下系统考虑各种虚拟贸易利益的来源及相关贸易政策的作用机制；对于政策扭曲的研究主要集中在关税贸易壁垒的研究上，对非关税壁垒和特惠贸易协定有待进一步科学系统的评估；在贸易限制指数的应用方面，前人的研究主要集中在准确测度各国家及地区、行业的贸易政策扭曲的具体水平及其带来的福利水平上，实际上贸易限制指数方法的提出对国际贸易学的其他领域的研究也起到很好的推动作用，尤其是对双边贸易背后隐含要素贸易利益的影响应当有充分认识。

第二，从研究深度看，已有部分学者对虚拟水贸易战略的适应性和可操作性做出研究，但是对虚拟水贸易战略的研究尚停留在量化分析某国或地区的虚拟水贸易现状的基础上对虚拟水贸易政策未来的选择方向进行概述性建议的阶段，虚拟水贸易战略乃至贸易政策选择对虚拟水贸易引导作用及引导机制的相关研究还有待深入。虽然前人在针对贸易政策的相关研究做出了大量工作，并运用贸易限制指数对某一类特定的贸易政策措施带来的效果进行了相应的评估，然而，目前尚无系统研究中国在所有方面存在的非关税贸易措施以及特惠贸易协定对中国商品进口总体或分类的影响，对商品背后隐含虚拟水资源要素的跨国（地区）及跨行业流动的影响更是欠缺系统的理论分析与经验检验，这使我国在合理评价、合理运用及应对非关税贸易措施方面存在困难。

第三，从研究方法看，虽然已有文献适用了 Leontief（1970）投入产出方法对虚拟水贸易流量进行了测算，将虚拟水贸易的相关研究从农业领域拓展至工业和服务业领域，但是传统的测度方法本身就存在重复计算等一系列问题，无法精确刻画双边国家（地区）以及部门之间要素的流动情况；对贸易限制指数研究的拓展大多数是针对某一种政策工具的专门性研究，通过改变模型的基本假设，探讨一般均衡贸易限制指数理论可能带来的影响，而无法度量同时包含关税政策、非关税政策以及特惠贸易协定的整体贸易政策扭曲指数。

基于此，本书拟在以下三个方面进行改进。第一，结合全球生产网络中中间品贸易占较大比重的特征，基于贸易政策扭曲的视角构建虚拟水贸易利益评价体系，拟从理论和实证上系统分析和研究不同贸易政策扭曲对虚拟水进口贸易流向、虚拟水进口贸易流量以及虚拟水进口贸易结构带来的综合作用。第二，构建科学合理的贸易政策测度指标，通过在 Feenstra 局部均衡贸易限制指数模型的基础上对模型进行适当修正，测算中国现有贸易政策组合形成的各项贸易政策扭曲程度指标。第三，本书结合全球生产网络的特征，运用最新的投入产出分析方法，精确刻画虚拟水的跨国和跨区域流动，合理选取并测算所需数据，对理论预期进行实证检验，并为长期贸易政策的选择提供理论指导。

第二章 中国贸易政策扭曲与虚拟水
贸易指标测度与分析

中国当前的各项贸易政策扭曲指标以及中国的双边虚拟水贸易的各项指标是本书涉及的关键变量，也是本书进行定性分析与实证检验的重要前提。因此，本章首先对贸易政策扭曲指标进行测度与初步分析，得到不同种类贸易政策扭曲的实际水平，随后测度了中国参与全球生产网络背景下的双边虚拟水贸易各项指标，为后续的实证研究提供数据支持。

第一节 中国贸易政策扭曲指标
体系构建与测度

Anderson 和 Neary 基于一般均衡模型对进口国贸易政策扭曲的实际水平进行测度，在数据处理的过程中使用的是宏观层面的加总数据，其中涉及大量的数据与参数估计，测算过程较为繁杂。考虑到数据的可得性与不同产业的异质性，加总后的参数估计值可能与参数本身有较大偏差。局部均衡贸易限制指数理论具有更强的适用性，原因在于该模型假设所有商品的交叉价格弹性为零，且不用考虑贸易政策扭曲可能带来的一系列的收入再分配效应。基于此，本节首先对 Feenstra（1995）的局部均衡贸易限制指数理论的研究思路及研究方法进行梳理，并在此基础上，对局部均衡贸易限制指数测度方法进行改进，构建一系列贸易政策扭曲指标，测算中国双边虚拟水进口贸易面临的绝对贸易政策扭曲指数与相对贸易政策扭曲指数。

一　局部均衡贸易限制指数基本模型

假设进口国及地区消费者共消费 $i = 1 \cdots I$ 种商品，贸易品的自给自足为 p_i、非贸易品的商品价格为 π_i，该国及地区的总支出函数是贸易品的国内价格向量 p、非贸易品价格向量 π 和整体效用 U 的函数，则总支出函数可以记为 $E(p, \pi, U)$。若本土产品面临的出口税以及补贴忽略不计，易知进口商品的自给自足向量 p 和世界价格向量 p^* 之间的关系为：

$$p = p^*(1 + t) \tag{2.1}$$

其中，t 为外生的进口从价关税的税率向量。假设从价关税影响下的进口国（地区）对进口商品的总需求向量为 m，非贸易品的总需求向量为 q，根据 Shephard 的理论，支出函数对商品价格的导数就是消费者对相应商品的需求量，由此可知：

$$E_p(p, \pi, U) = m(p, \pi, U) \tag{2.2}$$

$$E_\pi(p, \pi, U) = q(p, \pi, U) \tag{2.3}$$

若市场有 n_i 家企业从事生产，每家企业的产量为 y_i，则商品 i 的总产出为：

$$Y_i = n_i y_i \tag{2.4}$$

假设企业的生产成本为 c_i，生产成本是产量与要素报酬的函数，则企业的成本函数可以表示为 $c_i(y_i, w)$，其中，w 是生产要素的价格向量。假设经济体中共有 $j = 1 \cdots J$ 种生产要素，由此可得要素市场出清条件下，国内的生产要素总量为：

$$V_j = \sum_i n_i \frac{\partial c_i}{\partial w_j}, \ 其中，j = 1, \cdots, J \tag{2.5}$$

进口国（地区）的总支出函数应该是生产商的净利润、生产要素的总报酬以及关税贸易政策带来的关税收益的总和，则经济体的总支出函数可以表示为：

$$E(p, \pi, U) = \sum_i (\pi_i - \frac{c_i}{y_i}) Y_i + \sum_j w_j V_j + \sum_i (p_i - p_i^*) m_i \tag{2.6}$$

若自由贸易状态下的效用函数为 U^0，进口国（地区）维持效用水平不变的总支出函数可以表示为 $E(p, q, U^0)$。消费者为了效用函数 U^0 不变，关税贸易壁垒以及非关税贸易壁垒的关税当量势必会使消费者放弃一部分的实际收入，进而造成一定的福利损失。为了表示上述福利水平的变动，定义当期的总支出函数与维持自由贸易状态效用函数不变的总支出函数之间的净转移为补偿性支出函数 B，则有：

$$B(p, \pi, U^0) = \left[\sum_i \left(\pi_i - \frac{c_i}{y_i} \right) Y_i + \sum_j w_j V_j + \sum_i (p_i - p_i^*) m_i \right] -$$
$$E(p, q, U^0) \tag{2.7}$$

若 B 是正数，说明进口国（地区）在现有的贸易政策保护体系下获得了收益，若 B 是负数，说明进口国（地区）在现有的贸易政策保护体系下遭受了福利损失，因此，也同时可以将 B 视为维持自由贸易条件效用水平不变的贸易差额函数。

假设进口国（地区）有两种贸易时期——初始期与当期，初始期是现有贸易政策约束下的贸易状态，当期是贸易限制指数约束下进口国（地区）的贸易状态。根据贸易限制指数 TRI 的定义，贸易政策扭曲的实际水平应当是保持当期消费者初始效用水平 U^0 维持不变的前提下，使当期贸易状态与初期贸易状态的贸易差额函数保持一致的统一关税，假设统一关税为 τ，易知：

$$\tau(p, p^*, \pi, U^0): B\left[(1+\tau)p^*, p^*, \pi, U^0 \right] = B((1+t)p^*,$$
$$p^*, \pi, U^0) \tag{2.8}$$

等式两侧分别对 τ 和 t 全微分，可得：

$$\sum_i \frac{\partial B}{\partial p_i} p^* d\tau = \sum_i \frac{\partial B}{\partial p_i} p^* dt \tag{2.9}$$

为了增加计算的简便性，使贸易限制指数的测算具有更广泛的应用性，在局部均衡条件下，将交叉价格弹性设定为零，且厂商产量与净利润的变化可以忽略不计。因此，对贸易差额函数求全微分可得：

$$dB(p, \pi, U) = \sum_i (p_i - p_i^*) dm_i + \sum_i \left[(Y_i - q_i) dq_i - m_i dp_i^* \right] \tag{2.10}$$

对 (2.9) 式两侧分别对 τ 和 t 从区间 $[0, \tau]$ 和 $[0, t]$ 求积分，化简整理可得：

$$\tau = \left(\frac{\sum\limits_{i} m_i \varepsilon_i t_i^2}{\sum\limits_{i} m_i \varepsilon_i} \right)^{\frac{1}{2}} \qquad (2.11)$$

其中，ε_i 是进口需求弹性，且 $\varepsilon_i = \dfrac{p_i \partial m_i}{m_i \partial p_i}$，由此便得到贸易限制指数 TRI。

二　贸易政策扭曲指标体系构建

限制性关税和非关税贸易壁垒的重复性使用增加了双边贸易面临的不确定性，并可能带来循环往复的报复性措施，进而限制虚拟水进口，使虚拟水贸易总量发生负向偏离，并产生福利损失。此外，国家（地区）间签订的特惠贸易协定产生的贸易创造与贸易转移效应改变了商品在国家（地区）之间的流量和流向，因此也是造成虚拟水贸易利益变动的另一个因素。接下来，本节将对衡量贸易政策扭曲的重要指标——绝对贸易政策扭曲指数和相对贸易政策扭曲指数分别进行说明。

（一）绝对贸易政策扭曲指数

本书首先采用 Feenstra（1995）局部均衡贸易限制指数 TRI（Trade Restrictiveness Index）作为构建绝对贸易政策扭曲程度的指标之一，并借鉴 TRI 指数构建的思路引入非关税贸易壁垒的关税当量 AVE（Ad‐valorem Equivalents），来衡量整体贸易政策扭曲的限制程度，并构建总体贸易限制指数 OTRI（Overall Trade Restrictiveness Index）。随后本书在 Anderson 和 Neary 一般均衡重商主义贸易限制指数理论的基础上，将模型简化为局部均衡模型，构建不考虑非关税壁垒的重商主义贸易限制指数 MTRI（Mercantilism Trade Restrictiveness Index）和同时考虑非关税贸易壁垒的总体重商主义贸易限制指数 OMTRI（Overall Mercantilism Trade Restrictiveness Index）。

1. TRI 指数与 OTRI 指数

根据前文的 Feenstra（1995）局部均衡模型，假设进口国（地区）c 共进口 n 种商品，每一种商品的进口量为 $m_{n,c}$，进口需求弹性为 $\varepsilon_{n,c}$，商品层面的进口关税为 $t_{n,c}$，则有：

$$TRI_c = \left(\frac{\sum_n m_{n,c} \varepsilon_{n,c} t_{n,c}^2}{\sum_n m_{n,c} \varepsilon_{n,c}} \right)^{\frac{1}{2}} \tag{2.12}$$

非关税贸易壁垒种类繁多且复杂多样，不同种类的非关税贸易壁垒对商品进口的作用机制也各不相同。本书借鉴 Kee 等（2009）的做法，将非关税贸易壁垒转化为能够与从价关税率相比较的关税当量 $ave_{n,c}$，因此若同时考虑关税贸易壁垒与非关税贸易壁垒，商品 n 面临的商品层面的贸易政策价格效应和所有商品面临的整体贸易限制指数可以分别表示为：

$$T_{n,c} = t_{n,c} + ave_{n,c} \tag{2.13}$$

$$OTRI_c = \left(\frac{\sum_n m_{n,c} \varepsilon_{n,c} T_{n,c}^2}{\sum_n m_{n,c} \varepsilon_{n,c}} \right)^{\frac{1}{2}} \tag{2.14}$$

2. MTRI 指数与 OMTRI 指数

尽管贸易限制指数能够高度概括关税贸易政策对进口国（地区）自身福利水平带来的损失，然而却不能体现进口国（地区）贸易政策对供给侧即出口国（地区）的扭曲作用。正如 Anderson 和 Neary（2005）指出的，从贸易谈判的角度看，相对于仅考虑进口国真实收入的变化，出口国（地区）更加注重自身出口贸易条件的变化。因此有必要提出贸易限制指数的补充概念，其核心思想是指在进口国（地区）当期贸易政策组合下寻找能够产生与初始期相同进口量的统一关税，上述统一关税就是重商主义贸易限制指数 MTRI。

假设外生的贸易收支函数为 b，定义进口贸易总量函数为：

$$M(p,\ b) = p^* \cdot m(p,\ b) \tag{2.15}$$

进口国（地区）在初始期面临一系列关税贸易政策扭曲，若自由贸易时期的贸易收支函数为 b^0。进口国（地区）的总进口量是进口商品自给自足价格与贸易收支的函数，为了保持 b^0 不变，总进口可以表示为 $M(p,\ b^0)$。假设使当期贸易状态下与初始贸易状态下的进口贸易总量函数保持相等的统一关税为 τ^λ，则重商主义的贸易限制指数为：

$$\tau^\lambda(p,\ b^0): M\left[(1 + \tau^\lambda)p^*,\ b^0\right] = M(p,\ b^0) \tag{2.16}$$

对式（2.16）进行全微分，可得：

$$\sum_i \frac{\partial M}{\partial p_i} d\tau^\lambda = \sum_i \frac{\partial M}{\partial p_i} dt \qquad (2.17)$$

易知：

$$\sum_i \frac{\partial M}{\partial p_i} d\tau^\lambda + \sum_i \frac{\partial M}{\partial p_i} \tau^\lambda d\tau^\lambda = \sum_i \frac{\partial M}{\partial p_i} dt + \sum_i \frac{\partial M}{\partial p_i} t dt \qquad (2.18)$$

对上式进行化简整理，可得：

$$\sum_i \frac{\partial M}{\partial p_i} p_i d\tau^\lambda = \sum_i \frac{\partial M}{\partial p_i} p_i dt \qquad (2.19)$$

本书借鉴 Kee 等（2009）的思想，在局部均衡模型框架下将所有商品的世界价格视为单位价格，则有：

$$MTRI_c = \frac{\sum_n m_{n,c} \varepsilon_{n,c} t_{n,c}}{\sum_n m_{n,c} \varepsilon_{n,c}} \qquad (2.20)$$

由式（2.20）可知，重商主义贸易限制指数是经过商品层面进口量和进口需求弹性之乘积加权后的统一关税。若同时考虑非关税贸易壁垒的效应，则可以将非关税贸易壁垒的关税等值引入该指标，由此得到总体重商主义贸易限制指数 OMTRI：

$$OMTRI_c = \frac{\sum_n m_{n,c} \varepsilon_{n,c} T_{n,c}}{\sum_n m_{n,c} \varepsilon_{n,c}} \qquad (2.21)$$

（二）相对贸易政策扭曲指数

虽然 WTO 对推动各国（地区）不断削减关税的作用功不可没，然而近年来关税和非关税贸易壁垒的减让更多地通过小范围的双边或者多边特惠贸易协定的签订来实现。中国目前积极融入全球签订特惠贸易协定的潮流。根据商务部数据，我国已经与世界其他 24 个国家及地区签署了优惠贸易协定，其中，已经生效的特惠贸易协定贸易对象国家及地区有 13 个，主要包括东盟、巴基斯坦、智利、新西兰、新加坡、秘鲁、哥斯达黎加、冰岛、瑞士、韩国、澳大利亚、马尔代夫和格鲁吉亚，尚有诸多特惠贸易协定（如区域全面经济伙伴关系协定，简称 RCEP）正在谈判签订事宜。特惠贸易协定对双边贸易影响的作用机制相对复杂。在传统的针对特惠贸易协定的研究中，由于考察特惠贸易协定时，也同时考察了关税同盟，贸易便利化等其他政策性扭曲的作用，多数学者的研究可能存在高估特惠贸易协定扭曲的问题。此外，若两国（地区）签订了特惠贸易协定，两国（地区）之间的关税以及非关税贸易壁垒也必将得到适度减免，然而考虑到进口国（地区）可能同时对世界上其他国家（地区）也签订了特惠贸易协定，并且对其他国家（地区）进口实施更低的关税及非关税措施，此时就会使得对特惠贸易协定带来的综合效应的测度产生一定程度的偏离。

1. RPM 指数

分析特惠贸易协定的扭曲作用变得至关重要，因此本书将延续 Carrere（2010）、Fugazza 和 Nicita（2013）的研究思路，构建维持相对效用水平不变的相对特惠待遇差额（Relative Preferential Margin, RPM）指标，考察相对于其他国家特惠贸易协定对进口方带来的正向影响和负向扭曲：

$$RPM_{cj} = \frac{\sum_i m_{cj,i} \varepsilon_{cj,i} (t_{cw,i} - t_{cj,i})}{\sum_i m_{cj,i} \varepsilon_{cj,i}}, \ c \neq j \qquad (2.22)$$

$$t_{cw,i} = \frac{\sum_v m_{cv,i} t_{cv,i}}{\sum_v m_{cv,i}}, \ \text{且} \ v \neq j \qquad (2.23)$$

$t_{cw,i}$ 表示商品层面加权后的中国对世界除双边贸易伙伴 j 以外的其他国家及地区实施的综合关税贸易政策扭曲程度，权重为商品层面中国对应的进口量 $m_{cv,i}$。RPM 指标背后的经济学含义为：若进口方对贸易伙伴的贸易政策扭曲相对于世界其他国家（地区）的贸易政策扭曲还要低，则进口方虽然对来自伙伴国的进口存在贸易政策扭曲，但是实际上贸易伙伴相较世界其他国家（地区）仍然享受到了因签订特惠贸易协定带来的优惠。因此 RPM 指标度量的是特惠贸易协定广泛存在的前提下相对的贸易政策扭曲的数值。RPM 的取值可以为负数，极端情况下，中国对其他贸易伙伴国（地区）都实施零关税，仅对出口国（地区）实施关税贸易壁垒，此时 RPM 取值为 – MTRI，若中国对其他 WTO 成员国（地区）都实施最惠国待遇关税 MFN，仅对出口国（地区）实施零关税，则此时 RPM 的取值为加权的最惠国税率。此外容易发现，RPM 对商品进口量的作用与 MTRI 的作用相反，理论上 RPM 越大，不考虑贸易流向时贸易政策对进口总量带来的负向抑制作用反而会越小，RPM 数值越低，不考虑贸易流向时贸易政策对进口总量带来的负向抑制作用将越高。

2. RTRI 指数

贸易政策扭曲程度过高或过低都会导致进口国（地区）虚拟水贸易利益的变动，因此有必要对中国贸易政策扭曲指标体系进行适当补充。为了更系统地对比相对贸易政策扭曲指数与绝对贸易政策扭曲指数之间的差距，本书同时构建相对贸易限制指数 RTRI（Relative Trade Restrictiveness Index），对本书的贸易政策扭曲指标体系进行补充与完善。为了排除特惠贸易协定带来的抵消作用，得到中国 c 对贸易伙伴 j 贸易政策扭曲的相对值，与维持效用水平不变的贸易限制指数 TRI 相类似，构建相对关税贸易限制指数：

$$RTRI_{cj} = \left(\frac{\sum_i m_i \varepsilon_i (t_{cw,i} - t_{cj,i})^2}{\sum_i m_i \varepsilon_i} \right)^{\frac{1}{2}}, c \neq j \tag{2.24}$$

$$t_{cw,i} = \frac{\sum_v m_{cv,i} t_{cv,i}}{\sum_v m_{cv,i}}, 且 v \neq j \tag{2.25}$$

由式（2.24）可知，相对关税贸易限制指数是大于零的正数，该指数表示的是进口方对出口方贸易政策扭曲带来的偏差效应：如果进口方对出口方的贸易政策扭曲高于进口方对世界其他国家（地区）的平均贸易政策扭曲程度，必然对来自出口国的商品贸易产生扭曲效应；同样的，如果进口方对出口方的贸易政策扭曲程度低于进口方对世界其他国家（地区）的平均贸易政策扭曲程度，也会对进口商品贸易产生重要影响。

（三）非关税贸易壁垒的关税等值

同一种商品可能同时受到多种贸易政策的影响，尤其是非关税贸易壁垒种类繁杂、形式多样，增加了对贸易政策扭曲指标体系测度的难度。由于绝大多数中国进口商品层面的价格数据难以观测，因此非关税贸易措施带来的直接价格扭曲效应难以直接获得。为了方便比较，本书将非关税贸易壁垒的数量效应转化为价格效应，即非关税贸易措施的从价关税等值 AVE（Ad – Valorem Equivalent）。本书借鉴Lee 和 Swagel 的做法，构建一般均衡模型：

$$\ln m_{i,t} = \varepsilon_{i,t}\ln(1 + tariff_{i,t}) + \alpha_0 + \alpha_1\ln m_{i,t-1} + \sum_k \alpha_{i,k}C_{k,t} +$$

$$\lambda^{Core}_{i,t}Core_{i,t} + \kappa_{i,t} \tag{2.26}$$

其中，$\ln m_{i,t}$ 为商品 i 在时刻 t 进口数量的自然对数形式；$\ln m_{i,t-1}$ 为 $\ln m_{i,t}$ 的一阶滞后项；α_0 为常数项；$tariff_{i,t}$ 为商品 i 在特定时期的从价关税税率，$C_{k,t}$ 为中国的 k 种相对要素禀赋向量，本书主要选取单位国民生产总值的农用土地、总人口以及固定资本作为解释变量，$\varepsilon_{k,t}$ 为商品在时刻 t 的进口需求弹性；$\lambda^{Core}_{i,t}$ 衡量一国对商品 i 采用的核心非关税贸易措施的影响系数；$\kappa_{i,t}$ 为误差项。$Core_{i,c}$ 表示该商品是否存在核心非关税贸易壁垒的虚拟变量，若存在，则虚拟变量取 1；反之则取 0，若已知商品的进口弹性，可将式（2.26）等号右侧的关税移至左侧，并进行适当变形：

$$\ln m_{i,t} - \varepsilon_{i,t}\ln(1 + tariff_{i,t}) = \alpha_0 + \alpha_1\ln m_{i,t-1} + \sum_k \alpha_{i,k}C_{k,t} +$$

$$\lambda^{Core}Core_{i,t} + \kappa_{i,t} \tag{2.27}$$

将式（2.27）两侧分别对哑变量核心非关税壁垒 $Core_{i,c}$ 求导，可以得到核心非关税壁垒的关税等值：

$$ave^{Core}_{i,t} = \frac{1}{\varepsilon_{i,t}}\frac{\partial \ln m_{i,t}}{\partial Core_{i,t}} = \frac{e^{\lambda^{Core}} - 1}{\varepsilon_{i,t}} \tag{2.28}$$

为了解决内生性问题，本书运用两阶段最小二乘法（2SLS）对方程系数进行计量估计。有效的工具变量必须具备相关性和外生性两个条件，本书选取的工具变量包括：与中国距离最近的五个国家和地区[①]的 GDP 加权后的核心非关税壁垒通报量以及商品 n 在时刻 t 的出口数量，上述工具变量均已在前人研究中被使用（Kee et al.）。由于近邻国家及地区在地理环境、历史文化上有一定的相似性，因此将倾向于制定相似的贸易保护政策来对某种商品的进口进行政府干预。基于此，与中国地理距离较近的 5 个国家和地区对进口商品是否以及采用何种非关税贸易壁垒能够间接反映进口国（地区）核心非关税贸易壁垒的实施，且与商品的进口总量没有显著的相关性。与此同时，由于商品的进出口总量主要由贸易国（地区）的需求量决定，进口国（地区）在时期 t 的商品层面出口量与该时期的进口量没有必然联系，而出于保护本国（地区）产业的目的，一般而言一国（地区）倾向于对本国（地区）出口量较高的产品实施更高的非关税贸易壁垒，因此一国（地区）商品层面的出口量对其核心非关税贸易壁垒的实施有一定的相关性。

三　数据来源及变量选取

根据式（2.12）、（2.14）、（2.20）、（2.21）、（2.22）、（2.24）以及（2.26），本书将测度贸易政策扭曲指标体系使用的所有变量分为三类。第一类是计算贸易政策扭曲指标用到的政策性变量，主要包括中国对贸易伙伴国（地区）使用的关税及非关税数据。第二类是衡量进口国要素禀赋的相关数据。第三类是商品层面的弹性数据以及进出口贸易数据。本书将分别对上述数据的数据来源和变量处理进行说明。

（一）政策性变量

本书的核心非关税贸易壁垒通报量来自 UNCTAD 贸易分析信息系统数据库（Trade Analysis Information System，TRAINS），根据非关税贸易壁垒出现的频率与综合效应，本书选取的核心非关税贸易壁垒主要包括价格控制、数量限制、技术性贸易壁垒以及垄断性措施。本书使用的进口关税税率来自 WITS 数据库（World Integrated Trade Solu-

---

① 鉴于各国及地区的非关税壁垒资料公开程度有限，本书搜集到 GDP 加权的中国香港、日本、越南、老挝、菲律宾五国的核心非关税贸易壁垒通报量作为工具变量。

tion）。WITS 数据库官方提供了三种关税贸易壁垒的统计口径：最惠国待遇关税（MFN, Most Favored Nation Tariff），约束关税（BND, Bound Tariff）以及有效使用关税（AHS, Effectively Applied Tariff）。其中，MFN 是指若贸易双方并没有签订其他特惠贸易协定（如自由贸易区或者关税同盟），WTO 成员承诺对 WTO 其他成员实施的关税，因此 MFN 是 WTO 成员官方承诺的对其他成员施加的最高关税，而实际操作中 WTO 成员也可以援用不适用条款（Non-Application Clause），在 WTO 规则下对某个特定的成员施加高于 MFN 的关税。约束关税是指 WTO 准成员在谈判关税水平时承诺的最高 MFN 税率，在不超越 MFN 税率的基础上，各成员在非歧视的前提下可以对自身的实际对外实施的关税进行适度调整。事实上，世界各国（地区）都加入了至少一项特惠贸易协定，而特惠贸易协定的成员都承诺对贸易对象施加低于 MFN 的关税。如北美自由贸易区的各个成员国（地区）之间对商品基本实施零关税贸易。此外，许多发达国家对发展中国家给予单方面的关税减让优惠，其中最为普遍的是普惠制（GSP, Generalized System of Preferences），因此 WITS 数据库单独提供了一套统计观测对象对外实施的实际从价关税率数据，即 AHS 指标。基于此，本书选取 AHS 统计口径作为中国商品进口层面的从价关税税率，并根据联合国统计司提供的 HS96、HS02、HS07 版本转换表将所有关税税率转换为 HS02 版本。WIOD 数据库（World Input-Output Database）的观测样本有 43 个国家，其涵盖的经济总量占世界总额的 85% 以上，因此选取该数据库的观测样本具有一定的借鉴意义。基于此，本书观测的所有国家（地区）包括：澳大利亚（AUS）、奥地利（AUT）、比利时（BEL）、保加利亚（BGR）、巴西（BRA）、加拿大（CAN）、瑞士（CHE）、中国（CHN）、塞浦路斯（CYP）、捷克（CZE）、德国（DEU）、丹麦（DNK）、西班牙（ESP）、爱沙尼亚（EST）、芬兰（FIN）、法国（FRA）、英国（GBR）、希腊（GRC）、克罗地亚（HRV）、匈牙利（HUN）、印度尼西亚（IDN）、印度（IND）、爱尔兰（IRL）、意大利（ITA）、日本（JPN）、韩国（KOR）、立陶宛（LTU）、卢森堡（LUX）、拉脱维亚（LVA）、墨西哥（MEX）、马耳他（MLT）、荷兰（NLD）、挪威（NOR）、波兰（POL）、葡萄牙（PRT）、罗马尼亚（ROU）、俄罗斯（RUS）、斯洛伐克（SVK）、斯洛文尼亚（SVN）、瑞典（SWE）、土耳其（TUR）、中国台湾（TWN）、美国（USA）。

（二）要素禀赋相关数据

农用土地、总人口、固定资本形成、实际 GDP 数据、GDP 折算指数主要来源于世界银行数据库（World Bank Database）。资本存量的估计采用 Goldsmith 开创的永续盘存法，资本存量 K_t 可以写为以下形式：$K_t = K_{t-1}(1 - \delta) + I_t$，其中，$K_{t-1}$ 为上一期的资本形成总额，I_t 为各年固定资本形成总额，用各年固定资产价格指数平减。δ 为资本的平均折旧率，Coe 和 Helpman（1995）的取值为 9.6%。根据 Coe 和 Helpman（1995）对研发存量估计的方法，对于基年 2000 年的资本存量估计表示为 $K_{2000} = I_{2000}/(g + \delta)$，$g$ 为 2000—2014 年各国及地区固定资本支出对数形式增长率的平均数。

（三）其他变量

弹性数据来源于 Kee 等（2008）[1]，HS2002 六分位编码商品层面的进出口数据来源于联合国贸易商品统计数据库（Uncomtrade Database）。

四　统计性描述

本小节将基于前文构建的贸易政策扭曲指数，对 HS1992 六分位编码 4900 余种商品层面加总的中国进口贸易政策扭曲程度进行全面的测算，并对不同种类的贸易政策扭曲指标做出统计性描述。

（一）非关税贸易壁垒关税等值的统计性描述

考虑到产品之间的差异性，本书选用固定效应工具变量法对 2000—2014 年核心非关税壁垒对商品进口量的数量效应进行估计。

计量回归结果显示，中国对所有商品进口的数量效应 λ^{Core} 的数值

---

[1] http：//econ. worldbank. org/WBSITE/EXTERNAL/EXTDEC/EXTDEC/EXTRESEARCH/0, contentMDK：22574446 ~ pagePK：64214825 ~ piPK：64214943 ~ theSitePK：469382，00. html，访问时间：2017 年 8 月 15 日。

为 -1.85，该系数估计值在 1% 的水平下显著。固定效应工具变量法计量回归的 Davidson - MacKinnon 统计量为 15.66，P 值小于 0.01，证明解释变量是内生的；Sargan 统计量为 0.76，接受了不存在过度识别的原假设，因此本书采用的工具变量法是合理的。

表 2 - 1 给出了中国商品进口对外施加的非关税贸易壁垒的关税当量 ave_i^{Core}，并根据 HS92 统计口径的商品分类对各章的数据进行简单平均①。根据表中数据，中国商品进口遭遇最高非关税贸易政策扭曲

表 2 - 1　　　　　中国 HS92 各章及各类别商品层面非关税贸易
壁垒的关税等值 　　　　　　　　　　　　单位:%

类别	章节	ave^{core}		类别	章节	ave^{core}	
第一类：动物产品	1	0.27	0.6	第十一类：纺织原料及纺织制品	54	0.74	0.76
	2	0.59			55	0.68	
	3	0.59			56	0.51	
	4	0.34			57	0.2	
	5	1.21			58	0.9	
第二类：植物产品	6	0.19	0.83		59	1.25	
	7	0.24			60	0.99	
	8	1.27			61	0.48	
	9	0.16			62	0.4	
	10	0.37			63	0.16	
	11	1.82		第十二类：鞋、帽、伞、杖、鞭及其零件；已加工的羽毛及其制品；人造花；人发制品	64	0.37	0.98
	12	1.14			65	2.47	
	13	1.56			66	0.46	
	14	0.76			67	0.61	
第三类：动植物油、脂及其分解产品；精制的食用油脂；动植物蜡	15	0.93	0.93				

---

① 吴国松（2012）指出，由于不同种商品面临非关税贸易壁垒的计量单位各不相同，导致简单的算数平均数量效应欠缺科学性，但仍然可以给出总体的变动趋势。

续表

类别	章节	ave^{core}	类别	章节	ave^{core}	
第四类：食品；饮料、酒及醋；烟草、烟草及烟草代用品的制品	16	0.2	第十三类：石料、石膏、水泥、石棉、云母及类似材料的制品；陶瓷产品；玻璃及其制品	68	0.69	0.7
	17	0.71		69	0.41	
	18	0.37				
	19	0.16		70	1.01	
	20	0.39				
	21	1.02				
	22	0.21	第十四类：天然或养殖珍珠、宝石或半宝石、贵金属、包贵金属及其制品；仿首饰；硬币	71	0.46	0.46
	23	0.4				
	24	0.32				
第五类：矿产品	25	0.62				
	26	1.7				
	27	0.57	第十五类：贱金属及其制品	72	0.87	0.96
第六类：化学工业及其相关工业的产品	28	1.28		73	0.66	
	29	2.59		74	0.88	
	30	0.62		75	0.99	
	31	0.57		76	1.54	
	32	1.04		77	—	
	33	1.94		78	0.63	
	34	0.71		79	1.16	
	35	0.66		80	0.5	
	36	0.18		81	1.14	
	37	1.83		82	1.33	
	38	5.97		83	0.82	

第四类 ave^{core} 0.42；第五类 ave^{core} 0.96；第六类 ave^{core} 1.58

续表

类别	章节	ave^core		类别	章节	ave^core	
第七类：塑料及其制品；橡胶及其制品	39	0.97	2.26	第十六类：机器、机械器具、电气设备及其零件；录音机及放声机、电视图像、声音的录制和重放设备及其零件、附件	84	1.06	1.29
	40	3.54			85	1.51	
第八类：生皮、皮革、毛皮及其制品；鞍具及挽具；旅行用品、手提包及类似容器；动物肠线（蚕胶丝除外）制品	41	0.77	1.04	第十七类：车辆、航空器、船舶及有关运输设备	86	0.37	0.82
	42	0.48			87	1.65	
					88	1.06	
	43	1.86			89	0.19	
第九类：木及木制品；木炭；软木及软木制品；稻草、秸秆、针茅或其他编结材料制品；篮筐及柳条编结品	44	0.83	0.67	第十八类：光学、照相、电影、计量、检验、医疗或外科用仪器及设备，精密仪器及设备；钟表；乐器；上述物品的零件、附件	90	1.08	0.99
	45	0.9			91	—	
	46	0.27			92	0.89	
第十类：木浆及其他纤维状纤维素浆；纸及纸板的废碎品；纸、纸板及其制品	47	3.42	1.75	第十九类：武器、弹药及其零件、附件	93	0.06	0.06
	48	1.16					
	49	0.68					
第十一类：纺织原料及纺织制品	50	1.5	0.76	第二十类：杂项制品	94	1.08	1.55
	51	0.81			95	1.18	
	52	1.29			96	2.4	
	53	0.7		其他	97	—	—
					98	—	

注："—"表示数据缺失。

资料来源：笔者计算整理得到。

的商品类别主要包括塑料及橡胶类制品、木浆及其他纤维状纤维素浆；纸及纸板的废碎品；纸、纸板及其制品以及化工类产品等；特别地，中国实施较高非关税贸易壁垒的产品主要包括第三十八章（杂项化学产品）、第四十章（橡胶及制品）以及第四十七章（木浆及其他纤维状纤维素浆；纸及纸板的废碎品），对应的从价关税贸易壁垒等值分别为 5.97%、3.54% 和 3.42%，证明中国对密集使用上述商品的相关行业如造纸业、化工产业的贸易保护力度较大。中国进口商品遭受较小非关税贸易壁垒扭曲的产品主要包括武器、弹药及其零件、附件，以及食品，饮料、酒及醋，烟草、烟草及烟草代用品的制品，密集使用上述产品的行业的进口需求弹性都较小，因此相对其他产业收非关税贸易壁垒的作用也较小。

此外，值得注意的是，整体而言 ave_i^{Core} 具有较高的离散度，证明中国对不同的商品的非关税贸易保护程度存在较大偏差。商品层面的非关税贸易政策扭曲存在异质性，而商品层面的进口量也是千差万别，因此在贸易政策扭曲指标体系构建的过程中，有必要将所有加权后商品层面的非关税贸易壁垒的关税等值进行加总，进而得到整体的贸易政策扭曲指标。

（二）贸易政策扭曲各项指标的统计性描述

根据本章提供的测算方法并结合商品层面的数据，可以测算出中国 2000—2014 年的中国贸易政策扭曲水平。

1. 贸易政策扭曲指标体系的年度特征

图 2-1 绘制了 2000—2014 年中国绝对贸易政策扭曲水平的变化趋势。可以看出，中国整体的绝对贸易政策扭曲水平经历了一个先快速下降随后又日趋平缓的过程。其中，2001—2005 年中国的绝对贸易政策扭曲水平下降速度较为明显。贸易限制指数由 2000 年的 18.69%下降至 2005 年的 9.47%，重商主义贸易限制指数由 2000 年的 14.06%下降至 2005 年的 6.58%，总体贸易限制指数和总体重商主义贸易限制指数也具有同等程度的下降趋势。值得注意的是，中国在 2001 年至 2002 年的贸易政策扭曲程度下降最为明显，这一年是中国加入世界贸易组织承诺关税减让的过渡年，平均来看中国的绝对贸易

政策扭曲水平下降了 5.2%，降幅高达 34.2%。在 2005 年之后，中国的进口绝对贸易政策扭曲水平的年度变化趋势相对平稳。然而值得注意的是，在 2008 年国际金融危机之后，中国的绝对贸易政策扭曲的实际水平有轻微的上扬趋势，原因在于在当今世界贸易新格局的背景下，世界贸易整体的增速放缓，中国经济发展也步入"新常态"，中国为了应对双边贸易的新变化，也对自身的贸易政策体系做出适度调整。另外，从图 2－1 中还可以看出，维持进口量不变的绝对贸易政策扭曲水平总是低于维持效用水平不变的贸易政策扭曲水平，这与 Feenstra（1995）的研究结论一致。

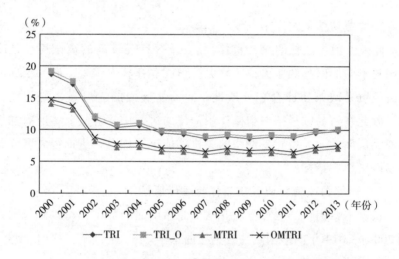

图 2－1　2000—2014 年中国贸易政策扭曲指标变化趋势

同时，图 2－2 也给出了中国 2000—2014 年相对贸易政策扭曲水平的变化趋势。从图中可以看出，整体而言，中国的相对贸易政策扭曲水平的绝对值要大幅小于中国的绝对贸易政策扭曲水平。此外，与绝对贸易政策扭曲的年度变化趋势相比，中国的相对贸易政策扭曲程度并没有逐年降低的趋势。Bagwell 和 Staiger（2003）曾经指出，当经济增速放缓时，进口国具有更强的贸易保护主义倾向，因此在 2009 年至 2011 年的"后次贷危机"时代，中国的相对贸易政策扭曲指数快速攀升：相对于 2008 年的 0.177%，2011 年中国的相对贸易限制指数已增至 0.297%，增幅高达 353%。此外，中国的特惠贸易差额也发生了巨大变化，自 2009 年以来，中国的特惠贸易差额一直维持在 0 以下，且并没有逐年改善的趋势。2008 年中国的 RPM 指数仍为正数，具体数值为 0.004%，而至 2011 年我国的 RPM 指数已经降至 −0.18，并达到了历史新低。因此，相对贸易政策扭曲对中国双边进口的作用不容忽视。

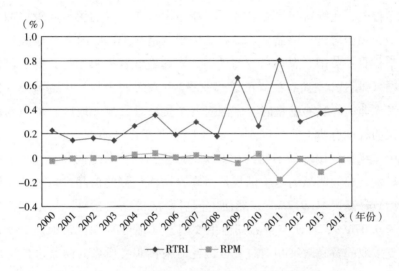

图 2 - 2　2000—2014 年中国贸易政策扭曲指标变化趋势

2. 贸易政策扭曲指标体系的国别特征

表 2 - 2 汇报了国别层面的中国双边进口贸易政策扭曲指标的年均值，从表中可以看出，中国的贸易限制指数、总体贸易限制指数和相对贸易限制指数的国别（地区）层面平均值分别为 10.7%、11.08% 和 0.315%，维持贸易当期与贸易初始期效用水平不变的绝对贸易政策扭曲指数较高，相对贸易限制指数的平均水平相对较低，但平均而言仍构成对中国进口的扭曲效应。中国维持进口量不变的绝对贸易限制指数 MTRI 和 OMTRI 的国别（地区）层面平均值分别为 7.694% 和 8.234%，与维持效用水平不变的绝对贸易政策扭曲指数 TRI 和 TRI_O 相比分别有所下降，但仍维持在一个相对较高的水平。

相对特惠待遇差额的平均水平为 − 0.018%，证明就中国目前签订的双边及多边特惠贸易协定来看，中国对商品进口的平均相对贸易政策扭曲程度仍然处于低于零的水平，理论上该指数的存在将会对中国的双边商品进口流量带来与传统关税贸易政策扭曲作用方向一致的负向扭曲作用。

从国别及地区层面看，中国对不同进口来源国的贸易政策扭曲水平存在较大差异。

首先，在维持初始期与进口当期效用水平不变的贸易政策扭曲指数中，中国对进口商品采用最高贸易限制指数 TRI 的国家（地区）有斯洛伐克、英国、罗马尼亚与美国，实施最低贸易限制指数的贸易伙伴国（地区）主要有拉脱维亚、俄罗斯、爱沙尼亚以及中国台湾。同时考虑非关税贸易壁垒时，中国对各个贸易对象国（地区）的贸易政策扭曲程度有所上升，国别（地区）数据变化之间的差异相对不大；而中国维持效用水平不变的相对贸易政策扭曲指数之间却存在较大的差异性，较为明显的是中国虽然对来自斯洛伐克的商品进口的贸易限制指数最高（21.912%），然而中国对斯洛伐克的相对贸易限制指数仅为 0.076%，证明与世界其他主要国家（地区）相比，中国对斯洛伐克采取的贸易政策相对统一，因此对来自斯洛伐克的商品进口"歧视性"的水平相对较低。

其次，在维持初始期与进口当期进口总量不变的贸易政策扭曲指数中，中国对进口商品实施最高重商主义贸易限制指数的国家（地区）有斯洛伐克、英国、匈牙利，实施最低重商主义贸易限制指数的贸易伙伴国（地区）主要有俄罗斯、拉脱维亚和印度，与维持效用水平不变的贸易政策扭曲指数相比有轻微变动。维持进口量水平不变的相对贸易政策扭曲指数之间的国别（地区）差距较大，中国对进口商品实施最高特惠贸易差额的国家（地区）有印度、拉脱维亚与韩国，上述国家都是发展中国家或者与中国地理距离较近的国家。中国对进口商品实施最低特惠贸易差额的国家（地区）有塞浦路斯、澳大利亚、克罗地亚、匈牙利等，与维持效用水平不变情况下的相对贸易政策扭曲相比存在较大变动。

表 2 - 2　　　　　中国分国别年均进口贸易政策扭曲指数　　　　单位：%

国别 （地区）	维持效用水平不变的贸易政策扭曲指数			维持进口量不变的贸易政策扭曲指数		
	TRI	TRI_O	RTRI	MTRI	MOTRI	RPM
AUS	12.395	12.686	1.185	5.721	6.299	-0.185
AUT	9.612	9.971	0.252	7.144	7.555	-0.01
BEL	11.947	12.405	0.088	8.644	9.27	-0.016
BGR	8.901	9.136	0.119	5.821	6.317	-0.045
BRA	11.526	11.778	0.073	5.719	6.202	-0.003
CAN	12.53	12.842	0.263	7.406	8.032	-0.026
CHE	8.825	9.297	0.297	7.342	7.918	-3.62E-04
CYP	10.302	11.083	2.825	8.041	9.079	-0.301
CZE	12.151	12.597	0.502	9.624	10.194	-0.006
DEU	12.957	13.426	0.128	9.904	10.488	-0.017
DNK	11.953	12.238	0.221	10.618	10.97	-0.007
ESP	9.605	9.875	0.333	7.216	7.56	0.001
EST	7.494	8.007	0.32	5.186	5.946	0.033
FIN	9.507	9.97	0.118	6.835	7.512	-0.015
FRA	13.596	13.895	0.171	9.335	9.865	-0.014
GBR	17.231	17.495	0.225	14.003	14.441	-0.051
GRC	10.047	10.281	0.095	7.236	7.553	-0.009
HRV	8.386	8.702	0.132	6.742	7.214	-0.061
HUN	13.153	13.752	0.49	10.843	11.534	-0.059
IDN	9.37	9.698	0.672	5.554	6.04	0.159
IND	8.52	8.802	0.118	4.583	5.005	0.008
IRL	7.645	7.979	0.154	5.757	6.2	-0.001
ITA	8.726	8.968	0.127	5.991	6.242	-0.014
JPN	10.863	11.375	0.26	8.21	8.882	-0.042
KOR	9.805	10.226	0.316	6.896	7.459	0.064
LTU	9.792	10.182	0.449	7.347	7.888	0.066
LUX	8.121	8.656	0.108	7.128	7.768	-0.053
LVA	6.4	6.821	0.114	4.324	4.987	-0.021
MEX	9.046	9.482	0.131	5.289	5.921	-0.006

续表

国别	维持效用水平不变的贸易政策扭曲指数			维持进口量不变的贸易政策扭曲指数		
（地区）	TRI	TRI_O	RTRI	MTRI	MOTRI	RPM
MLT	8.205	8.884	0.112	6.786	7.614	−0.042
NLD	10.604	10.969	0.284	8.151	8.706	−0.01
NOR	12.56	12.831	0.231	7.297	7.738	−0.007
POL	10.022	10.366	0.155	7.478	8.043	−0.021
PRT	9.719	9.979	0.143	7.037	7.382	−0.014
ROU	16.537	16.879	0.127	10.767	11.362	−0.037
RUS	7.29	7.528	0.094	3.367	3.959	−0.012
SVK	21.912	22.311	0.076	20.143	20.59	−0.008
SVN	10.46	10.768	0.703	9.187	9.606	−0.004
SWE	10.584	11.075	0.222	7.719	8.334	−0.008
TUR	7.927	8.112	0.409	5.339	5.613	0.041
TWN	8.313	8.847	0.255	6.413	7.015	0.006
USA	14.849	15.168	0.151	8.998	9.535	−0.013
均值	10.7	11.08	0.315	7.694	8.234	−0.018

资料来源：笔者计算整理得到。

根据前文分析容易看出，中国当前的贸易政策扭曲存在较高的国别（地区）与年度差异性，尤其是相对贸易政策扭曲指数存在高的离散性，因此有必要对不同种类贸易政策扭曲影响下的中国虚拟水贸易利益进行更深入的研究。

第二节　中国双边虚拟水贸易指标测度

本节对本书的重要变量——中国双边虚拟水贸易的流量进行测算。考虑到虚拟水的不同种类，本书测算的虚拟水贸易量主要包括总量虚拟水贸易、蓝色虚拟水贸易、绿色虚拟水贸易以及灰色虚拟水贸易，并根据所得数据对中国的虚拟水进口流量进行全面的刻画。

一　模型选取

朱启荣（2014）指出虚拟水贸易量的测算方法主要包括产品生产树计算法、产品分类计算法以及 Leontief 投入产出模型计算法，由于前两种方法计算过程较为复杂，难以应用在工业层面的相关研究，而投入产出分析更加便捷，且适用性更强。

本章涉及对制造业和服务业的虚拟水双边贸易流量的测算，因此将构建非竞争型投入产出模型，进而测算双边贸易中国家（地区）及行业之间的各类别的双边虚拟水贸易流量。假设世界中共有 N 个经济体参与国际贸易，每个经济体有 M 个行业，每个行业生产同质产品，并且所有行业的产出都可以分解为中间投入、本国最终消费以及出口，则产品生产活动的市场出清条件为：

$$X_i^r = \sum_{s=1}^{N} \sum_{j=1}^{M} X_{ij}^{rs} + \sum_{s=1}^{N} Y_i^{rs} \tag{2.29}$$

其中 X_{ij}^{rs} 表示经济体 s 中部门 j 使用的来自经济体 r 的部门 i 的中间品，即经济体 r 经过产业前后向关联最终流转至经济体 s 的中间品出口；Y_i^{rs} 则表示经济体 r 出口到经济体 s 部门 i 的最终产品向量。定义直接消耗系数矩阵为 A，则直接消耗系数矩阵中的元素为：

$$a_{ij}^r = \frac{X_{ij}^r}{X_i^r} \tag{2.30}$$

a_{ij}^r 的含义为部门 j 使用的来自部门 i 的产出占总产出的比重，构建里昂惕夫逆矩阵：

$$B = (I - A)^{-1} \tag{2.31}$$

则可以得到总产出与最终品产量之间的关系：

$$X = BY \tag{2.32}$$

其中，X 矩阵为总产出矩阵，Y 为最终产品消费矩阵，将上式写成矩阵的形式为：

$$
\begin{bmatrix}
X^{11} & X^{12} & \cdots & X^{1N} \\
X^{21} & X^{22} & \cdots & X^{21} \\
\vdots & \vdots & \ddots & \vdots \\
X^{N1} & X^{N2} & \cdots & X^{NN}
\end{bmatrix}
=
\begin{bmatrix}
B^{11} & B^{12} & \cdots & B^{1N} \\
B^{21} & B^{22} & \cdots & B^{21} \\
\vdots & \vdots & \ddots & \vdots \\
B^{N1} & B^{N2} & \cdots & B^{NN}
\end{bmatrix}
\begin{bmatrix}
Y^{11} & Y^{12} & \cdots & Y^{1N} \\
Y^{21} & Y^{22} & \cdots & Y^{21} \\
\vdots & \vdots & \ddots & \vdots \\
Y^{N1} & Y^{N2} & \cdots & Y^{NN}
\end{bmatrix}
\tag{2.33}
$$

其中，X^{rs} 为经济体 s 中各行业生产最终产品所投入的来自 r 的总产出向量，Y^{rs} 为经济体 s 各行业进口的来自 r 的最终产品消费向量。

定义 w_i^r 为经济体 r 中行业 i 的直接水耗系数，且 w_i^r 是行业用水总量 W_i^r 与行业总产出 X_i^r 的比值，则有：

$$w_i^r = \frac{W_i^r}{X_i^r} \tag{2.34}$$

令 $\widehat{W}^r$ 为 $(M \times M)$ 的对角矩阵，且矩阵的主对角线元素为经济体 r 各个行业的直接水耗系数，则虚拟水贸易流量分解矩阵 $\widehat{W}X$ 可以表示为：

$$\widehat{W}X = \begin{bmatrix} \widehat{W}^1 \sum_{s=1}^{N} B^{1s} Y^{s1} & \widehat{W}^1 \sum_{s=1}^{N} B^{1s} Y^{s2} & \cdots & \widehat{W}^1 \sum_{s=1}^{N} B^{1s} Y^{sN} \\ \widehat{W}^2 \sum_{s=1}^{N} B^{2s} Y^{s1} & \widehat{W}^2 \sum_{s=1}^{N} B^{2s} Y^{s2} & \cdots & \widehat{W}^2 \sum_{s=1}^{N} B^{2s} Y^{sN} \\ \vdots & \vdots & \ddots & \vdots \\ \widehat{W}^N \sum_{s=1}^{N} B^{Ns} Y^{s1} & \widehat{W}^N \sum_{s=1}^{N} B^{Ns} Y^{s2} & \cdots & \widehat{W}^N \sum_{s=1}^{N} B^{Ns} Y^{sN} \end{bmatrix} \tag{2.35}$$

式（2.35）中，主对角线的元素表示双边虚拟水贸易中经过不同经济体行业之间的流转被本土吸收的虚拟水，非对角线元素为贸易中隐含的虚拟水进出口量，定义 F^{rs} 和 F^{sr} 分别为经济体 r 到经济体 s 的虚拟水出口量和虚拟水进口量：

$$F^{rs} = \widehat{W}^r \sum_{t=1}^{N} B^{rt} Y^{ts} \tag{2.36}$$

$$F^{sr} = \widehat{W}^s \sum_{t=1}^{N} B^{st} Y^{tr} \tag{2.37}$$

此外，$\widehat{W}X$ 矩阵中每一行的非对角线元素之和为经济体 r 对世界其他地区出口中隐含的虚拟水总量，而每一列的非对角线元素之和为经济体 r 进口中来自世界其他国家及地区的虚拟水总量。则 r 的虚拟水出口总量为：

$$F_{EX}^r = \widehat{W}^r \sum_{s \neq r}^{N} \sum_{t=1}^{N} B^{rt} Y^{ts} \tag{2.38}$$

虚拟水进口总量为：

$$F_{IM}^r = \sum_{s \neq r}^N \widehat{W}^s \sum_{t=1}^N B^{st} Y^{tr} \tag{2.39}$$

在得到虚拟水进出口贸易量的前提下，易知 r 的虚拟水贸易净进口量为：

$$F_{Net\_im}^r = \sum_{s \neq r}^N \widehat{W}^s \sum_{t=1}^N B^{st} Y^{tr} - \widehat{W}^r \sum_{s \neq r}^N \sum_{t=1}^N B^{rt} Y^{ts} \tag{2.40}$$

而 r 的虚拟水贸易净出口量为：

$$F_{Net\_ex}^r = \widehat{W}^r \sum_{s \neq r}^N \sum_{t=1}^N B^{rt} Y^{ts} - \sum_{s \neq r}^N \widehat{W}^s \sum_{t=1}^N B^{st} Y^{tr} \tag{2.41}$$

同时易知经济体 r 的虚拟水贸易总量为：

$$F_{trade}^r = \widehat{W}^r \sum_{s \neq r}^N \sum_{t=1}^N B^{rt} Y^{ts} + \sum_{s \neq r}^N \widehat{W}^s \sum_{t=1}^N B^{st} Y^{tr} \tag{2.42}$$

二　数据来源

本节所有用于计算中国双边虚拟水贸易量的数据皆来源于 WIOD 数据库。本书根据 WIOD（2016）提供的最新版非竞争性投入产出表（World Input – Output Tables，WIOTs）对中国双边虚拟水贸易涉及的各国（地区）总产出向量、最终品消费向量以及直接消耗系数矩阵进行汇总与整理。此外，本节使用的直接水耗系数用各国（地区）各行业不同类别的用水总量与总产出之比来表示，且用水总量数据来自 WIOD（2013）环境账户（Environmental Accounts，EAs）。由于 WIOD 环境账户所有数据仅更新至 2009 年，因此本书借鉴 WIOD 环境账户的构建方法将各国分行业的用水总量进行相应延展，并将数据更新至 2014 年。

三　统计性描述

本小节首先给出了中国双边虚拟水贸易的年度特征，其次对中国双边虚拟水贸易的行业特征进行了整理分析。

（一）中国虚拟水贸易年度特征

2000—2014 年中国的虚拟水进出口贸易流量的相关测算结果见表 2 - 3。

表 2 - 3　　　　　中国分年度不同种类虚拟水进出口贸易量　　　单位：亿吨

年份	总量虚拟水				蓝色虚拟水			
	进口量	出口量	净进口	贸易总量	进口量	出口量	净进口	贸易总量
2000	1720.4	1165.8	554.6	2886.2	313.7	229.8	83.9	543.5
2001	1994.1	1151.2	843	3145.3	348.5	232.6	116	581.1
2002	2671.5	1280.4	1391.1	3951.9	418.1	244.3	173.8	662.4
2003	2743.7	1658.8	1085	4402.5	423.1	292.4	130.7	715.5
2004	3496.6	1913.5	1583.1	5410.1	512.8	354.4	158.5	867.2
2005	3668.7	2513.5	1155.3	6182.2	525.3	432.3	93	957.6
2006	4592.1	2941.3	1650.7	7533.4	648.2	474.8	173.3	1123
2007	5357.2	2948.2	2408.9	8305.4	815	459.5	355.5	1274.5
2008	7593.7	2727.3	4866.4	10321	1024.7	499.6	525.2	1524.3
2009	11471.6	2438	9033.6	13909.6	1525	417.8	1107.2	1942.8
2010	13259.6	2721.6	10538	15981.1	1807.8	494.5	1313.3	2302.3
2011	16698.7	2615.9	14082.8	19314.7	2310.8	457.6	1853.2	2768.4
2012	24105.6	2592.5	21513	26698.1	3098.1	488.6	2609.5	3586.7
2013	31087	2609	28478	33696	3720	481	3239	4200.9
2014	32195.7	2640.1	29555.6	34835.9	3883.5	491.1	3392.4	4374.6

年份	绿色虚拟水				灰色虚拟水			
	进口量	出口量	净进口	贸易总量	进口量	出口量	净进口	贸易总量
2000	958.2	466.1	492.1	1424.3	448.4	469.9	-21.5	918.3
2001	1169.1	452.4	716.7	1621.6	476.4	466.1	10.3	942.6
2002	1661.2	503	1158.2	2164.2	592.2	533.1	59.1	1125.3
2003	1621.1	698.8	922.3	2320	699.5	667.6	31.9	1367.1
2004	2263.7	777.7	1486	3041.4	720.1	781.4	-61.3	1501.5
2005	2404.5	1111.1	1293.4	3515.5	738.9	970.2	-231.3	1709.1
2006	3057.2	1352.1	1705.2	4409.3	886.7	1114.4	-227.7	2001.2
2007	3389.2	1347	2042.2	4736.2	1153	1141.7	11.3	2294.7
2008	4933.2	1151.9	3781.3	6085	1635.8	1075.9	559.9	2711.7
2009	7473.3	1057	6416.3	8530.2	2473.3	963.3	1510	3436.6
2010	8487.9	1122.2	7365.7	9610.1	2963.8	1104.9	1858.9	4068.8

续表

年份	绿色虚拟水				灰色虚拟水			
	进口量	出口量	净进口	贸易总量	进口量	出口量	净进口	贸易总量
2011	10689.8	1036.3	9653.5	11726	3698.2	1122	2576.2	4820.2
2012	15940.5	976	14964.4	16916.5	5067	1127.9	3939.1	6194.8
2013	21088.4	991.7	20096.7	22080.1	6278.7	1136.3	5142.4	7415
2014	21772.1	956.5	20815.6	22728.6	6540.1	1192.5	5347.7	7732.6

资料来源：笔者计算整理得到。

　　根据表 2-3 中数据，容易看出中国的虚拟水贸易总量呈现逐年上升趋势，截至 2014 年，中国双边虚拟水贸易总量已经达到 34835.9 亿吨。此外，易知中国双边虚拟水贸易的贸易流量效应显著，且中国是总量虚拟水的净进口国。2000 年中国的总量虚拟水净进口量为 492.12 亿吨，至 2014 年，中国的总量虚拟水净进口已经增至 20815.57 亿吨，较 2001 年增长了约 52 倍。中国虚拟水贸易的增长与我国最终品双边贸易总量的日益增长密不可分，虚拟水净进口年均增长率为 37.8%，并于 2008 年达到最高水平，其增幅高达 102%。金融危机爆发之后，中国的总量虚拟水净进口的年增幅有所下降，但中国的虚拟水净进口仍保持着逐年上升的态势。2014 年中国虚拟水贸易净进口增长率仅为 3.7%，然而虚拟水贸易的进出口总额仍维持较大的体量。

　　从分类别虚拟水贸易的角度看，中国的绿色虚拟水进口占中国虚拟水贸易进口总量的比重一直较大，原因在于农产品是密集使用绿色虚拟水的主要商品，由于农产品使用水资源的水耗系数比较高，因此中国的虚拟水净进口主要由农产品进口背后隐含的虚拟水进口构成。中国也是蓝色虚拟水的净进口国，除了 2003 年与 2005 年，中国的蓝色虚拟水净进口量逐年上升，且平均增长率达到 49%。另外，值得注意的是，中国在少数年份是灰色虚拟水的净出口国：中国在 2000 年的虚拟水净出口量为 21.48 亿吨，至 2005 年中国的灰色虚拟水净出口量已高达 231.25 亿吨，一个可能的原因是 2001—2005 年是中国加入世界贸易组织的过渡期，中国在加入世界组织以后的前几年为了提高自身的贸易总量，采用能耗更高、污染更大的生产方式进行生产，而近年来中国为推动经济转型做出了一定努力，因此灰色虚拟水净出口的现状得以扭转，中国 2006 年的灰色虚拟水净进口量变为正数，为 11.3 亿吨，而截至 2014 年，中国的灰色虚拟水进口已达到 5347.65 亿吨，灰色虚拟水进口带来的贸易流量效应无疑能够适当地缓解中国本土的水污染问题。

（二）中国虚拟水贸易行业特征

由于 WIOD 数据库仅提供了最多十个行业的水资源使用量，本书测算的行业层面虚拟水贸易包括农、林、牧、渔业（C01），食品、饮料制造和烟草业（C05），纺织及服装、皮革制品制造业（C06），造纸及纸制品业（C08），化学原料及化学制品制造业（C11），非金属矿物制品业（C14），金属制品业（C15），电力、燃气和水的供应（C24），教育（C52）以及健康社会工作（C53）。除了农、林、牧、渔业，上述其他行业都分别使用蓝色虚拟水、绿色虚拟水和灰色虚拟水进行相关的生产活动，而 WIOD 数据库仅提供一种行业（农、林、牧、渔业）的绿色虚拟水的水资源使用数据，因此本书汇报的绿色虚拟水贸易情况仅包含农、林、牧、渔行业。中国所有行业虚拟水进出口贸易统计见表 2-4。根据表中数据，可以看出中国分行业的年均虚拟水贸易量存在较大差距。中国的农、林、牧、渔业（C01）虚拟水贸易量占总量虚拟水贸易的比重高达 71.9%，且中国在该行业的总量虚拟水贸易净流入为中国带来 6746.01 亿吨的贸易流量效应。

从虚拟水贸易类别看，农、林、牧、渔业的绿色虚拟水贸易占比最高，这与农副产品的生产环节密集投入自然降水密切相关，此外，该行业的灰色虚拟水贸易总量在所有行业灰色虚拟水贸易中占比最高，因此中国可以通过进口灰色虚拟水的方式缓解农、林、牧、渔业生产活动带来的水污染问题。虚拟水贸易流量较高的行业还有造纸及纸制品业（C08）、金属制品业（C15）以及电力、燃气和水的供应（C24）行业，虚拟水流量较低的行业主要为服务业，即教育（C52）以及健康社会工作（C53），产生上述现象的原因在于大多数制造业需要投入大量的水资源进行生产，而服务业的生产活动具有清洁性特征，因此服务业的水耗系数相对较低，导致服务贸易背后隐含的水资源跨国流动的总量也相对较低。

表 2 - 4　　　中国 2000—2014 年均分行业虚拟水进出口贸易量　单位：亿吨

行业	总量虚拟水				蓝色虚拟水			
	进口量	出口量	净进口	贸易总量	进口量	出口量	净进口	贸易总量
C01	8086.23	1340.22	6746.01	9426.45	375.23	142.56	232.67	517.79
C05	12.67	13.23	-0.55	25.9	1.55	0.96	0.6	2.51
C06	49.38	40.82	8.56	90.19	6.24	2.95	3.29	9.19
C08	597.92	323.76	274.15	921.68	63.21	23.42	39.8	86.63
C11	646.29	195.01	451.28	841.3	65.6	14.11	51.5	79.71
C14	148.47	9.07	139.4	157.54	16.47	0.66	15.82	17.13
C15	448.07	129.73	318.34	577.79	43.9	9.38	34.52	53.29
C24	854.72	209.31	645.41	1064.03	852.75	209.31	643.44	1062.06
C52	$2.38E-05$	$1.89E-06$	$2.19E-05$	$2.57E-05$	$3.27E-06$	$1.37E-07$	$3.13E-06$	$3.41E-06$
C53	$1.05E-05$	$3.46E-06$	$7.06E-06$	$1.40E-05$	$1.21E-06$	$2.50E-07$	$9.64E-07$	$1.46E-06$

行业	绿色虚拟水				灰色虚拟水			
	进口量	出口量	净进口	贸易总量	进口量	出口量	净进口	贸易总量
C01	7126.29	933.31	6192.98	8059.6	584.71	264.35	320.36	849.06
C05	—	—	—	—	11.12	12.27	-1.15	23.39
C06	—	—	—	—	43.13	37.86	5.26	80.99
C08	—	—	—	—	534.7	300.34	234.36	835.04
C11	—	—	—	—	580.69	180.91	399.78	761.59
C14	—	—	—	—	132	8.41	123.59	140.41
C15	—	—	—	—	404.16	120.34	283.82	524.5
C24	—	—	—	—	0.98	$1.96E-05$	0.98	0.98
C52	—	—	—	—	$2.05E-05$	$1.76E-06$	$1.87E-05$	$2.23E-05$
C53	—	—	—	—	$9.31E-06$	$3.21E-06$	$6.10E-06$	$1.25E-05$

注："—"表示数据缺失。

资料来源：笔者计算整理得到。

中国大多数行业都是虚拟水的净进口行业，考虑到我国水资源稀缺的基本国情，各行业虚拟水净流入的现状与虚拟水贸易理论的预期基本吻合。然而值得注意的是，食品、饮料制造和烟草业（C05）却存在虚拟水贸易的净流出，产生这种现象的原因主要在于上述行业的灰色虚拟水贸易的净流出。

（三）中国虚拟水进口来源地特征

由于中国双边虚拟水进口贸易利益是本书考察的重点，本书同时根据不同属地将中国的 42 个贸易伙伴国（地区）进行划分，并对中国的总量虚拟水进口的构成进行相应分析。

图 2－3 绘制了中国双边虚拟水贸易中分别来自大洋洲、北美洲、南美洲、亚洲、南欧、西欧、北欧、东欧与中欧的进口。从图中可以看出，2000 年中国双边贸易来自东欧的虚拟水进口占比最高，其次是

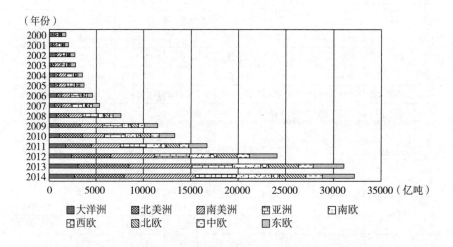

图 2－3　2000—2014 年中国总量虚拟水进口来源地构成

来自大洋洲的进口，其原因在于位于东欧的俄罗斯和位于大洋洲的澳大利亚都是自然资源相对丰富的国家，因此中国从上述国家进口商品的同时能够带来虚拟水的净流入。然而随着时间的推移，中国双边贸易中来自大洋洲与东欧国家的虚拟水进口占比有所下降，取而代之的是来自南美洲（巴西）的虚拟水进口，这与中国近年来与巴西经贸关系的逐渐升温密切相关。此外，近年来中国双边虚拟水贸易中来自北美洲的进口也逐渐增加，进出口商品结构的变动可能也是中国双边虚拟水进口来源地构成变动的一个重要原因。另外，与中国距离较近的

亚洲各国（地区）也是中国虚拟水双边进口的一个重要来源。

第三节　本章小结

本章借鉴了前人的研究思路，分别构建了维持进口国（地区）效用水平不变和维持进口量水平不变的绝对贸易政策扭曲指数。为了同时考察特惠贸易协定的签订带来的贸易政策扭曲，本章同时分别构建了维持进口国（地区）效用水平不变和维持进口量水平不变相对贸易限制指数，从而得到衡量中国的进口贸易政策扭曲实际水平的关键指标。

本章通过选取恰当的研究样本与数据来源，对我国各项贸易政策扭曲指标和我国双边虚拟水贸易现状进行了初步分析。结果表明，中国实施较高非关税贸易保护的行业主要有造纸业和化工产业，而中国进行较低非关税贸易壁垒保护的行业主要有武器、弹药制造业、食品及饮料制造业和烟草业。在测算的所有贸易政策扭曲指标中，与2000年相比，2001—2005年我国的绝对贸易政策扭曲水平下降趋势较为明显，但在金融危机之后，我国所有的绝对贸易政策扭曲水平有轻微的上升趋势；同时，维持进口量水平不变的绝对贸易政策扭曲水平的数值总是小于维持效用水平不变的绝对贸易政策扭曲水平，这与前人的研究结论基本一致。若仅考虑关税贸易壁垒形成的贸易政策扭曲，整体而言中国所有的相对贸易政策扭曲指数的绝对值要远远低于中国的绝对贸易政策扭曲指数，然而与绝对贸易政策扭曲指数相比，中国的相对贸易政策扭曲指数并没有呈现逐年降低的变化趋势。此外，中国对不同进口来源国（地区）的贸易政策扭曲程度存在较大差异，因此各种贸易政策扭曲对中国双边虚拟水进口贸易利益的影响可能大不相同，需要分别研究。

中国的双边虚拟水贸易体量巨大。2000—2014年中国的双边虚拟水贸易有逐年上升的趋势，且中国是总量虚拟水的净进口国，金融危机爆发之后，中国双边虚拟水贸易总量的增幅虽然有所下降，但虚拟水贸易总量仍能维持较高水平。从虚拟水贸易类别看，中国双边绿色虚拟水贸易占总体虚拟水贸易的比重较高；而中国在部分年份是灰色虚拟水的净流出国，灰色虚拟水出口带来的环境污染效应不容忽视。从行业层面看，农、林、牧、渔业的虚拟水贸易占我国整体虚拟水贸易的比重较高；教育以及健康社会工作占我国整体虚拟水贸易的比重较低，而中国双边虚拟水的流入和流出存在较高的行业异质性。近年来，中国双边虚拟水进口来源地由大洋洲与东欧国家转向南美洲，与中国地理距离较近的亚洲国家（地区）也是构成中国双边虚拟水进口的重要来源。

第三章 贸易政策扭曲对虚拟水进口
贸易利益影响机理分析

理论模型是本书的研究基础，也是本书首先要解决的关键问题。本章在全球生产网络的背景下，结合虚拟水贸易的基本特征，构建同时包含贸易政策扭曲指标和虚拟水贸易利益的一般均衡模型，归纳整理贸易政策扭曲对虚拟水贸易利益的作用机理。

第一节 贸易政策扭曲对虚拟水进口
贸易利益的影响机理

为了探讨虚拟水贸易的理论基础，2008 年 Berrittella 等曾试图在一般均衡的分析框架下对经济体参与全球生产网络获得的虚拟水贸易利益做出解释，并通过运用全球一般均衡模型 GTAP – W 研究多哈回合对农产品虚拟水贸易的潜在影响；随后 Calzadilla（2010）运用 GTAP – W 模型测算了进口国农业部门水资源管制与虚拟水贸易利益之间的关系，对已有的虚拟水贸易量化研究进行延伸。

已有研究丰富了虚拟水贸易理论的相关文献，但是上述研究均忽略了三个重要事实，一是各经济体在进行商品生产的过程中不可避免地存在产业之间的投入产出关系。随着国际生产分工的演化，当今产业之间的投入产出关联特别是跨国、跨区域投入产出关联日益密切，除了本国（地区）直接使用之外，出口与复进口最终品及服务的生产消费活动需要消耗本国大量的水资源，而由于中间品贸易的存在，国外最终品的生产也可能需要消耗本地相当规模的水资源。因此，为了深入刻画虚拟水的跨国流动，有必要将全球生产网络中的产业前后向关联特征纳入分析框架。二是各国（地区）在参与全球生产网络的过程中要面临不同程度的贸易政策扭曲。在行业间存在投入产出关联的前提下，不同种类贸易政策组合的存在势必会影响不同行业的最终品和中间品的跨国流动，而由于不同行业之间单位产出的用水量存在一定的异质性，贸易政策扭曲对商品跨国（地区）流动背后隐含的水资源跨国流动的作用程度也不尽相同。三是 GTAP 模型虽然能够对多国（地区）多部门贸易政策扭曲作用下的虚拟水贸易利益进行综合评估，然而该模型运行的条件和基本假设也较为苛刻，所需的参数最高可达13000 个，且无法对该模型的参数进行适当调整，因此限制了 GTAP 模型对现实问题分析的适用性。

基于上述分析，根据已有文献的整理与作用机制归纳，本章将在 Eaton 和 Kortum（2002）的一般均衡理论分析框架下，结合虚拟水贸易以及全球生产网络的特点，在全球产业前后向关联且存在部门异质性的前提下构建多经济体多部门的新古典增长模型，对贸易政策扭曲造成的虚拟水贸易利益变动进行理论分析，得到全球生产网络背景下的虚拟水贸易利益评价模型。

本书假设共有 N 个经济体进行双边贸易，且每个经济体有 J 个行业。模型下标 n, $i \in \{1 \cdots N\}$ 表示国家，其中 n 表示商品的进口方，i 表示商品的出口方。下标 j, $k \in \{1 \cdots J\}$ 则表示产业，每个产业部门生产不同种类的连续中间品 $\omega^j \in [0, 1]$，而所有中间品又可以组合成中间复合品 m^j，用于最终消费或者生产。所有的中间品和复合品都可以跨国（地区）流动，本书同时将所有的商品都划分为可贸易品和非贸易品，而可贸易品的双边贸易流量及流向受到不同国家（地区）贸易政策扭曲的影响。每种行业 j 在生产种类为 ω^j 的中间品时，都需要投入三种要素：劳动 l^j、水资源 w^j 和中间复合品 m^j，劳动和水资源可以在国内的各行业进行自由流动，且上述两种要素的跨国（地区）流动只能通过中间品和最终品的跨国流动来完成。此外，本书沿用 Eaton 和 Kortum（2002）的模型设定，假设生产率是随机变量，且生产率在部门之间存在异质性且随时间发生变化。本书同时假设所有要素市场和非贸易品市场完全竞争。

一　代表性消费者

假设进口方 n 共有 L_n 个代表性消费者，且代表性消费者通过购买最终品 C_n^j 来最大化自身的效用水平，定义效用函数：

$$U(C_n^j) = \prod_{j=1}^{J}(C_n^j)^{\alpha^j} \tag{3.1}$$

其中，α^j 表示消费份额，且有：

$$\sum_{j=1}^{J}\alpha^j = 1 \tag{3.2}$$

若经济体的总吸收由 I_n 来表示，那么消费者的收入由雇佣人数 L_n 提供劳动获得的收入、国际收支差额 D_n、一次性支付的政府部门关税收益 R_n 以及纳入财政收入的水资源使用费用之和来表示。若进口方的工资向量为 φ_n，水资源的价格向量为 φ_n，进口方的水资源总量为 W_n，则经济体的总吸收即消费者收入满足如下等式：

$$I_n = \varphi_n L_n + \varphi_n W_n + R_n + D_n \tag{3.3}$$

二　生产技术

对于中间品的生产商来说，考虑到生产率存在部门异质性，设定 $z_n^j(\omega^j)$ 为部门 j 生产连续中间品 ω^j 的生产率，每个种类的中间品 ω^j 的生产有三个来源，一个是本部门投入的劳动要素 $l_n^j(\omega^j)$，一个是本部门投入的水资源要素 $w_n^j(\omega^j)$，另一个是部门 j 使用的来自其他部门 k 的中间复合品 $m_n^{j,k}(\omega^j)$，则该部门生产中间品的技术 q_n^j 应当满足：

$$q_n^j(\omega^j) = z_n^j(\omega^j)\left[l_n^j(\omega^j)\right]^{\lambda_n^j}\left[w_n^j(\omega^j)\right]^{\mu_n^j}\prod_{k=1}^{J}\left[m_n^{j,k}(\omega^j)\right]^{\gamma_n^{j,k}}$$

$$\tag{3.4}$$

其中，λ_n^j 和 μ_n^j 分别为劳动和水资源的收入份额，$\gamma_n^{j,k}$ 表示投入产出份额，即在国家 n 内部的部门 j 为了生产种类为 ω^j 的商品，使用的来自其他部门 k 的中间复合品用量占该部门使用的中间复合品总量的比重。

本书设定所有的份额参数满足等式 $\lambda_n^j + \mu_n^j + \sum_{k=1}^{J}\gamma_n^{j,k} = 1$。由于各个经济体在参与全球生产网络的过程中，位于不同生产环节的部门存在前后向关联特征，其中一个最直观的体现就是成本不再仅仅是本部门生产商品或服务用要素价格的函数，也应当是其他部门中间复合品的函数。基于此，本书假设每个部门 j 的中间品生产成本函数为 c_n^j，则为了生产品类为 ω^j 的中间品，中间品生产商面临的成本约束如下：

$$c_n^j(\omega^j) = \chi_n^j \varphi_n^{\lambda_n^j} \varphi_n^{\mu_n^j} \prod_{k=1}^J P_n^k{}^{\gamma_n^{k,j}} \qquad (3.5)$$

其中，P_n^k 表示部门 j 使用的来自部门 k 的中间复合品的价格，为了单位化价格，设定参数 χ_n^j 满足：

$$\chi_n^j = \prod_{k=1}^J (\lambda_n^j)^{-\lambda_n^j} (\mu_n^j)^{-\mu_n^j} (\gamma_n^{k,j})^{-\gamma_n^{k,j}} \qquad (3.6)$$

厂商生产中间复合品，且用于两种用途：一是作为生产要素 $m_n^{j,k}$（ω^j）进入中间品 ω^j 的生产函数，二是作为最终品 C_n^j 直接用于消费。假设中间复合品的产量为 Q_n^j，且中间复合品生产商的生产技术服从 Dixit 和 Stiglitz（1977）生产函数形式，则有：

$$Q_n^j = \left[\int r_n^j(\omega^j)^{\frac{\sigma^j-1}{\sigma^j}} d\omega^j \right]^{\frac{\sigma^j}{\sigma^j-1}} \qquad (3.7)$$

式（3.7）中，$\sigma^j > 0$ 且为部门 j 中间品的替代弹性，$r_n^j(\omega^j)$ 为中间复合品生产商对品类为 ω^j 的中间品的需求函数。假设 $p_n^j(\omega^j)$ 为进口国（地区）部门 j 中间品的价格，该厂商以最低的价格从所有中间品供应商中采购中间品 ω^j，考虑中间复合品生产厂商的成本最小化问题：

$$\min \int p_n^j(\omega^j) r_n^j(\omega^j) d\omega^j$$

$$s.t. \ Q_n^j = \left[\int r_n^j(\omega^j)^{\frac{\sigma^j-1}{\sigma^j}} d\omega^j \right]^{\frac{\sigma^j}{\sigma^j-1}} \qquad (3.8)$$

求解式（3.8），得到中间复合品生产商的需求函数：

$$r_n^j(\omega^j) = \left(\frac{p_n^j(\omega^j)}{P_n^j} \right)^{-\sigma^j} Q_n^j \qquad (3.9)$$

其中，P_n^j 为中间复合品的价格指数，且有：

$$P_n^j = \left[\int p_n^j(\omega^j)^{1-\sigma^j} d\omega^j \right]^{\frac{1}{1-\sigma^j}} \qquad (3.10)$$

三　贸易政策扭曲

本书假设贸易成本由两部分构成，第一部分是冰山运输成本，根据 Samuelson（1954）的理论，产品在区域间运输采取"冰山"形式的运输成本，假设进口国（地区）自给自足条件下不存在贸易成本，则可将冰山运输成本单位化为 1，即 $d_{nn}^j = 1$，国家 n 从国家 i 的部门 j 进口商品，则冰山运输成本 d_{ni}^j 应当满足不等式 $d_{ni}^j \geqslant 1$。

不同种类的贸易政策通过价格渠道或者进口量渠道影响贸易国的贸易利益，而贸易政策导致的贸易量扭曲效应可以转化为进口商品的价格变动效应，即从价关税等值，基于此，本书假设贸易成本的另一部分是不同类别的贸易政策扭曲带来的从价关税当量 t_{ni}^j，则进口方面临的贸易成本函数可以表示为冰山运输成本与贸易政策扭曲价格效应的乘积：

$$\kappa_{ni}^j = \tilde{\tau}_{ni}^j d_{ni}^j \tag{3.11}$$

式（3.11）中，$\tilde{\tau}_{ni}^j = 1 + t_{ni}^j$。假设进口方部门 j 的总支出函数为 X_n^j，则总支出函数应当是所有产品价格指数与产量函数的乘积：

$$X_n^j = P_n^j Q_n^j \tag{3.12}$$

定义部门 j 的直接水耗系数为 v_n^j，且假设该部门的直接水耗系数为所有水耗总量和该部门总产出之比，易知：

$$v_n^j = \frac{w_n^j}{X_n^j} \tag{3.13}$$

若 X_{ni}^j 为进口方 n 部门 j 对经济体 i 进口商品的总支出，部门 j 进口方 n 对出口方 i 的总进口 M_{ni}^j 可以表示为总支出与贸易政策扭曲的函数：

$$M_{ni}^j = \frac{X_{ni}^j}{\tilde{\tau}_{ni}^j} \tag{3.14}$$

假设 v_i^j 是经济体 i 的部门 j 的直接水耗系数，即单位产出的水耗量，则经济体 n 从国家 i 的部门 j 进口的虚拟水总量 w_{ni}^j 可以表示为：

$$w_{ni}^j = v_i^j M_{ni}^j \tag{3.15}$$

因此，容易发现经济体 n 从经济体 i 进口的水资源总量与商品进口的关系为：

$$w_{ni}^j = v_i^j \frac{X_{ni}^j}{\tilde{\tau}_{ni}^j} \tag{3.16}$$

根据前文的定义，将所有部门的关税收益进行加总，可以得到经济体 n 的关税总收益函数 R_n，且有：

$$R_n = \sum_{j=1}^{J} \sum_{i=1}^{N} \tau_{ni}^{j} M_{ni}^{j} \tag{3.17}$$

四 一般均衡条件

要使进口方达到一般均衡，内部市场及国际市场需要同时达到均衡，即经济体内部商品市场出清、要素市场出清以及国际收支平衡条件需要同时得到满足。

（一）商品市场出清条件

由于本书假设中间品的生产规模报酬不变而且中间品市场完全竞争，根据市场出清条件，在无双边贸易的情形下中间品的商品定价应当等于中间品的边际成本，即：

$$p_n^{j} = \frac{c_n^{j}}{z_n^{j}(\omega^{j})} \tag{3.18}$$

若考虑贸易政策带来的扭曲效应，部门 j 从该行业全球 N 个国家（地区）中选择价格最低的中间品进行采购；而对于非贸易中间品，本书假设商品的贸易成本无穷大，即 $\kappa_{ni}^{j} = \infty$，则可以分别得到市场完全竞争条件下的中间贸易品和中间非贸易品的商品市场出清条件：

$$p_n^{j}(\omega^{j}) = \begin{cases} \min\left\{\dfrac{c_i^{j}(\omega^{j})\kappa_{ni}^{j}(\omega^{j})}{z_i^{j}(\omega^{j})}\right\}, & \kappa_{ni}^{j} \neq \infty \\[3mm] \dfrac{c_n^{j}(\omega^{j})}{z_n^{j}(\omega^{j})}, & \kappa_{ni}^{j} = \infty \end{cases} \tag{3.19}$$

中间非贸易品市场出清时，经济体内部产量与经济体内部需求相等，则有：

$$r_n^{j}(\omega^{j}) = q_n^{j}(\omega^{j}) \tag{3.20}$$

本书借鉴 Eaton 和 Kortum（2002）的假定，生产率 $z_n^{j}(\omega^{j})$ 服从 Fréchet 分布：

$$F_n^{j}(z) = e^{-\psi_n^{j} z^{-\theta^{j}}} \tag{3.21}$$

其中，参数 $\psi_n^{j} > 0$，ψ_n^{j} 的数值决定了生产率的均值，而参数 $\theta^{j} > 1$，且 θ^{j} 的数值决定了生产率的方差。假设经济体 n 从经济体 i 的部门 j 购买中间品且对应的中间品价格为 $p_{ni}^{j}(\omega^{j})$，则有：

$$p_{ni}^j(\omega^j) = \frac{c_i^j(\omega^j)\kappa_{ni}^j(\omega^j)}{z_i^j(\omega^j)} \tag{3.22}$$

$p_{ni}^j(\omega^j)$ 是 $z_n^j(\omega^j)$ 的函数，因此也服从 Fréchet 分布：

$$\Pr[p_{ni}^j \leqslant p] = 1 - e^{-T_{ni}^j p^{\theta j}} \tag{3.23}$$

其中，$T_n^j = \psi_i^j(c_i^j\kappa_{ni}^j)^{-\theta j}$。根据式（3.19），同时可以得到中间品价格 $p_n^j(\omega^j)$ 的概率分布：

$$\Pr[p_n^j \leqslant p] = 1 - \prod_{i=1}^N \Pr[p_{ni}^j \geqslant p] \tag{3.24}$$

对式（3.10）、（3.23）和（3.24）进行求解，可以得到市场出清条件下中间复合品的价格指数 P_n^j：

$$P_n^j = \begin{cases} A^j \left[\sum_{i=1}^N \psi_i^j(c_i^j\kappa_{ni}^j)^{-\theta j}\right]^{-\frac{1}{\theta j}}, \kappa_{ni}^j \neq \infty \\ A^j(\psi_i^j)^{-\frac{1}{\theta j}}c_i^j, \kappa_{ni}^j = \infty \end{cases} \tag{3.25}$$

其中，A^j 为常数，且 A^j 满足：

$$A^j = \Gamma(\xi^j)^{1/(1-\sigma^j)} ① \tag{3.26}$$

若对所有行业进行加总，而消费者的最终消费价格指数 P_n 可以表示为：

$$P_n = \prod_{i=1}^N (P_n^j/\alpha_n^j)^{\alpha_n^j} \tag{3.27}$$

与此同时，中间复合品内部市场出清时的总产量函数应该同时满足：

$$Q_n^j = C_n^j + \sum_{k=1}^J \int m_n^{j,k}(\omega^k)d\omega^k \tag{3.28}$$

（二）要素市场出清条件

由于本书假设所有市场都完全竞争，因此一般均衡条件下的劳动要素市场和水资源要素市场的总供给等于总需求，由此可知：

$$\varphi_n L_n = \sum_{j=1}^J \lambda_n^j \sum_{i=1}^N \frac{X_{in}^j}{1+\tau_{in}^j} \tag{3.29}$$

$$\phi_n W_n = \sum_{j=1}^J \mu_n^j \sum_{i=1}^N \frac{X_{in}^j}{1+\tau_{in}^j} \tag{3.30}$$

---

① $\Gamma(\xi)$ 表示参数为 $\xi^j = 1 + (1-\sigma^j)/\theta^j$ 的 Gamma 分布函数。

$$L_n = \sum_{j=1}^{J} l_n^j \tag{3.31}$$

$$W_n = \sum_{j=1}^{J} w_n^j \tag{3.32}$$

经济体 n 部门 j 的总支出函数可以由企业对中间复合品的总支出和居民支出之和表示，基于此，总支出函数可以表示为：

$$X_n^j = \sum_{k=1}^{J} \gamma_n^{k,j} \sum_{i=1}^{N} X_i^k \frac{\pi_{in}^k}{1 + \tau_{in}^k} + \alpha_n^j I_n \tag{3.33}$$

（三）国际收支平衡条件

定义国家 n 从经济体 i 的部门 j 进口商品所占的支出份额为：

$$\pi_{ni}^j = X_{ni}^j / X_n^j \tag{3.34}$$

根据 Fréchet 分布函数的特性，可以得到：

$$\pi_{ni}^j(\omega^j) = \frac{\psi_i^j [c_i^j(\omega^j) \kappa_{ni}^j(\omega^j)]^{-\theta^j}}{\sum_{h=1}^{N} \psi_h^j [c_h^j(\omega^j) \kappa_{nh}^j(\omega^j)]^{-\theta^j}} \tag{3.35}$$

定义 $\varepsilon_{ni}^j = W_{ni}^j / W_n^j$ 为经济体 n 部门 j 对经济体 i 的双边贸易虚拟水进口份额，结合式（3.14），易知：

$$\varepsilon_{ni}^j = \frac{v_i^j}{v_n^j} \pi_{ni}^j \tag{3.36}$$

假设 D_n^j 为经济体 n 部门 j 的商品贸易赤字，易知：

$$D_n^j = \sum_{i=1}^{N} M_{ni}^j - \sum_{i=1}^{N} E_{ni}^j \tag{3.37}$$

其中，E_{ni}^j 为经济体 n 部门 j 的商品出口，且有：

$$E_{ni}^j = X_{in}^j / \tilde{\tau}_{in}^j \tag{3.38}$$

而经济体 n 整体达到贸易均衡时条件则可以表示为：

$$\sum_{j=1}^{J} \sum_{i=1}^{N} X_n^j \frac{\pi_{ni}^j}{1 + \tau_{ni}^j} - D_n = \sum_{j=1}^{J} \sum_{i=1}^{N} X_i^j \frac{\pi_{in}^j}{1 + \tau_{in}^j} \tag{3.39}$$

根据前文整理，容易发现若给定工资水平向量 φ_n、水资源价格向量 φ_n 以及商品价格向量 $\{P_n^j\}_{j=1,n=1}^{J,N}$，且将参与国际贸易的经济体的劳动要素总量 L_n、水资源要素总量 W_n、直接水耗系数向量 v_n、国际收支赤字 D_n、Fréchet 分布的位置参数 ψ_n 以及冰山运输成本参数 d_{ni}^j 设定为外生，则必有一组关税向量 τ，且能够同时满足式（3.5）、（3.14）、（3.25）、（3.33）、（3.35）和（3.39），使经济体达到一般均衡。

第二节 比较静态分析

通过对模型求解，可以得到在经济体达到一般均衡时，贸易政策扭曲作用下的混合中间品的价格指数向量以及进出口总量。相对于上述指标，本书更加关注的研究对象是贸易政策扭曲影响下的虚拟水双边进口贸易利益变动情况，因此本书接下来将运用比较静态分析的方法对均衡状态下的贸易政策扭曲带来的边际效应进行深入分析，考察贸易政策扭曲对经济体虚拟水双边进口贸易利益的作用机理。

一 虚拟水进口贸易流向效应

首先结合式（3.25）、（3.35）和（3.36），对 n 与经济体 i 双边虚拟水贸易在行业 j 的进口贸易份额 ε_{ni}^j 求偏导，可得：

$$d\ln\varepsilon_{ni}^j = d\ln(v_i^j/v_n^j) - \theta^j d\ln(c_i^j/P_n^j) - \theta^j d\ln\kappa_i^j \tag{3.40}$$

本书将冰山运输成本 d_{ni}^j 随时间变化的变动趋势忽略不计，因此式（3.40）可以简化为：

$$d\ln\varepsilon_{ni}^j = d\ln(v_i^j/v_n^j) - \underbrace{\theta^j d\ln(c_i^j/P_n^j)}_{\text{间接效应}} - \underbrace{\theta^j d\ln\tilde{\tau}_i^j}_{\text{直接效应}} \tag{3.41}$$

根据式（3.41）容易发现，除了双边贸易的贸易伙伴在行业 j 与进口虚拟水行业的直接水耗系数的相对变化程度对进口方行业 j 的虚拟水进口贸易份额有显著的正向促进效应，不同贸易政策组合形成的关税从价等值也可以通过直接效应直接作用于行业 j 的虚拟水进口贸易份额。根据式（3.41）右侧的最后一部分，贸易政策扭曲对行业虚拟水进口份额的直接效应由 $-\theta^j d\ln\tilde{\tau}_i^j$ 表示，由于本书设定参数 $\theta^j > 1$，因此贸易政策扭曲对该行业的虚拟水进口贸易份额存在显著的负向抑制效应：当进口方部门 j 的贸易政策扭曲程度 $\tilde{\tau}_i^j$ 相对于贸易初始期上升时，势必会造成双边贸易中流向经济体 n 部门 j 的虚拟水流量所占比重的下降，因而造成部门层面的虚拟水贸易进口贸易流向的负向偏离效应，且上述偏离效应通过行业 j 的生产率方差 θ^j 得到进一步的增强。

由于本章引入了国际贸易中国家（地区）及行业之间的前后向投

入产出关联特征，容易发现虚拟水在行业层面的双边贸易流向不仅受贸易政策扭曲的直接影响，同时也遭受到贸易政策扭曲带来的间接效应。根据式（3.41），贸易政策扭曲作用下的间接效应由部门 j 的价格指数加权后的成本函数的变动来表示，其经济学含义为贸易政策扭曲除了直接作用与进口商品的直接价格，还会作用与一系列参与最终品生产过程中的投入的中间品和中间复合品的生产成本。为了明确贸易政策扭曲指标对生产成本的作用机制，对式（3.5）进行全微分可以得到：

$$dlnc_n^j = \lambda_n^j dln\varphi_n + \mu_n^j dln\varphi_n + \sum_{k=1}^{J} lnP_n^k \tag{3.42}$$

假设贸易政策扭曲对部门 j 双边虚拟水进口贸易份额带来的间接效应由 ind 表示，则有：

$$ind = -\theta^j(\lambda_n^j dln\varphi_n + \mu_n^j dln\varphi_n + \sum_{k=1,k\neq j}^{J} lnP_n^k) \tag{3.43}$$

由式（3.43）可知，贸易政策扭曲对部门 j 虚拟水进口贸易流向带来的间接效应主要包括两部分：一是影响部门 j 的要素报酬，即部门 j 从事生产活动雇佣工人支付的工资变动和水资源价格的变动。二是部门 j 上下游产业的价格指数变动程度的加和，由于贸易政策扭曲将导致部门 j 的价格指数 P_n^j 直接上升，若与部门 j 前后向关联的产业多从事与部门 j 商品为互补型商品的生产，则部门 j 上下游产业的价格指数变动程度的加和为正数；若与部门 j 前后向关联的产业多从事与部门 j 商品为替代型商品的生产，则部门 j 上下游产业的价格指数变动程度的加和为负数。

综上，贸易政策扭曲对进口方部门 j 虚拟水进口贸易份额变动带来的间接效应的符号取决于要素报酬、上下游产业价格变动的综合作用，而贸易政策扭曲对进口方部门 j 双边虚拟水进口贸易流向效应整体的影响需要进一步实证检验。

二 虚拟水进口贸易流量效应

根据前文分析，贸易政策扭曲对进口国（地区）某一个部门 j 的虚拟水进口贸易流向带来直接效应和间接效应。其中，贸易政策扭曲对部门层面的双边虚拟水进口贸易流向的直接效应导致流向该部门的虚拟水贸易流量产生了负向偏离，而贸易政策扭曲的间接效应以及贸易伙伴国（地区）行业层面直接水耗系数相对变化值同样导致了行业层面的虚拟水进口贸易份额的变化。虚拟水行业进口份额的变动意味着该行业虚拟水进口流量同样发生变动，接下来，本书将直接考察贸易政策扭曲对国家（地区）n 双边虚拟水进口贸易流量的效应。

通过对式（3.16）等式两侧求导，可以得到如下等式：

$$dlnw_{ni}^j = dlnv_i^j + dlnX_{ni}^j - dln\,\widetilde{\tau}_{ni}^j \qquad (3.44)$$

根据式（3.44）可以看出，各项贸易政策组合形成的贸易政策扭曲对进口国（地区）部门 j 的虚拟水进口存在显著的负向抑制效应。此外，容易看出贸易来源国（地区）i 在行业层面的直接水耗系数以及进口国（地区）对经济体 i 的总支出对进口国（地区）虚拟水进口贸易流量存在正向促进效应，上述结论也基本符合经典经济学理论的预期。接下来，本书假设本章涉及的所有向量在贸易初始期为向量 x，同时假设新时期向量 x 变化至 x'，且定义向量 x 的变化程度为 $\hat{x} = x'/x$。根据设定，新时期的贸易政策扭曲水平变化至 τ'，则新时期经济体 n 部门 j 从所有经济体进口的虚拟水进口贸易总量变为：

$$W_n^{j'} = v_n^j \sum_{k=1}^J \gamma_n^{k,\,j} \sum_{i=1}^N X_i^{k'} \frac{\pi_{in}^{k'}}{1+\tau_{in}^{k'}} + v_n^j \alpha_n^j I'_n \qquad (3.45)$$

其中，经济体 n 在新时期的总吸收 I'_n 为：

$$I'_n = \hat{\varphi}_n \varphi_n L_n + \hat{\varphi}_n \varphi_n W_n + \sum_{j=1}^J \sum_{i=1}^N \tau_{ni}^{j'} \frac{\pi_{ni}^{j'}}{1+\tau_{ni}^{j'}} X_n^{j'} + D_n \qquad (3.46)$$

三　虚拟水进口贸易结构效应

在贸易政策扭曲的作用下，进口方双边虚拟水贸易份额的变动不仅意味着虚拟水贸易流向及流量的偏差，进行双边虚拟水贸易的各部门的虚拟水进口贸易含量的横向结构也会产生相应变化。

假设经济体 n 仅存在两个行业且生产率一致，其平均值为 θ，其中一个行业 $high$ 的直接水耗系数相对较高，另一个行业 low 的直接水耗系数相对较低，对应的，本书设定经济体上述两个行业从经济体 i 进口的虚拟水进口贸易份额分别为 ε_{ni}^{high} 和 ε_{ni}^{low}，则易知在新时期的一般均衡状态下，ε_{ni}^{high} 和 ε_{ni}^{low} 分别满足下列等式：

$$\hat{\varepsilon}_{ni}^{high} = \left[\frac{\hat{v}_i^{high} \hat{c}_i^{high} \hat{\kappa}_{ni}^{high}}{P_n^{high}} \right]^{-\theta} \tag{3.47}$$

$$\hat{\varepsilon}_{ni}^{low} = \left[\frac{\hat{v}_i^{low} \hat{c}_i^{low} \hat{\kappa}_{ni}^{low}}{P_n^{low}} \right]^{-\theta} \tag{3.48}$$

为了考察虚拟水进口贸易份额在行业之间的变化，本书取 ε_{ni}^{high} 和 ε_{ni}^{low} 之间的比值：

$$\frac{\hat{\varepsilon}_{ni}^{high}}{\hat{\varepsilon}_{ni}^{low}} \left[\frac{\hat{\kappa}_{ni}^{low}}{\hat{\kappa}_{ni}^{high}} \cdot \frac{\hat{v}_i^{low}}{\hat{v}_i^{high}} \cdot \frac{\hat{c}_i^{low}}{\hat{c}_i^{high}} \cdot \frac{\hat{P}_n^{high}}{\hat{P}_n^{low}} \right]^{\theta} \tag{3.49}$$

根据式（4.5）对成本函数的定义，可以将式（3.49）整理为：

$$\frac{\hat{\varepsilon}_{ni}^{high}}{\hat{\varepsilon}_{ni}^{low}} \left[\frac{\hat{\tau}_{ni}^{low}}{\hat{\tau}_{ni}^{high}} \cdot \frac{\hat{v}_i^{low}}{\hat{v}_i^{high}} \cdot \frac{\hat{\varphi}_i^{low}}{\hat{\varphi}_i^{high}} \cdot \frac{\hat{\phi}_i^{low}}{\hat{\phi}_i^{high}} \cdot \frac{\hat{P}_n^{high}}{\hat{P}_n^{low}} \right]^{\theta} \tag{3.50}$$

由此，可以发现虚拟水进口贸易在高水耗行业和低水耗行业之间横向结构的变动不仅直接受两个行业现有的贸易政策扭曲以及行业间直接水耗系数之比的影响，同时还受到要素报酬比值与两个行业价格指数比值的影响。为了进一步明确要素价格与价格指数相对变动对经济体虚拟水进口横向贸易结构变动的影响，本书同时给出了实际要素报酬的变动趋势。根据式（3.5）和式（3.35），经过一系列化简整理，可以得到经济体所有行业加总的实际要素报酬相对价格指数的变化率：

$$\ln \frac{\hat{\varphi}_n \hat{\phi}_n}{P_n} = \underbrace{- \sum_{j=1}^{J} \frac{\alpha_n^j}{\theta^j} \ln \hat{\pi}_{nn}^j}_{\text{最终品贸易}} - \underbrace{\sum_{j=1}^{J} \frac{\alpha_n^j}{\theta^j} \frac{1 - \lambda_n^j - \mu_n^j}{\lambda_n^j + \mu_n^j} \ln \hat{\pi}_{nn}^j}_{\text{中间品贸易}} -$$

$$\underbrace{\sum_{j=1}^{J} \frac{\alpha_n^j}{\lambda_n^j + \mu_n^j} \ln \prod_{k=1}^{J} (P_n^k / P_n^j)^{\gamma_n^{k,j}}}_{\text{产业间前后向关联特征}} \tag{3.51}$$

根据式（3.51），可以看出由于产业前后向关联特征，贸易政策扭曲对虚拟水进口贸易结构的作用机理与传统的商品贸易情形大不相同：虽然贸易政策扭曲对双边虚拟水进口贸易结构变动的作用方向不明显，但是全球生产网络中的产业间前后向关联特征强化了贸易政策扭曲对虚拟水进口贸易结构变动的影响。

根据式（3.51），也可以看出国家及地区要素报酬的变化率主要

受行业 j 的经济体内部支出份额 $\tilde{\pi}_{nn}^{j}$ 以及部门层面的价格指数 P_{n}^{j} 同时影响，且由三部分组成。考虑极端情形：若 $\lambda_{n}^{j} + \mu_{n}^{j} = 1$，即进口国生产商品仅投入劳动和水资源要素进行生产，且不存在产业间的前后向关联，此时式（3.51）等号右侧的第二项和第三项均为零，此时要素报酬相对价格指数的变化率仅受到部门层面的最终品消费份额以及部门层面的进口贸易弹性的影响。然而在多数情况下，参与双边贸易的国家（地区）存在中间品贸易且具有产业前后向关联特征，而式（4.51）等号右侧的第三项中的价格指数组合 $\prod_{k=1}^{J} (P_{n}^{k}/P_{n}^{j})^{\gamma_{n}^{k,j}}$ 体现了不同产业价格波动的联动特征。

第三节　本章小结

理解和认识中国的虚拟水贸易利益，就必须重视中国通过虚拟水贸易带来的水资源配置优化效应，与此同时也应充分考虑贸易政策广泛存在前提下带来的水资源"错配"效应。贸易政策干预必然会导致虚拟水贸易利益的变化，其作用主要体现在以下几个方面。

其一，所有关税措施以及部分非关税措施将通过价格机制影响一国（地区）的虚拟水贸易流量。根据要素禀赋理论，国家（地区）间商品的价格差是导致国际贸易发生的根本动力，而两国（地区）水资源要素禀赋的差异决定了要素的相对价格，进而影响运用该要素进行生产的商品的相对价格。水资源作为公共物品，诸多国家（地区）制定的水价并不能充分反映该国（地区）的水资源稀缺程度，水资源定价的扭曲必然导致虚拟水贸易流量的扭曲。与此同时，在非自由贸易的前提下，贸易政策直接作用于贸易品的市场价格，此时由于价格信息传递不够准确，"看不见的手"的配置效应出现偏差并引发市场失灵，进而造成虚拟水贸易流量的负向偏离。

其二，贸易政策扭曲将影响中国虚拟水贸易的流向。非关税贸易壁垒种类多样且形式隐蔽，其对贸易流向的作用也不尽相同。限制性非关税贸易壁垒的重复性使用增加了东道国（地区）进口商品的不确定性，并可能导致循环往复的报复性措施，限制了本国的虚拟水进口，使虚拟水贸易总量发生负向偏离。与此同时，非关税贸易壁垒种类繁多，其中技术性贸易标准、检验检疫标准等非关税贸易措施的实施可以增加双边贸易的透明度、降低进口商面临的不确定性，反而会促进虚拟水贸易向进口国（地区）转移。此外，国家（地区）间签订的特惠贸易协定产生的贸易创造与贸易转移效应改变了商品在国家（地区）之间的流向，因此也是虚拟水贸易流向偏离的另一个因素。当今时代，产品的生产过程被逐渐分割成越来越细化的生产工序流程，并通过产业链上下游国家（地区）之间零部件以及中间投入品贸易形成了新型全球价值链分工体系。产品内分工改变了国际分工的方式，基于此，本章通过梳理全球生产网络背景下贸易政策扭曲影响双边虚拟水进口贸易利益的作用机理，得到了贸易政策扭曲对双边虚拟水进口贸易流向效应、贸易流量效应和贸易结构变动效应，为本书后续的分析提供了理论基础。结果显示，不同种类贸易政策组合形成的贸易政策扭曲对进口国（地区）的双边虚拟水进口贸易利益的作用各不相同。

第一，与一般的贸易政策扭曲对商品贸易流向影响的作用机理不同，贸易政策扭曲不仅为虚拟水进口贸易流向带来直接效应，还通过前后向产业关联的投入产出关系影响到中间品和中间复合品生产商的成本约束，进而造成了进口国（地区）双边行业层面虚拟水进口贸易流向的间接扭曲效应。第二，贸易政策扭曲对双边行业层面的虚拟水进口贸易流量产生了显著的负向抑制效应，与此同时进口国（地区）从出口国（地区）消费的总支出对双边虚拟水进口贸易流量存在正向促进效应。第三，虽然不能明确贸易政策扭曲对双边虚拟水进口贸易结构变动的作用方向，但是可以发现虚拟水进口贸易在高水耗行业和低水耗行业之间横向结构的变动不仅直接受两个行业现有的贸易政策扭曲以及行业间直接水耗系数之比的影响，同时还受到产业间前后向关联特征的影响，且产业间前后关联特征能够加强贸易政策扭曲带来的综合效应。此外，虚拟水贸易的进出口双方的直接水耗系数的变化率也是影响一国（地区）虚拟水进口贸易利益的重要来源。

第四章　贸易政策扭曲与中国虚拟水
进口贸易流向偏离效应

　　由于贸易政策扭曲存在国别（地区）及行业异质性，中国的贸易政策扭曲导致商品与服务的跨国（地区）流向出现偏离，因此双边商品及服务贸易背后隐含的水资源流向也将受到影响。本章基于前文构建的绝对贸易政策扭曲指数和相对贸易政策扭曲指数，并根据 HOV 定理构建包含贸易政策扭曲的虚拟水净流向偏离度指标，着重检验 2000—2014 年中国与 42 个贸易伙伴国家及地区之间双边虚拟水进口贸易的流向偏离现象。

第一节　模型设定及变量选取

　　根据虚拟水贸易理论的推论，用水量较大的国家（地区）应当出口虚拟水，用水量较小的国家（地区）应当进口虚拟水，上述国家的双边虚拟水贸易的实际流向显然并不符合虚拟水贸易理论的理论预期。中国的双边虚拟水贸易是否存在虚拟水贸易流向偏离现象？贸易政策扭曲的存在能否解释上述现象？Carr 等（2013）通过对 2010 年全球的双边虚拟水贸易进行研究，得出如下结论：轻度缺水国家印度是虚拟水的净出口国，而水资源较为丰裕的俄罗斯、瑞典以及芬兰反而是虚拟水的净进口国。

　　若中国虚拟水贸易进口流向偏离现象确实存在，那么中国的双边虚拟水进口贸易流向偏离有何行业特征？本章为了回答上述问题，在理论层面上探讨产生上述现象的原因；根据前文测算的贸易限制指数和双边虚拟水流量，全面分析不同种类贸易政策扭曲作用下的中国双边虚拟水贸易流向偏离效应。本节将基于 HOV 理论模型构建中国双边虚拟水贸易流向偏离度指标，并改变 HOV 模型中世界各国（地区）进行自由贸易的基本假设，引入中国的各项贸易政策扭曲指标，对贸易政策扭曲可能带来的中国双边虚拟水进口的流向偏离效应进行检验。

一　基本模型

Deardorf（1984）指出在自由贸易的前提下，出口国（地区）r 对贸易伙伴国（地区）的商品出口应该满足不等式：

$$(P^c - P^r) T^{rc} \geq 0 \tag{4.1}$$

假设中国由 c 来表示，其中 P^c 表示商品在进口国即中国的国内价格，P^r 表示商品在出口国（地区）r 的国内价格，T^{rc} 则表示 r 对中国 c 的净出口向量。式（4.1）的经济学含义为在自由贸易的条件下，自给自足价格低于自由贸易价格的国家及地区将选择出口商品，自给自足价格高于自由贸易价格的国家及地区将选择进口商品。该式为诸多学者检验双边贸易流向提供了理论上的指导，但是由于自给自足价格的相关数据很难获取，因此运用（4.1）式进行双边贸易流向相关检验的研究相对较少。

为了进行不依赖于自给自足价格的检验，本书转向 HOV 模型的讨论：假设国家（地区）r 到中国的要素出口向量为 F^{rc}，且要素价格均等化定理不再成立，将式（4.1）适当变形，可以得出下式：

$$(W^c - W^r)(F^{rc} - F^{cr}) \geq 0 \tag{4.2}$$

其中，W^c 表示生产要素向量在中国的自给自足价格，W^r 表示生产要素在出口地 r 的自给自足价格。上式的经济学解释为量化在中国双边贸易中的生产要素应该流向要素价格更高的国家和地区：若中国的要素价格高于贸易伙伴国（地区），则中国对该种要素的进口量应当是一个大于零的正数，若中国的要素价格低于贸易伙伴国（地区），则中国对该种要素的进口量应当是一个小于零的负数，即中国变为该种要素的出口国。若中国的水资源价格为 w^c，贸易伙伴的水资源价格为 w^r，水资源要素价格和水资源贸易流量应当满足不等式：

$$(w^c - w^r)(F^{rc} - F^{cr}) \geq 0 \tag{4.3}$$

式（4.3）可以转化成：

$$\frac{w^c F^{rc} + w^r F^{cr}}{w^r F^{rc} + w^c F^{cr}} = \theta^{cr} \geqslant 1 \tag{4.4}$$

根据式（4.4）可以看出，如果中国的双边商品贸易背后隐含的虚拟水流向符合理论预期，理论上 θ^{cr} 应该是大于等于 1 的一个数值。如果实际测算出的 θ^{cr} 是小于 1 的数值，则虚拟水贸易流向存在着一定程度的偏离：如果 θ^{cr} 值越大或者 θ^{cr} 值大于 1 占的比重越高，则中国双边虚拟水贸易流向偏离度就越轻；如果 θ^{cr} 值越小或者 θ^{cr} 值大于 1 占的比重越低，则中国双边虚拟水贸易流向偏离度就越严重。

比较优势理论的基本假设是参与国际分工的世界各国（地区）之间进行自由贸易，而现实中世界各国（地区）存在形式多样的贸易政策扭曲。无论贸易政策扭曲指数为正数还是为负数，都会对中国各类别的双边虚拟水的流量造成影响。其中，在所有为正数的贸易政策扭曲指数中，贸易政策扭曲水平越高，中国双边虚拟水进口的无效率水平也越高，而对于可能为负数的特惠贸易差额而言，贸易政策扭曲的数值越低，中国双边虚拟水进口的无效率程度也就越高。因此，中国贸易政策扭曲的实际水平过高或者过低都会使我国的双边虚拟水贸易流量发生变化。考虑一个极端情形：若中国同时从贸易国（地区）A和 B 进口虚拟水，且在时期 t 突然对贸易伙伴 A 实施极高的贸易保护措施，则中国从 A 的虚拟水进口量将急剧下降，而与此同时对贸易伙伴 B 实施的贸易政策组合的关税当量为负数，进而使中国从 B 的进口的虚拟水总量急剧上升。此时容易发现，不但中国从两个贸易伙伴进口的贸易流量发生了变化，中国也由同时从 A 和 B 进口虚拟水转变为只从 B 进口虚拟水，即贸易流向也同时发生了偏转。因此，只要贸易政策扭曲指数是一个非零数值，贸易政策扭曲必然将影响我国的双边虚拟水流向，进而造成式（4.4）的理论预期结果与 θ^{cr} 的实际水平的偏差，从而不能精确地刻画中国双边虚拟水贸易流向偏离现象。

基于前文的分析，本书与 Lai 和 Zhu（2007）、程大中（2014）引进国别（地区）之间技术水平差异的方法相类似，对 HOV 传统理论模型进行修正，通过在式（4.4）引入中国以及贸易伙伴国（地区）

的贸易政策扭曲指标的绝对值差异来进一步考察非自由贸易状态下中国的双边虚拟水贸易进口的流向偏离效应：考虑到贸易政策通过影响消费者价格指数来影响国际贸易，贸易政策扭曲对θ^{cr}影响的作用机制与水资源价格影响的作用机制相反，则有：

$$\frac{(\ |\ \tau^{rc}\ |\ /\ |\ \tau^{cr}\ |\ )\ w^{c}F^{rc}+(\ |\ \tau^{cr}\ |\ /\ |\ \tau^{rc}\ |\ )\ w^{r}F^{cr}}{w^{r}F^{rc}+w^{c}F^{cr}}=\theta^{cr}\geq 1 \tag{4.5}$$

在式（4.5）中，τ^{cr}表示虚拟水双边贸易中r遭受的来自中国c的各项贸易政策扭曲，τ^{rc}表示中国c的虚拟水双边贸易遭受的来自贸易伙伴国r的各项贸易政策扭曲。因此式（4.5）刻画了贸易伙伴与中国同时存在贸易政策扭曲时中国的双边虚拟水贸易流向符合理论预期的情况。若在各年份的中国双边虚拟水贸易中，$\theta^{cr}\geq 1$的比重较高，则证明中国双边虚拟水进出口贸易流向存在较低程度的偏离，且比较符合理论预期；若$\theta^{cr}\geq 1$的比重较低，则证明中国双边虚拟水进出口贸易流向存在较高程度的偏离，且比较不符合理论预期。因此本书将所有θ^{cr}小于1的数值定义为贸易政策扭曲作用下的中国双边虚拟水进出口贸易流向偏离度指标。

由于在中国单边贸易政策扭曲作用下的中国双边虚拟水进口贸易流向的变动情况是本章的研究重点，因此本书首先假设中国的贸易对象不存在任何贸易政策扭曲，即中国在进行商品和服务的进口和复进口时，背后隐含的虚拟水的跨国（地区）流动仅受到中国进口贸易政策扭曲的影响。为了方便分析，本书接下来将贸易伙伴的贸易政策扭曲程度单位化为1，则式（4.5）变为：

$$\frac{(1/\ |\ \tau^{cr}\ |\ )\ w^{c}F^{rc}+(\ |\ \tau^{cr}\ |\ /1)\ w^{r}F^{cr}}{w^{r}F^{rc}+w^{c}F^{cr}}=\theta^{cr}_{net}\geq 1 \tag{4.6}$$

式（4.6）中，θ^{cr}_{net}给出了单边贸易政策扭曲作用下的中国双边虚拟水进口贸易流向符合虚拟水贸易理论预期的情况，若在中国历年双边虚拟水进口贸易中$\theta^{cr}\geq 1$的占比较高，则证明中国双边虚拟水进口贸易流向存在较低程度的偏离，且比较符合理论预期；若在中国历年双边虚拟水进口贸易中$\theta^{cr}\geq 1$的比重较低，则证明中国双边虚拟水进口贸易流向存在较高程度的偏离，且比较不符合理论预期。基于此，本书将所有年份中国双边虚拟水贸易的 θ^{cr} 数值小于 1 的占比定义为中国双边虚拟水进口贸易流向偏离度指标。

二　变量选取

本节使用的分行业和行业加总的虚拟水贸易量以及贸易政策扭曲指标数据均来源于前文作者整理计算，各国（地区）的水价格数据来源于国际供排水绩效标杆管理网络（The International Benchmarking Network，简称 IBNet）。

为了直观地观测分析中国虚拟水贸易是否遵守比较优势理论的预期，表 4-1 给出了 2000—2014 年中国的贸易伙伴国家及地区与中国的年平均直接水耗系数之比，与此同时给出了中国与贸易伙伴进行虚拟水贸易净流出贸易量的年均值。根据表中数据，可以看出 2000—2014 年中国进口虚拟水贸易流量最高的国家分别是巴西和加拿大，上述国家都是自然资源较为丰裕的国家，且巴西与加拿大的年平均直接水耗系数分别是中国年平均直接水耗系数的 2.29 倍和 1.73 倍，因此

表 4-1　　2000—2014 年中国双边总量虚拟水平均贸易流量

国家/地区代码	直接水耗系数比值	虚拟水净出口量（亿吨）	国家/地区代码	直接水耗系数比值	虚拟水净出口量（亿吨）	国家/地区代码	直接水耗系数比值	虚拟水净出口量（亿吨）
AUS	0.86	-1051.09	FRA	0.39	-7.68	MEX	1.08	-33.4
AUT	0.44	-47.42	GBR	0.32	55.1	MLT	0.25	-14.69
BEL	0.37	-53.7	GRC	0.37	-20.03	NLD	0.15	2.41
BGR	2.14	-557.09	HRV	0.57	-71.54	NOR	1.11	-213.56
BRA	2.29	-2207.75	HUN	1.16	-181.65	POL	0.94	-110.87
CAN	1.73	-1017.58	IDN	1.8	-524.12	PRT	0.68	-31.92
CHE	0.21	-24.52	IND	2.04	-331.36	ROU	1.02	-89.12
CYP	0.44	-4.71	IRL	0.3	-72.15	RUS	2.27	-505.8
CZE	0.8	-68.46	ITA	0.37	17.94	SVK	0.68	-46.15
DEU	0.45	46.83	JPN	0.15	406.35	SVN	0.63	-75.03
DNK	0.46	-219.37	KOR	0.2	8.48	SWE	0.85	-108.37
ESP	0.63	-8.03	LTU	0.74	-92.63	TUR	0.62	-29.27
EST	1.72	-184.23	LUX	0.36	-42.59	TWN	0.85	-625.9
FIN	0.47	-326.14	LVA	2.88	-363.71	USA	1.05	241.93

资料来源：笔者计算整理得到。

中国与上述国家的虚拟水贸易流向基本符合比较优势理论的预期。在2000—2014 年，中国出口虚拟水贸易流量最高的国家主要有日本、美国和英国，在上述国家中，日本与英国的年平均直接水耗系数分别为中国年平均直接水耗系数的 0.15 倍和 0.37 倍，因此中国的双边虚拟水贸易存在对上述国家的净流出。然而值得注意的是，美国的年平均直接水耗系数要高于中国，平均来看，2000—2014 年中国的虚拟水贸易却净流向美国，因此从宏观上看中美现有的虚拟水贸易模式并不利于水资源的优化配置。此外还可以看出，马耳他、瑞士、比利时的直接水耗系数与中国相比都比较低，然而平均来看上述国家的虚拟水却流向了中国，因此水资源要素禀赋的相对丰裕程度并不能完全决定中国的双边虚拟水贸易的实际流向。

第二节　测算结果

本节首先对单边贸易政策扭曲作用下的中国双边虚拟水贸易流向进行测算，分析不同种类的贸易政策扭曲指数作用下的中国双边虚拟水进口贸易流向符合理论预期的程度。随后为了方便对照，本书同时对双边贸易政策扭曲作用下的中国双边虚拟水贸易流向进行测算，进而得到中国双边虚拟水进出口贸易流向符合理论预期的程度。

一　单边贸易政策扭曲作用下的中国虚拟水进口贸易流向偏离

根据式（4.6），本书定义无贸易政策扭曲时的虚拟水进口贸易流向 θ 值大于 1 的概率为 P_{NON}^{cr}，并将其设定为基准情形。与此同时，设定贸易限制指数、总体贸易限制指数、相对贸易限制指数作用下虚拟水进口贸易流向 θ 值大于 1 的概率分别为 P_{TRI}^{cr}、$P_{TRI\_O}^{cr}$ 和 P_{RTRI}^{cr}，设定重商主义贸易限制指数、总体重商主义贸易限制指数和特惠贸易差额作用下的虚拟水贸易流向 θ 值大于 1 的概率分别为 P_{MTRI}^{cr}、P_{OMTRI}^{cr} 和 P_{RPM}^{cr}。本书汇报了中国所有年度加总的不同种类虚拟水双边进口贸易流向符合理论预期的程度，测算结果见表 4 - 2。

表 4 – 2　　中国双边虚拟水进口贸易流向符合理论预期比重 P^{cr} 值　　单位:%

贸易政策扭曲类别		总量虚拟水	蓝色虚拟水	绿色虚拟水	灰色虚拟水
无贸易政策扭曲指数的虚拟水进口净流向	P^{cr}_{NON}	25.87	26.98	24.6	33.81
维持效用水平不变的贸易政策扭曲指数下的虚拟水进口净流向	P^{cr}_{TRI}	51.11	52.86	52.06	62.06
	$P^{cr}_{TRI\_O}$	52.22	53.65	52.7	63.02
	P^{cr}_{RTRI}	68.41	68.89	66.98	73.02
维持进口量不变的贸易政策扭曲指数下的虚拟水进口净流向	P^{cr}_{MTRI}	43.49	45.87	46.03	55.71
	P^{cr}_{OMTRI}	45.56	47.78	47.14	56.67
	P^{cr}_{RPM}	94.44	95.08	94.29	94.60

资料来源: 笔者计算整理得到。

首先，根据表 4 – 2 中数据容易看出，若不考虑贸易政策扭曲指数的综合影响，仅考虑水资源价格对中国双边虚拟水进口贸易流向的影响时，中国的虚拟水双边进口贸易不符合理论预期的占比较高。整体来看，中国的总量虚拟水进口贸易流向只有 25.87% 符合理论预期。分类别看，中国双边绿色虚拟水进口贸易流向偏离效应最为明显，且只有 24.6% 的绿色虚拟水进口贸易流向符合理论预期；而灰色虚拟水进口贸易流向符合理论预期的程度较高，本书认为，其原因在于与密集使用自然降水的农产品生产活动相比，工业品的生产活动占密集使用灰色虚拟水生产活动总量的比例较高，而工业品更容易受价格机制的影响，因此相对于其他产业，密集使用灰色虚拟水的制造业更加倾向遵循自身的比较优势来进行双边虚拟水进出口贸易。

值得注意的是，无论引入何种贸易政策扭曲指数，中国双边虚拟水贸易进口贸易流向符合理论预期的情况都有不同程度的提高。其中，作用最为显著的是特惠贸易差额：若将 RPM 引入式 (4.5)，中国的各类别虚拟水双边进口贸易流向符合理论预期的程度均有显著的提升。其中，在特惠贸易差额的作用下，中国总量虚拟水双边进口贸易流向符合理论预期的程度由 25.87% 提升至 94.44%，增幅高达 265.1%；中国灰色虚拟水双边进口贸易流向符合理论预期的程度由

33.81%提升至94.60%，增幅达到了179.8%。平均而言，中国的特惠待遇差额能够解释66.8%的双边虚拟水进口贸易流向偏离的现象。相对贸易限制指数对中国双边虚拟水进口贸易流向偏离的作用也较为明显：在相对贸易限制指数的作用下，中国总量虚拟水进口贸易流向符合理论预期的程度提升至68.41%，较无贸易政策扭曲作用的情形增加了164.4%；而中国灰色虚拟水进口贸易流向符合理论预期的程度也有较大提高，且提升至73.02%，相对贸易限制指数年平均值能够解释中国41.5%的灰色虚拟水进口贸易流向偏离现象。此外，中国的贸易限制指数 TRI 年平均值能够解释26.7%的总量虚拟水进口贸易流向偏离现象；重商主义贸易限制指数 MTRI 年平均值能够解释19.96%的总量虚拟水进口贸易流向偏离现象；与此同时，非关税贸易壁垒的存在能够增加绝对贸易政策扭曲指数对中国双边虚拟水进口贸易流向偏离现象的解释力。

　　图 4-1 同时给出了贸易政策扭曲作用下的中国双边总量虚拟水进口贸易流向符合理论预期占比的平均值随时间变化的时序特征。

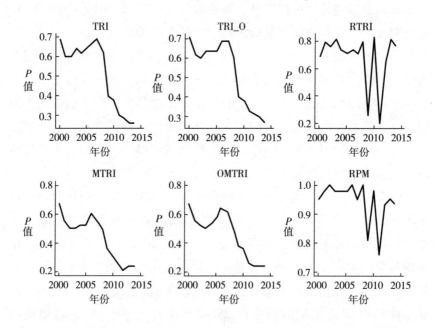

图 4-1　中国双边总量虚拟水进口贸易流向 P^{cr} 值时序特征（单位:%）

　　根据图 4-1 中绘制的数据，仅考虑绝对贸易政策扭曲作用时，2000 年中国的双边总量虚拟水进口贸易流向最符合虚拟水贸易理论的理论预期，2000—2001 年中国的双边总量虚拟水进口贸易流向偏离度急速上升，在达到拐点之后开始逐年下降，并于 2008 年达到了中国总量虚拟水进口贸易流向偏离度的相对低点。在 2008 年之后，仅考虑绝对贸易政策扭曲的作用时，中国虚拟水进口贸易流向偏离度开始逐年攀升，而绝对贸易政策扭曲指数对中国总量虚拟水进口贸易流向偏离的解释力度逐年变弱。产生上述现象的原因在于，2001 年中国虽然加入了世贸组织，导致在该年份我国对外实施的关税贸易壁垒整体得到大幅度削减，然而中国对外的双边虚拟水贸易具有一定的时间滞后性，在短期之内很难导致虚拟水贸易流量及流向的转变。而 2001—2005 年是中国加入世贸组织之后的"适应期"，可以看出中国在该阶段的绝对贸易政策扭曲对双边虚拟水进口贸易流向扭曲的解释力逐年增强。中国双边虚拟水进口贸易流向偏离度在 2008 年达到了另一个拐点的原因是在世界性的金融危机爆发之后，中国双边商品贸易总额受到巨大冲击，进而导致在绝对贸易政策扭曲作用下的双边虚拟水进口贸易流向的偏离度也急剧上升。虽然绝对贸易政策扭曲对中国双边虚拟水进口贸易流向偏离现象仍有一定的解释力，然而截至 2014 年，绝对贸易政策扭曲作用下的中国双边虚拟水进口贸易流向平均只有 25% 达到了虚拟水贸易的理论预期。

　　总体而言，与仅考虑绝对贸易政策扭曲的作用相比，相对贸易限制指数 RTRI 和特惠贸易差额 RPM 使中国各年份的双边总量虚拟水进口贸易流向偏离现象得到了大幅度的缓解。需要指出，若仅考虑特惠待遇差额时，受该类别贸易政策扭曲影响的中国双边总量虚拟水进口贸易流向符合理论预期的程度分别在 2002 年、2006 年和 2008 年达到了百分之百，证明相对于关税贸易壁垒带来的贸易政策扭曲，中国特惠贸易协定的签订带来的贸易政策扭曲更能够解释我国的双边虚拟水流向偏离。此外，与绝对贸易政策扭曲水平作用下的中国双边虚拟水进口贸易流向扭曲情形不同，在 2008 年之前，相对贸易政策扭曲作用下的中国的双边总量虚拟水进口贸易流向偏离度的变化趋势相对平缓；而在 2008 年之后，相对贸易政策扭曲对中国双边总量虚拟水进口贸易流向偏离度的解释力和波动性更强。

总体而言，虽然相对贸易限制指数对中国双边虚拟水进口贸易流向偏离的作用最为明显，但是在该种贸易政策扭曲的作用下，中国双边虚拟水进口贸易流向偏离程度分别在 2009 年和 2011 年急速上升。其中，2009 年中国相对贸易限制指数作用下的双边总量虚拟水进口贸易流向偏离度高达 74%，而 2011 年中国相对贸易限制指数作用下的双边总量虚拟水进口贸易流向偏离度达到了 69%；2009 年中国特惠待遇差额作用下的双边总量虚拟水进口贸易流向偏离度高达 19%，2011 年中国特惠待遇差额作用下的双边总量虚拟水进口贸易流向偏离度达到了 24%。本书认为，产生上述现象的一个可能的原因是 2008 年国际金融危机的爆发对中国的双边虚拟水贸易产生了明显的外部冲击，而在 2011 年之后，相对贸易政策扭曲作用下的中国双边虚拟水进口贸易流向符合理论预期的程度逐渐恢复较高水平，并且开始呈现上升趋势。

为了更直观地呈现中国各类贸易政策扭曲指数作用下的双边总量虚拟水进口贸易流向偏离效应，图 4 - 2 同时绘制了分别在各类贸易政策扭曲存在情形与无贸易政策基准情形之间中国总量双边虚拟水进口贸易流向符合理论预期程度的偏差。从图中容易看出，自 2001 年起，中国的相对贸易限制指数对我国双边总量虚拟水进口贸易流向偏离的解释力要远远高于贸易限制指数和总量贸易限制指数的解释力，证明特惠贸易协定的签订带来的相对贸易政策扭曲虽然更难以观测，然而影响却不容忽视。此外，所有年份维持效用水平不变的贸易限制指数比维持进口量不变的重商主义贸易限制指数对中国双边虚拟水进口贸易流向的作用程度要高；所有年份维持效用水平不变的总量贸易限制指数比维持进口量不变的总量重商主义贸易限制指数对中国双边虚拟水进口贸易流向的作用程度要高，而所有年份维持效用水平不变的相对贸易限制指数比维持进口量不变的特惠贸易差额对中国双边虚拟水进口贸易流向的影响程度要低，因此贸易政策扭曲水平绝对值的大小并不是影响中国双边虚拟水进口贸易流向偏离的决定因素。金融危机爆发之后的 2009 年，所有的贸易政策扭曲对中国的双边虚拟水进口贸易流向偏离现象的解释力都急剧下降，尤其是对于仅考虑相对贸易限制指数的情形，中国双边总量虚拟水进口贸易流向甚至出现了偏离度更高的现象。

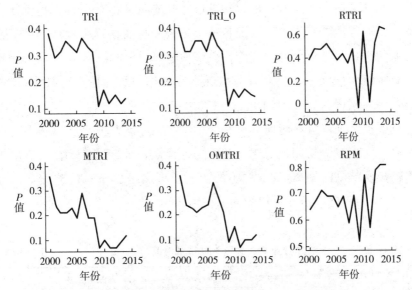

图 4-2　不同贸易政策扭曲指数造成的中国双边总量虚拟水进口贸易流向偏离（单位：%）

值得注意的是，即使在 2009 年，特惠贸易差额对中国双边总量虚拟水进口贸易流向偏离的解释力仍维持在 50% 以上的水平，而近年来随着世界贸易的日渐复苏，所有贸易政策扭曲作用下的中国总量虚拟水双边进口贸易流向偏离的程度也有所缓解。

接下来，本章按照虚拟水贸易类别对中国双边虚拟水进口贸易流向符合理论预期的程度进行分行业测度，着重考察维持效用水平不变和维持进口量不变的贸易政策扭曲指标作用下的中国双边行业层面虚拟水进口贸易流向符合理论预期程度。统计结果见表 4-3 和表 4-4。表 4-3 首先给出了维持效用水平不变的贸易政策扭曲影响下的中国各行业双边虚拟水进口贸易流向偏离程度。整体来看，在所有行业平均后的分类别双边虚拟水进口贸易中，不考虑贸易政策扭曲时中国双边绿色虚拟水进口贸易流向中只有24.76%符合理论预期，灰色虚拟水双边进口贸易流向比较符合理论预期，且所有行业平均后有45.1%符合理论预期。分行业看，若不考虑贸易政策扭曲，中国的非金属矿物制品业（C14）的双边虚拟水进口贸易流向符合理论预期的程度最低，尤其是该行业的蓝色虚拟水进口贸易流向只有10%与理论预期相吻合，而维持效用水平不变的各项贸易政策扭曲指标极大地降低了该行业的进口贸易流向的偏离度，且平均解释力为35.3%。在所有的贸易政策扭曲指标中，相对贸易限制指数的作用最为明显，其中，TRI能够解释该行业28.58%的总量虚拟水进口贸易流向偏离、27.54%的蓝色虚拟水进口贸易流向偏离和26.83%的灰色虚拟水进口贸易流向偏离，而相对贸易限制指数RTRI能解释该行业47.78%的总量虚拟水进口贸易流向偏离、56.82%的蓝色虚拟水进口贸易流向偏离以及46.51%的灰色虚拟水进口贸易流向偏离。

表4-3　　　　　中国分行业双边虚拟水进口贸易流向 P^{cr} 值（1）　　　　　单位:%

行业代码	总量虚拟水				蓝色虚拟水			
	P^{cr}_{NON}	P^{cr}_{TRI}	$P^{cr}_{TRI\_O}$	P^{cr}_{RTRI}	P^{cr}_{NON}	P^{cr}_{TRI}	$P^{cr}_{TRI\_O}$	P^{cr}_{RTRI}
C01	26.19	55.24	56.19	6.83	43.33	74.29	75.24	69.52
C05	48.57	84.13	84.44	70	32.86	75.08	75.56	66.51
C06	53.49	82.54	82.54	73.49	42.22	72.38	72.86	70.95
C08	41.75	68.41	68.73	71.27	27.3	60.95	62.22	67.3
C11	40.48	66.19	66.51	70.79	26.83	55.87	56.19	68.41
C14	21.9	50.48	51.43	69.68	10.16	37.62	38.57	66.98
C15	45.56	68.89	68.89	76.03	26.67	62.06	63.02	69.21
C24	38.73	57.78	58.57	71.9	38.73	57.78	58.57	70.95
C52	40.48	66.67	66.83	72.86	25.87	59.52	59.68	69.52
C53	58.57	72.06	72.54	68.73	51.59	69.68	69.68	69.37
行业代码	绿色虚拟水				灰色虚拟水			
	P^{cr}_{NON}	P^{cr}_{TRI}	$P^{cr}_{TRI\_O}$	P^{cr}_{RTRI}	P^{cr}_{NON}	P^{cr}_{TRI}	$P^{cr}_{TRI\_O}$	P^{cr}_{RTRI}
C01	24.76	52.06	52.70	67.14	37.14	70.63	71.43	69.21
C05	—	—	—	—	51.27	84.6	84.92	70.32

续表

行业	绿色虚拟水				灰色虚拟水			
代码	P^{cr}_{NON}	P^{cr}_{TRI}	$P^{cr}_{TRI\_O}$	P^{cr}_{RTRI}	P^{cr}_{NON}	P^{cr}_{TRI}	$P^{cr}_{TRI\_O}$	P^{cr}_{RTRI}
C06	—	—	—	—	55.56	83.17	83.81	74.13
C08	—	—	—	—	44.29	68.57	69.05	71.59
C11	—	—	—	—	44.44	66.51	67.46	72.06
C14	—	—	—	—	26.98	53.81	54.76	73.49
C15	—	—	—	—	48.25	68.89	69.37	78.57
C24	—	—	—	—	41.9	65.4	65.87	71.9
C52	—	—	—	—	42.54	66.51	67.3	74.13
C53	—	—	—	—	58.89	72.7	73.33	68.57

资料来源：笔者计算整理得到。

注："—"表示数据缺失。

表4-4　　　中国分行业双边虚拟水进口贸易流向 P^{cr} 值（2）　　　单位:%

行业	总量虚拟水				蓝色虚拟水			
代码	P^{cr}_{NON}	P^{cr}_{MTRI}	P^{cr}_{OMTRI}	P^{cr}_{RPM}	P^{cr}_{NON}	P^{cr}_{MTRI}	P^{cr}_{OMTRI}	P^{cr}_{RPM}
C01	26.19	49.21	51.11	94.29	43.33	68.73	70.79	94.76
C05	48.57	77.14	79.21	92.54	32.86	66.35	68.41	93.65
C06	53.49	75.4	77.62	93.97	42.22	66.98	68.1	95.4
C08	41.75	61.9	64.29	93.97	27.3	52.7	54.29	94.76
C11	40.48	62.7	63.65	94.92	26.83	51.9	52.7	95.56
C14	21.9	43.81	46.35	94.92	10.16	29.21	31.27	94.76
C15	45.56	64.29	64.29	93.02	26.67	54.76	55.56	94.13
C24	38.73	52.54	53.02	94.44	38.73	52.54	53.02	93.33
C52	40.48	60	61.43	94.76	25.87	51.59	54.13	95.08
C53	58.57	68.89	69.21	88.25	51.59	65.24	66.51	93.81

行业	绿色虚拟水				灰色虚拟水			
代码	P^{cr}_{NON}	P^{cr}_{MTRI}	P^{cr}_{OMTRI}	P^{cr}_{RPM}	P^{cr}_{NON}	P^{cr}_{MTRI}	P^{cr}_{OMTRI}	P^{cr}_{RPM}
C01	24.76	46.19	47.3	94.29	37.14	64.44	65.56	94.44
C05	—	—	—	—	51.27	77.94	80.16	90.63
C06	—	—	—	—	55.56	77.46	79.37	91.59

单位:%

行业代码	绿色虚拟水				灰色虚拟水			
	P_{NON}^{cr}	P_{MTRI}^{cr}	P_{OMTRI}^{cr}	P_{RPM}^{cr}	P_{NON}^{cr}	P_{MTRI}^{cr}	P_{OMTRI}^{cr}	P_{RPM}^{cr}
C08	—	—	—	—	44.29	62.86	64.44	90.95
C11	—	—	—	—	44.44	63.65	64.6	93.97
C14	—	—	—	—	26.98	46.98	48.89	92.7
C15	—	—	—	—	48.25	64.44	64.6	92.22
C24	—	—	—	—	41.9	60.48	61.75	91.11
C52	—	—	—	—	42.54	61.11	62.7	92.22
C53	—	—	—	—	58.89	69.05	70.16	84.76

注:"—"表示数据缺失。

资料来源:笔者计算整理得到。

在所有行业中,中国双边虚拟水进口贸易流向比较不符合理论预期的还有农、林、牧、渔业（C01）。首先,从分类别虚拟水贸易的角度看,不考虑贸易政策扭曲时该行业的绿色虚拟水双边进口贸易流向符合理论预期的程度只有24.76%,远远低于该行业其他类别虚拟水进口贸易流向符合理论预期的程度。产生上述现象的原因在于该行业密集使用绿色虚拟水进行生产活动,且使用的绿色虚拟水占比较高,而现实中密集使用绿色虚拟水的农产品进口不仅仅依赖于水资源要素禀赋,贸易对象的土地要素禀赋也同样扮演着重要角色,因此该行业的绿色虚拟水双边进口贸易流向偏离现象最为严重。而维持效用水平不变的贸易政策扭曲指数对农、林、牧、渔业的流向偏离效应的平均解释力为33.23%,因此维持效用水平不变的贸易政策扭曲指数对该行业虚拟水进口贸易流向的作用也较为明显。其中,对绿色虚拟水进口贸易流向偏离解释力最强的是相对贸易限制指数 RTRI,且该指数的解释力高达42.38%。与此同时,维持效用水平不变的绝对贸易政策扭曲指数对农、林、牧、渔业的蓝色虚拟水与灰色虚拟水进口贸易流向偏离现象的解释力也相对较高。上述现象皆表明传统的关税和非关税贸易保护措施仍然能极大地阻碍农副产品贸易背后双边虚拟水的进口。在所有行业中,不存在贸易政策扭曲时中国双边虚拟水进口贸易流向最符合理论预期的是健康社会工作（C53）行业，平均而言该行业的双边虚拟水进口贸易流向符合理论预期占比高达56.4%。而维持效用水平不变的三种贸易政策扭曲指数对该行业双边虚拟水进口贸易流向偏离度的解释力也相对较弱：该指数平均只能分别解释12.5%、18%和12.6%的总量虚拟水贸易、蓝色虚拟水贸易以及灰色虚拟水进口贸易流向的偏离效应。考虑贸易政策扭曲指标时，健康社会工作行业的双边虚拟水进口贸易流向偏离度有所降低，然而偏离程度降低的幅度却相对较小。此外，由于服务贸易壁垒更加隐蔽与复杂，本书对所有贸易政策扭曲的测算是基于商品进口计算的指标，因此本书对服务业双边虚拟水进口贸易流向偏离度的测算可能存在一定的选择性偏差问题。

此外，容易看出在进行蓝色虚拟水双边贸易的所有行业中，无贸易政策扭曲条件下的造纸及纸制品业（C08）、化学原料及化学制品业（C09）以及教育（C52）行业的虚拟水双边进口贸易流向存在较为严重的偏离现象，上述行业都是密集使用蓝色水资源的行业，而且维持效用水平不变的贸易政策扭曲指数对上述三个行业的流向偏离现象作用显著。TRI的存在使造纸及纸制品业虚拟水双边贸易流向"搞对方向"的程度增加了33.65%，同时使化学原料及化学制品业和教育行业虚拟水双边流向符合理论预期的程度分别增加了29%和33.7%；而相对贸易限制指数的作用更加显著：RTRI能够分别对上述三个行业解释40%、41.6%以及43.7%的虚拟水双边流向偏离现象。

产生上述现象的原因主要是造纸及纸制品业、化学原料及化学制品业属于直接水耗系数较高的制造业，而相对于河流、湖泊的地表水，工业用水量更容易受价格机制的影响。教育行业虽然属于服务业，然而该行业大多数以商业存在的形式进行生产活动，因此诸如FDI准入壁垒等形式的贸易政策扭曲也必然会造成相应的蓝色虚拟水双边进口净流向偏离。

为了方便对比，表4－4同时给出了维持进口量不变的贸易政策扭曲指标体系作用下的中国分行业双边虚拟水流向偏离程度。根据表中数据，可以看出对所有行业来说，维持进口量不变的绝对贸易政策扭曲对中国所有类别的虚拟水双边进口贸易流向偏离的解释力有所下降，而维持进口量不变的相对贸易政策扭曲指数即特惠贸易差额 RPM 对中国所有类别的虚拟水双边进口贸易流向偏离的解释力有显著的上升。

与表 4－3 的情形类似，特惠贸易差额扭曲效应最为明显的行业仍然是非金属矿物制品业（C14），RPM 的存在能分别解释 2000—2014 年该行业 73.02%、84.6% 和 65.72% 的总量虚拟水、蓝色虚拟水以及灰色虚拟水的双边净流向偏离。与维持效用水平不变的绝对贸易政策扭曲影响下的中国双边虚拟水进口贸易流向的情况不同的是，维持进口量不变的贸易政策扭曲指数扭曲作用最为明显的行业不再是非金属矿物制品业（C14），而是食品、饮料制造和烟草业（C05）。其中，MTRI 能够分别解释该行业 28.57%、33.49% 以及 26.67% 的总量虚拟水进口、蓝色虚拟水和灰色虚拟水的双边进口贸易流向偏离现象。而 OMTRI 能够分别解释该行业 28.57% 的总量虚拟水进口贸易流向偏离、35.55% 的蓝色虚拟水进口贸易流向偏离和 28.89% 的灰色虚拟水进口贸易流向偏离，因此食品、饮料制造和烟草业的双边虚拟水进口贸易流向偏离更容易受到维持进口量不变的绝对贸易政策扭曲的影响。而同样的，所有维持进口量不变的贸易政策扭曲指数对卫生与健康工作（C53）行业的各类别双边虚拟水进口贸易流向偏离的解释力较弱。

二　双边贸易政策扭曲作用下的中国虚拟水进口贸易流向偏离

前文主要探讨了只有贸易政策扭曲作用下的中国双边虚拟水进口贸易流向偏离现象，为了方便比较，本小节将在前文研究的基础上，同时引入贸易对象国的贸易政策扭曲水平，更全面的测算基于式（4.5）的中国双边虚拟水进出口贸易的流向偏离水平。本书首先沿用前文的测算方法，对 2000—2014 年中国的 42 个贸易伙伴国家及地区对中国实施贸易政策的贸易政策扭曲水平进行了全面的测算，由于同时考虑非关税贸易壁垒和仅考虑关税贸易壁垒带来的扭曲效应趋势基本一致，本书仅汇报关税贸易壁垒和特惠贸易协定形成的绝对贸易政策扭曲指数和相对贸易政策扭曲指数，2000—2014 年均各项指数的测算结果见表 4－5。根据表中数据，可以看出中国的贸易伙伴在 2000—2014 年平均对中国实施的贸易政策扭曲水平存在较大差别。在所有的观测值中，对来自中国的商品进口采取较高贸易政策扭曲的国家主要有韩国（KOR）、墨西哥（MEX）、巴西（BRA）、澳大利亚（AUS），其中，韩国对来自中国的进口实施的贸易限制指数高达 52.1%，特惠贸易差额也有 －5.355%，因此韩国对来自中国的进口采取了较高的贸易政策扭曲水平。此外，容易发现对来自中国的进口采用绝对贸易政策扭曲水平较低的国家主要有匈牙利（HUN）和爱尔兰（IRL）；而对中国出口贸易采用相对贸易限制指数较低的国家主要有保加利亚（BGR）、法国（FRA）和荷兰（NLD）。对中国出口贸易的特惠贸易差额指数为正数的国家主要有印度尼西亚（IDN）、日本（JPN）、斯洛伐克（SVK），而在上述的国家及地区中，印度尼西亚和日本对中国商品出口的绝对贸易政策扭曲指数较高。综上，与中国进行双边商品贸易的贸易伙伴国对中国采取的贸易政策扭曲水平差别很大，因此有必要对同时受进口国（地区）和出口国（地区）贸易政策扭曲影响的中国双边虚拟水贸易流向偏离程度进行再检验。

表 4－5　　　　　　　　各国对中国年均贸易政策扭曲水平　　　　　　　单位:%

国家/地区代码	TRI	RTRI	MTRI	RPM	国家/地区代码	TRI	RTRI	MTRI	RPM
AUS	11.918	0.891	6.647	－0.171	IRL	2.849	0.371	1.135	－0.006
AUT	3.73	0.196	1.987	－0.004	ITA	3.052	0.346	1.775	－0.009
BEL	3.328	0.48	1.963	－0.027	JPN	11.17	1.699	2.509	0.39
BGR	7.921	2.205	5.74	－1.024	KOR	52.1	30.117	13.746	－5.355
BRA	16.87	1.467	14.756	－0.227	LTU	2.948	1.626	1.452	－0.57
CAN	7.385	3.676	4.099	－1.596	LUX	3.673	1.296	2.646	－0.281
CHE	9.579	5.135	3.037	－0.331	LVA	2.995	2.023	1.452	－0.55
CYP	3.681	1.772	2.295	－0.822	MEX	12.434	5.296	9.305	－3.591
CZE	4.286	2.238	1.941	－0.179	MLT	4.44	1.994	2.863	－0.427

国家/地区代码	TRI	RTRI	MTRI	RPM	国家/地区代码	TRI	RTRI	MTRI	RPM
DEU	4.612	0.098	1.772	-0.002	NLD	4.338	0.382	1.655	-0.018
DNK	3.454	0.726	2.188	-0.033	NOR	7.127	3.769	2.116	-1.298
ESP	3.769	0.546	1.981	-0.031	POL	5.58	3.506	4.036	-2.048
EST	6.32	4.747	1.403	-0.534	PRT	2.949	0.754	1.847	-0.091
FIN	3.337	0.334	1.459	-0.014	ROU	5.249	3.561	3.399	-2.06
FRA	3.52	0.289	1.813	-0.01	RUS	8.191	1.114	6.754	0.564
GBR	3.106	0.209	1.786	-0.006	SVK	4.071	7.837	1.413	0.812
GRC	3.126	1.176	1.535	-0.062	SVN	6.371	4.519	3.713	-1.679
HRV	7.2	5.091	5.187	-3.565	SWE	5.202	0.419	1.98	-0.025
HUN	1.916	1.034	0.898	-0.082	TUR	4.956	3.007	2.66	-1.457
IDN	7.017	2.68	4.302	1.222	TWN	4.988	0.397	2.973	0.089
IND	18.63	3.647	15.139	-0.567	USA	6.627	2.038	3.452	-0.97

资料来源：WITS 数据库、Uncomtrade 数据库和 Kee 等（2008），并由作者计算整理得到。

基于此，本章将中国与 42 个其他贸易伙伴国家及地区的虚拟水进出口贸易视为研究对象开展研究，并在图 4-3 中（a）—（d）分别绘制了双边贸易政策约束下中国虚拟水贸易流向符合理论预期实际水平的相关数据。其中，"NON"表示在模型中无任何贸易政策约束指标作用下中国分类别虚拟水贸易流向符合理论预期的基准情形，而 TRI、RTRI、MTRI、RPM 则表示不同种类双边贸易政策约束作用下的中国虚拟水贸易流向符合理论预期程度的实际值。根据图中数据，可以看出无论针对何种类别的虚拟水贸易，基准情形下中国虚拟水贸易流向符合理论预期的程度最低：中国在 2000 年的总量虚拟水进出口贸易流向符合理论预期情形的占比仅为 31%。此外，基准情形下中国虚拟水贸易流向符合理论预期的程度呈现逐年下降的态势，至 2014 年，中国双边进出口总量虚拟水贸易流向符合理论预期情形的占总体的比重仅为12%，因此中国的虚拟水贸易流向存在较高程度的偏离现象。

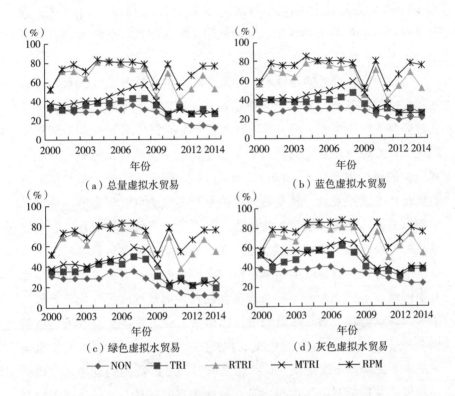

（a）总量虚拟水贸易　　　　　（b）蓝色虚拟水贸易

（c）绿色虚拟水贸易　　　　　（d）灰色虚拟水贸易

◆ NON　■ TRI　▲ RTRI　✕ MTRI　✳ RPM

图4-3　双边贸易政策约束下中国虚拟水贸易流向

符合理论预期水平（单位：%）

在图4-3中同时可以发现，无论在模型中引入何种双边贸易政策约束指标，中国的虚拟水进出口贸易流向符合理论预期的水平得到显著提升。平均而言，考虑各类双边贸易政策约束水平存在的前提下，中国虚拟水贸易符合理论预期的程度平均上升了26.7%。其中，双边相对特惠待遇差额对中国虚拟水贸易流向偏离现象的解释力最高。考虑双边相对特惠待遇差额指标存在的前提下，中国年平均虚拟水贸易流向符合理论预期的水平达到72.5%，且与基准情形相比，双边相对特惠待遇差额能够平均解释中国46.7%的虚拟水贸易流向偏离。在所有的双边贸易政策约束指标中，局部均衡贸易限制指数对中国虚拟水贸易流向偏离现象的解释力最低：考虑局部均衡贸易限制指数存在的前提下，中国年平均虚拟水贸易符合理论预期的程度为34.1%，然而与基准情形相比，局部均衡贸易限制指数仍能解释中国平均8.2%的虚拟水贸易流向偏离。

从时间变化趋势的角度看，分类别的虚拟水贸易流向偏离水平改善程度的整体变化趋势与总量虚拟水贸易流向偏离水平改善程度的变化趋势基本保持一致。自2008年以来，间接贸易政策约束指标对中国进出口虚拟水贸易流向偏离现象解释程度的变动幅度较高，发生上述现象的原因主要在于全球性的金融危机的爆发不但使全球性质的双边贸易产生剧烈波动，其背后的虚拟水跨境流动也受到影响。然而需要指出的是，经历过短暂的波动后，在"后经济危机"时代，相对贸易政策约束指标对中国虚拟水进出口贸易的解释程度迅速地恢复到较高水平。与间接贸易政策约束指标相比，双边直接贸易政策约束指标对中国虚拟水贸易流向不符合理论预期现象解释程度的变化趋势较为平缓。与双边间接贸易政策约束指标相似，双边直接贸易政策约束指标在经过2008年国际金融危机的拐点之后，对中国虚拟水贸易流向偏离水平的解释力度逐渐变低。与此同时，可以观测到近年来直接贸易政策约束指标对中国虚拟水贸易流向偏离的解释力度呈现逐渐增强的趋势。

随后，本书按照中国进行双边虚拟水贸易的类别和行业对基准情形和双边贸易政策约束作用下的虚拟水贸易流向进行实证检验，计量结果见表4-6。① 根据表中数据可以看出，无论是何种类别及何种行业的虚拟水贸易，双边贸易政策约束的存在皆能有效地解释中国虚拟水贸易流向不符合理论预期的现象，而与基准情形相比，考虑双边贸易政策存在的前提下我国的虚拟水贸易流向符合理论预期的程度可达80%。

————————

① 由于进行绿色虚拟水贸易的行业仅有农、林、牧、渔业（I01）一个行业，因此本书仅汇报该行业的绿色虚拟水贸易情况。

表 4 – 6　　　　　　　按行业划分的中国双边总量虚拟水贸易
流向符合理论预期水平　　　　　　　单位:%

行业	总量虚拟水贸易					蓝色虚拟水贸易				
	NON	TRI	RTRI	MTRI	RPM	NON	TRI	RTRI	MTRI	RPM
I01	26	37	65	41	72	43	55	68	62	76
I05	49	61	70	69	78	33	45	65	51	75
I06	53	61	73	66	80	42	53	68	57	79
I08	42	53	73	59	79	27	39	66	43	73
I11	40	52	69	60	76	27	39	63	44	73
I14	22	38	66	42	75	10	20	58	24	69
I15	46	55	73	61	80	27	39	63	61	74
I24	39	49	69	51	76	39	49	68	51	76
I52	40	53	73	56	80	26	42	66	46	76
I53	59	62	77	63	80	52	57	74	59	80

行业	绿色虚拟水贸易					灰色虚拟水贸易				
	NON	TRI	RTRI	MTRI	RPM	NON	TRI	RTRI	MTRI	RPM
I01	25	35	65	39	72	37	44	67	53	76
I05	—	—	—	—	—	51	65	71	71	79
I06	—	—	—	—	—	56	63	75	67	80
I08	—	—	—	—	—	44	55	75	60	78
I11	—	—	—	—	—	44	56	71	63	77
I14	—	—	—	—	—	27	42	69	44	75
I15	—	—	—	—	—	48	57	74	63	80
I24	—	—	—	—	—	42	50	71	55	77
I52	—	—	—	—	—	43	56	75	58	79
I53	—	—	—	—	—	59	62	77	64	79

注:"—"表示数据缺失。

资料来源:笔者计算整理得到。

在所有进行虚拟水贸易的行业中,中国非金属矿物制品业（I14）
的虚拟水贸易流向最不符合理论预期:在基准情形下,该行业的总量双边虚拟水贸易以及蓝色虚拟水贸易分别仅有 22% 和 10% 的贸易流向"跑对方向"。而在模型中引入各项双边贸易政策约束指标之后，非金属矿物制品业的虚拟水贸易流向更加符合理论预期，且贸易政策约束指标能解释该行业平均 33% 的虚拟水贸易流向偏离现象。其中，TRI 的解释力最低，且能解释该行业 16% 的虚拟水贸易流向偏离现象，而 RPM 的解释力最高，且能解释该行业 53% 的虚拟术贸易流向偏离现象。在所有的行业中，健康社会工作（I53）的虚拟水贸易最符合理论预期，相应地，贸易政策约束指标能够解释该行业平均 12% 的虚拟水贸易流向偏离现象。其中，TRI 对该行业的总量虚拟水贸易流向偏离效应的解释力最弱，且解释程度为 3%，而 RPM 对该行业总量虚拟水贸易流向偏离现象的解释力较高，且解释程度为 21%。此外可以看出，间接贸易政策约束指标对各行业的虚拟水贸易流向偏离现象的解释程度整体上要高于直接贸易政策约束指标的解释程度，因此相对于直接贸易政策约束指标，应当更加关注间接贸易政策约束指标对虚拟水贸易流向偏离现象的影响。此外，从分类别的虚拟水贸易视角看，各项贸易政策约束指标平均对绿色虚拟水贸易的解释力最强，且能解释 28% 的绿色虚拟水贸易流向偏离现象；各项贸易政策约束指标平均对灰色虚拟水贸易的解释力最弱，且能解释 21% 的灰色虚拟水贸易流向偏离现象。

为了刻画各行业虚拟水贸易流向符合理论预期程度随时间变化的趋势，表 4-7 同时给出了按照行业划分的中国历年双边总量虚拟水贸易流向符合理论预期的占比的实际值，其中，编号（1）—（5）表示基准情形以及 TRI、RTRI、MTRI、RPM 分别作用下的中国总量虚拟水贸易流向符合理论预期情形占总体情形的比重。由表 4-7 易知，在基准情形和直接贸易政策约束指标作用下，中国所有行业的虚拟水贸易流向符合理论预期的水平基本上呈现逐年降低的趋势，尤其是非金属矿物制品业（I14）在 2014 年的双边虚拟水贸易流向仅有 7% 符合理论预期，证明该行业在 2014 年的总量虚拟水贸易"跑错方向"的占比高达 93%。与此同时可以看出，在间接贸易政策约束指标作用下，各行业的虚拟水贸易流向符合理论预期的实际水平呈现首先逐渐下降随后有所上升的趋势。此外，经过计算各项贸易政策约束指标作用下各行业虚拟水贸易流向偏离水平与基准情形的差额，可以看出直接贸易政策约束指标对虚拟水贸易流向偏差的解释力度逐年上升：以农、林、牧、渔业（I01）为例，相对贸易限制指数 RTRI 在2000 年对该行业虚拟水贸易流向偏离现象的解释力为 19%，至 2014年该指标的解释程度增至 43%；相对特惠待遇差额 RPM 在 2000 年对该行业虚拟水贸易流向偏离现象的解释力为 24%，至 2014 年该指标的解释程度增至 64%。

表 4－7 按行业划分的中国历年双边总量虚拟水贸易
流向符合理论预期水平 单位：%

年份	I01					I05					I06					I08		
	(1)	(2)	(3)	(4)	(5)	(1)	(2)	(3)	(4)	(5)	(1)	(2)	(3)	(4)	(5)	(1)	(2)	(3)
2000	33	36	52	38	57	50	55	64	60	62	55	64	67	57	67	45	60	62
2002	29	38	74	45	76	55	57	76	69	76	55	57	74	64	81	45	48	76
2005	38	48	83	52	79	60	74	83	81	86	57	67	86	74	88	48	60	86
2008	36	48	71	57	79	57	71	74	81	86	60	64	81	71	83	48	60	83
2011	17	29	38	31	55	41	55	48	62	62	48	57	55	62	69	36	50	55
2014	12	21	55	26	76	31	52	62	60	81	45	64	67	62	83	29	45	62

年份	I11					I14					I15					I08		
	(1)	(2)	(3)	(4)	(5)	(1)	(2)	(3)	(4)	(5)	(1)	(2)	(3)	(4)	(5)	(1)	(4)	(5)
2000	48	60	57	62	62	31	45	60	52	60	55	60	71	62	74	45	62	64
2002	45	52	76	62	83	24	43	74	50	74	52	57	76	67	83	45	57	76
2005	50	55	81	69	76	29	52	81	60	74	57	67	88	64	83	48	62	86
2008	45	60	74	69	83	26	38	76	45	79	52	60	88	71	86	45	69	86
2011	33	50	52	52	62	10	31	36	31	55	33	57	55	57	69	36	50	60
2014	26	43	57	48	81	7	31	62	36	79	26	38	55	48	71	29	45	79

年份	I24					I52					I53					—		
	(1)	(2)	(3)	(4)	(5)	(1)	(2)	(3)	(4)	(5)	(1)	(2)	(3)	(4)	(5)	—		
2000	43	48	60	50	62	45	57	64	57	71	57	60	71	62	71	—		
2002	45	50	71	55	76	45	55	76	62	74	60	62	74	62	81	—		

续表

年份	I24					I52					I53					—
	(1)	(2)	(3)	(4)	(5)	(1)	(2)	(3)	(4)	(5)	(1)	(2)	(3)	(4)	(5)	—
2005	43	52	83	57	81	55	62	88	67	88	69	69	83	71	83	—
2008	45	57	83	62	86	48	64	83	62	91	67	67	81	69	95	—
2011	31	50	48	50	60	29	45	50	50	64	52	60	62	60	71	—
2014	29	41	60	43	76	24	36	55	36	79	45	55	67	57	79	—

资料来源：笔者计算整理得到。"—"表示数据缺失。

第三节 本章小结

本章为了对第三章的模型结论进行检验，首先对 HOV 模型进行适当修正，分别构建了仅考虑中国贸易政策扭曲和同时考虑贸易伙伴国贸易政策扭曲的中国双边虚拟水进口贸易流向偏离度指标以及中国双边虚拟水进出口贸易流向偏离度指标，进而检验我国双边虚拟水进口贸易流向的偏离现象。

结果显示，在不考虑贸易政策扭曲的前提下，中国的双边虚拟水进口贸易流向偏离现象较为严重，而无论引入何种贸易政策扭曲指标，中国双边虚拟水进口贸易流向符合虚拟水贸易理论预期的程度皆有所提高。在所有贸易政策扭曲指标中，作用最为明显的是特惠贸易差额，作用较为明显的是相对贸易限制指数，证明特惠贸易协定的签订对我国虚拟水进口贸易流向的整体扭曲效应要远远高于由于绝对贸易政策扭曲对中国双边虚拟水进口贸易流向带来的偏离效应。

从时间维度看，中国的相对贸易政策扭曲指数对双边虚拟水进口贸易流向偏离的影响程度波动较为剧烈。在国际金融危机前后，无论何种贸易政策扭曲指数对中国双边虚拟水进口贸易流向偏离程度的解释力都迅速降低，而在 2011 年之后，贸易政策扭曲指数对中国双边虚拟水进口贸易流向偏离的解释程度又恢复了较高的水平。从行业维度看，中国双边虚拟水进口贸易流向最不符合理论预期的行业主要有非金属矿物制品业和农、林、牧、渔业，单边贸易政策扭曲的存在是造成上述行业双边虚拟水进口贸易流向偏离的重要因素；中国双边虚拟水进口贸易流向最符合理论预期的行业主要包括健康与社会工作行业，而贸易政策扭曲对该行业双边虚拟水进口贸易流向偏离现象的解释力较弱。此外，与单边贸易政策扭曲的作用情形相反，在双边贸易政策扭曲作用情形下，维持进口量不变的绝对贸易政策扭曲指数比维持效用水平不变的绝对贸易政策扭曲指数更能够解释中国的各类别的双边虚拟水进出口贸易的流向偏离现象，证明贸易伙伴重商主义贸易限制指数同样对中国的双边虚拟水贸易流向产生显著影响。

第五章　贸易政策扭曲与中国虚拟水
进口贸易流量效应

前文的理论分析表明，贸易政策扭曲会抑制经济体参与经济全球化的虚拟水进口贸易流量。但是，现实情况下中国虚拟水进口贸易受不同种类的贸易政策扭曲的作用程度需要进一步检验。基于此，本章以中国不同种类行业加总的虚拟水贸易进口量为研究对象，对中国虚拟水进口的流量进行整体把握，并从经验的角度实证检验贸易政策扭曲对中国双边虚拟水进口流量变动的解释作用。

第一节　贸易政策扭曲与中国虚拟水
进口贸易流量效应实证检验

虚拟水的净流入能够节省进口国（地区）的水资源使用总量，进而提高进口国（地区）的资源配置效率。如前文所述，贸易政策扭曲会造成中国虚拟水进口流量的偏离效应，但是，不同种类的贸易政策扭曲在何种程度上影响虚拟水进口的流量效应？为了说明这个问题，本书将 2000—2014 年中国虚拟水进口贸易流量效应进行实证检验，并着重考察关税贸易政策扭曲的综合作用，最后给出贸易政策扭曲作用下中国虚拟水进口贸易的效率水平。

一　模型选择

本节将在恰当的样本选取与数据来源的基础上，构建随机前沿计量模型，测算中国当前贸易政策组合形成的贸易政策扭曲影响下的虚拟水贸易进口的流量效应。随机前沿模型最初被应用在对全要素生产率的效率估算上，而随着国际贸易理论的发展，目前已有诸多文献在结合随机前沿模型和引力模型经典理论的基础上测算双边贸易的前沿值和效率水平，模型的基本形式可以表示为：

$$y_{i,t} = \beta_0 + \beta_1 x_{i,t} + v_{i,t} - u_{i,t} \tag{5.1}$$

其中，下标 i 表示截面个体，下标 t 则表示截面个体的时间，y 则表示经济体的产出向量，x 表示投入向量，β_0 表示回归方程的截距项，β_1 则表示回归方程中 x 对 y 的作用系数。由于产出向量在现实中可能达不到其最优效率前沿，因此模型设定其混合无效率项包含两部分。方程首先设定了一个非负的无效率项 u，从而得到双边贸易实际值与前沿值之间的差距。v 则是模型自身的随机干扰项，其独立于 u 且分布服从 $v \sim N\ (0,\ \sigma_v^2)$。

Wang（2002）指出，传统的随机前沿模型设定观测样本无效率项的均值与方差不存在个体性差异，因此无法观测随时间变化的经济活动无效率项，而异质性随机前沿模型能够解决上述问题，因此也受到更多关注（鲁晓东、连玉君，2011；龚静、尹忠明，2016）。本书的观测对象为国别层面的商品进口隐含的虚拟水，考虑到各国的经济规模、要素禀赋以及发展环境的差异性，因此用异质性随机前沿模型分析中国虚拟水进口贸易的流量效应具有更强的适用性。参照前人的研究，本书假定无效率项 u 的分布为截断型半正态分布，即 $u \sim N$ （ϖ，σ^2），ϖ 反映的是虚拟水进口流量的实际值与虚拟水进口流量的理论前沿值的偏差，σ^2 则表示后续虚拟水进口贸易流量效率损失变动的不确定性，本书设定 ϖ 和 σ^2 是一系列外生变量 Z 的函数，该设定较为灵活，能充分地刻画不用外生变量对无效率项的非单调性，因此能够解决模型中无效率项的异质性问题。假设 ρ 和 δ 分别表示系数向量，则参数设定如下：

$$\varpi_{i,t} = \rho_{i,t} Z_{i,t} \tag{5.2}$$

$$\sigma_{i,t}^2 = \exp\ (\delta_{i,t} Z_{i,t}) \tag{5.3}$$

在关键变量的选取上，Armstrong（2007）、鲁晓东和赵奇伟（2010）等将经济规模、自然资源等短期内变化幅度较小的变量视为估计贸易流量前沿的重要影响因素，而将政策层面的人为因素视为双边贸易无效率项的外生影响因素。本书沿用上述研究的设定，并根据要素禀赋理论，将中国贸易伙伴的水资源相对要素禀赋设定为前沿回归方程的自变量。而 Berrittella 等（2008）研究指出，人类用于生产农产品的水资源占世界用水总量的70%。由于在农产品的生产活动中不仅要投入水资源，还要投入适当比例的土地资源，因此本书同样将相对农用土地要素禀赋引入中国虚拟水进口的函数。当期的中国虚拟水进口量同时受到上一期的虚拟水进出口流量相对变化程度的影响，为了避免其他重要变量的遗漏偏差，本书同时引入相对虚拟水出口量的滞后一期作为控制变量，并构建回归方程：

$$\ln Imp_{cj,t} = \beta_0 + \beta_1 \ln Wat_{cj,t} + \beta_2 \ln Land_{cj,t} + \beta_3 lag \ln Exp_{cj,t} + v_{cj,t} - u_{cj,t}$$

$$(5.4)$$

在贸易流量前沿模型的设定中，假设下标 c 为中国，下标 j 表示中国的贸易伙伴国家及地区，式（5.4）中的 $Imp_{cj,t}$ 为 t 时期中国双边虚拟水进口量；$Wat_{cj,t}$ 为进口来源国家及地区的相对水资源要素禀赋，由贸易伙伴人均水资源与中国的人均水资源要素禀赋的数值之比表示；$Land_{cj,t}$ 为进口来源国家及地区的土地资源要素禀赋，由出口国本土的农用耕地面积来表示；$lag Exp_{cj,t}$ 为滞后一期的中国相对虚拟水出口量，相对出口量由 t 时期中国的虚拟水出口总量与进口总量之比表示；β_0 为常数项。为了克服异方差带来的影响，上述所有变量取自然对数。

在无效率项影响因素的设定上，由于本书基于贸易政策扭曲的视角考察中国双边虚拟水进口流量效率的波动效应，因此设定 $u_{cj,t}$ 表示贸易政策扭曲作用下中国虚拟水进口流量效应离效率前沿的距离。

根据前文的分析，设定回归方程如下：

$$\ln \varpi_{cj,t} = \rho_0 + \rho_1 Z_{cj,t} \tag{5.5}$$

$$\ln \sigma_u^2 = \delta_0 + \delta_1 Z_{cj,t} \tag{5.6}$$

$Z_{cj,t}$ 表示造成中国双边进口贸易效率损失的核心解释变量，既包括维持效用水平不变的绝对贸易政策扭曲指数 $TRI_{cj,t}$、$TRI\_O_{cj,t}$ 和相对贸易政策扭曲指数 $RTRI_{cj,t}$，同时也包括维持进口量不变的绝对政策扭曲指数 $MTRI_{cj,t}$、$OMTRI_{cj,t}$ 和相对贸易政策扭曲指数 $RPM_{cj,t}$；ρ_0 和 δ_0

均为常数项。

由式（5.5）和式（5.6）可知，虚拟水进口的效率损失本身及其不确定性是一系列贸易政策扭曲的非线性函数。为了测量中国双边虚拟水进口流量的实际效率水平，本书同时构造虚拟水进口贸易流量效率指数：

$$WEffect_{cj,t} = \frac{\exp(\beta X_{cj,t} - u_{cj,t})}{\exp(\beta X_{cj,t})} = \exp(-u_{cj,t}) \tag{5.7}$$

该指数数值越小，无效率项 $u_{cj,t}$ 越大，则中国进口虚拟水流量离前沿水平越远，反之反是。对应地，定义偏离效应指数为：

$$EXT_{cj,t} = 1 - WEffect_{cj,t} = 1 - \exp(-u_{cj,t}) \tag{5.8}$$

该指数是中国虚拟水进口实际值与前沿值的偏离水平，主要反映贸易政策扭曲带来的中国双边虚拟水进口贸易流量效率损失。

二 数据来源和变量选取

本章使用的贸易政策扭曲指标来自前文作者的整理计算，单位为%；虚拟水进出口量来自第二章的计算整理，单位为亿吨。水资源要素禀赋数据由各国（地区）的人均水资源总量与水资源利用比率之积表示，且由作者计算整理；水资源总量（单位：立方米）、农用土地（单位：公顷）、水资源利用比率（单位：百分比）数据都来自世界银行数据库（World Bank Database），总人口数据（单位：百万）来自格罗宁根经济增长和发展中心提供的宾大世界表（Penn World Table，Version 9.0）。所有数据处理过程由 Stata 12.0 完成。各主要变量的统计性描述见表 5 - 2。

表 5 - 1　　　　　　变量名称、数据来源及变量说明

英文符号	数据来源	变量说明
$Expr_{cj,t}$	作者计算整理（单位：亿吨）	
$Imp_{cj,t}$	作者计算整理（单位：亿吨）	
$Land_{cj,t}$	世界银行数据库（单位：公顷）	
$Z_{cj,t}$	作者计算整理（单位：%）	

续表

英文符号	数据来源	变量说明
$Wat_{cj,t}$	世界银行数据库（单位：立方米）	由人均水资源总量与水资源利用比率之积表示

表 5 - 2 主要变量统计性描述

英文符号	变量名称	样本量	均值	标准差	最小值	最大值
$\ln Imp_{cj,t}$	虚拟水进口量	630	4.098	1.746	-0.52	8.927
$\ln Wat_{cj,t}$	相对水资源要素禀赋	630	-0.965	1.344	-4.563	2.105
$\ln Land_{cj,t}$	土地资源要素禀赋	630	1.205	2.074	-4.828	5.167
$lag\ln Exp_{cj,t}$	相对虚拟水出口量	588	-1.914	2.123	-7.22	4.359
$TRI_{cj,t}$	贸易限制指数	630	10.7	5.455	1.997	57.346
$OTRI_{cj,t}$	总体贸易限制指数	630	11.08	5.471	2.293	57.821
$RTRI_{cj,t}$	相对贸易限制指数	630	0.315	0.758	1.90E-15	8.428
$MTRI_{cj,t}$	重商主义贸易限制指数	630	7.694	4.402	0.462	35.451
$OMTRI_{cj,t}$	总体重商主义贸易限制指数	630	8.234	4.416	0.813	36.063
$RPM_{cj,t}$	相对特惠待遇差额	630	-0.018	0.284	-4.76	1.62

资料来源：笔者计算整理得到。

　　图 5 - 1 同时给出被解释变量的时间趋势图。总体来看中国从所有贸易伙伴国家及地区的虚拟水进口流量基本存在逐年上升的趋势。中国从希腊进口虚拟水总量在 2012 年之前逐年上升，而在 2012 年之后却开始逐渐下降；中国从罗马尼亚的双边虚拟水进口在金融危机爆发前后经历了缓慢下降的过程，然而随着近年来国际贸易的发展，中国与该国的双边虚拟水进口流量也有所上升。总体来看，中国双边虚拟水进口流量的数值不尽相同，带来最高进口贸易流量的贸易伙伴主要有巴西、澳大利亚等自然资源较丰富的国家，而与塞浦路斯等贸易伙伴的双边虚拟水贸易进口总量较低。

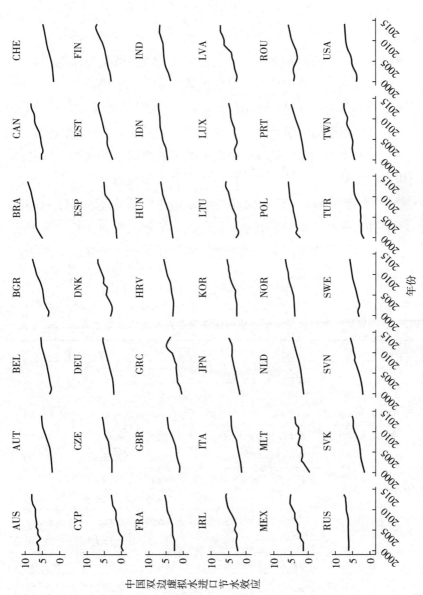

图 5 - 1　2000—2014 年中国总量双边虚拟水进口流量效应时间变动趋势

第二节 实证结果分析

本节分别对中国不同贸易政策组合形成的贸易政策扭曲作用下的中国总量虚拟水、蓝色虚拟水、绿色虚拟水以及灰色虚拟水进口无效率项本身及其不确定性进行计量分析。

一 虚拟水进口流量效率损失的来源：贸易政策扭曲影响验证

本小节首先对贸易政策政策扭曲影响下的中国总量虚拟水贸易流量效应进行实证检验，并着重分析各项贸易政策扭曲对中国虚拟水进口无效率项的影响。模型（1）—（6）分别表示以 TRI、OTRI、RTRI、MTRI、OMTRI 以及 RPM 为代表的贸易政策扭曲指数对中国虚拟水总量进口贸易流量前沿及无效率项的作用，相关的统计结果见表 5-3。

表 5-3　异质性随机前沿模型测算中国总量虚拟水进口流量效应

	（1）	（2）	（3）	（4）	（5）	（6）
A：中国虚拟水进口贸易流量前沿						
$\ln Wat_{cj,t}$	0.200 ***	0.200 ***	0.166 ***	0.196 ***	0.195 ***	0.250 ***
	(5.65)	(5.63)	(4.61)	(4.95)	(4.89)	(12.70)
$\ln Land_{cj,t}$	0.440 ***	0.439 ***	0.455 ***	0.422 ***	0.421 ***	0.400 ***
	(17.61)	(17.57)	(18.77)	(15.66)	(15.48)	(18.99)
$lag\ln Exp_{cj,t}$	-0.439 ***	-0.439 ***	-0.471 ***	-0.438 ***	-0.438 ***	-0.448 ***
	(-19.48)	(-19.47)	(-20.35)	(-19.29)	(-19.28)	(-19.25)
$cons$	4.927 ***	4.928 ***	3.731 ***	5.082 ***	5.083 ***	5.490 ***
	(13.26)	(13.14)	(16.49)	(11.47)	(11.08)	(92.79)
B：贸易政策扭曲效应（个体效应）						
$distortion_{cj,t}$	0.061 ***	0.062 ***	0.130 **	0.073 ***	0.074 ***	-0.078 ***
	(4.40)	(4.45)	(2.11)	(4.51)	(4.51)	(-3.69)
$cons$	1.097 **	1.063 *	0.363	1.373 **	1.325 **	2.227 ***
	(2.02)	(1.93)	(1.43)	(2.45)	(2.26)	(34.66)

续表

	(1)	(2)	(3)	(4)	(5)	(6)
C：贸易政策扭曲效应（不确定性）						
$distortion_{cj,t}$	−0.012	−0.010	−7.902***	0.006	0.007	2.247***
	(−0.62)	(−0.56)	(−2.76)	(0.31)	(0.31)	(4.16)
cons	0.409*	0.397*	0.429**	0.237	0.230	0.427***
	(1.74)	(1.65)	(1.80)	(1.23)	(1.13)	(5.43)
对数似然值	−882.272	−881.757	−877.865	−880.598	−880.138	−883.157
Wald 值	954.32	952.71	864.97	906.02	901.30	1.67e+10

注：括号内数值为 z 统计量数值，***、**和*表示分别在为 1%、5% 和 10% 的水平上显著。

资料来源：笔者计算整理。

由表 5 − 3 中的估计结果可知①：在中国总量虚拟水贸易进口贸易流量前沿特征维度的回归结果中，可以看出贸易伙伴的水资源相对要素禀赋和耕地相对要素禀赋对中国的总量虚拟水进口贸易流量有正向促进作用，符合要素禀赋理论的预期。综合看，土地要素禀赋对总量虚拟水进口的促进作用要远远大于水资源要素禀赋的作用。根据前文分析，农产品贸易背后隐含的虚拟水流量占虚拟水贸易总体较大比重，在农产品的生产活动中，自然降水量扮演着重要角色，而农用土地的丰裕程度也是影响农产品产量的重要因素。与此同时，中国的相对虚拟水出口对中国总量虚拟水贸易的进口流量效应具有显著的负向抑制作用，即相对于虚拟水进口，中国总量虚拟水双边出口越多，越不利于中国提高自身的进口贸易流量的效率水平，因此不利于提升我国的水资源利用效率。

在中国虚拟水进口贸易无效率程度回归结果中，贸易限制指数、总体贸易限制指数对中国虚拟水进口流量效应无效率项的影响系数显

① 本节同时对传统的 OLS 模型进行估计，并与方程（1）—（6）进行对比。经过 LR 检验发现，方程（1）—（6）的 P 值皆为 0.000，在 1% 的水平上拒绝了 OLS 优于方程（1）—（6）的原假设，证明选用异质性随机前沿模型是合适的。

著大于零：贸易限制指数 TRI 每增加一个单位，中国总量虚拟水进口贸易流量的效率损失增加 6.1%；总体贸易限制指数 TRI_O 每增加一个单位，中国总量虚拟水进口贸易流量的效率损失增加 6.2%，说明绝对贸易政策扭曲是导致我国虚拟水进口流量效率损失的重要原因，且若同时考虑非关税贸易措施，在贸易政策扭曲的作用下，中国虚拟水进口贸易流量的效率与理论上的前沿水平之间的偏差更大；重商主义贸易限制指数、总体重商主义贸易限制指数对中国虚拟水进口无效率项的形成同样有显著的正向促进作用：重商主义贸易限制指数 MTRI 每增加一个单位，中国总量虚拟水进口效率损失增加 7.3%；总体重商主义贸易限制指数 OMTRI 每增加一个单位，中国总量虚拟水进口效率损失增加 7.4%。

相较于维持效用水平不变的绝对贸易政策扭曲，维持进口量不变统计口径的绝对贸易政策扭曲更能够解释中国总量虚拟水进口的效率损失。根据 Feenstra（1995）的研究结论和本书第二章的测算结果，基于维持进口量不变统计口径的贸易限制指数总是小于基于维持效用水平不变统计口径下的贸易限制指数，因此，贸易政策扭曲程度数值的大小并不能决定一国（地区）的虚拟水进口效率损失的具体程度。相对贸易政策扭曲作用下的中国总量虚拟水进口效率损失现象能进一步印证上述推论：虽然根据前文的统计性描述，相对贸易政策扭曲的绝对值远远小于所有绝对贸易政策扭曲的数值，然而相对贸易限制指数每增加一个单位，我国虚拟水进口流量效率损失增加 13%，特惠贸易待遇差额每增加一个单位，我国虚拟水进口流量效率损失降低 7.8%，上述两个指标对中国贸易政策扭曲指数对双边虚拟水进口无效率项的解释力都分别高于绝对贸易政策扭曲指数对双边虚拟水进口无效率项的解释力。

整体来看，绝对贸易政策扭曲对中国双边虚拟水进口贸易效率损失变动的不确定性影响不甚明朗。相对贸易限制指数每增加一个单位，总量虚拟水进口贸易效率损失的不确定性显著降低 790.2%。相对贸易限制指数的存在虽然是导致中国双边虚拟水进口流量效应无效率现象的主要原因，但政策制定者可以预期无效率项随时间变化的整体变动趋势；与此相反，特惠待遇差额对总量虚拟水进口贸易流量效率损失不确定性的影响显著为正，且特惠待遇差额每增加一个单位，无效率项的不确定性增加224.7%。由于特惠贸易待遇差额的取值范围是［－MTRI，MFN］，因此特惠贸易待遇差额对贸易流量的影响与相对贸易限制指数的作用相反，这与前文的结论基本一致。此外，从表中还可以看出相对贸易限制指数对中国双边总量虚拟水进口贸易流量效应无效率项作用的幅度要明显高于特惠贸易差额对中国双边总量虚拟水进口贸易流量效应无效率项的作用幅度。

　　表5－4同时给出了贸易政策扭曲作用下的中国蓝色虚拟水进口贸易流量效应。在中国蓝色虚拟水贸易进口流量前沿特征维度的回归结果中，可以发现水资源要素禀赋对中国虚拟水进口贸易流量前沿的影响系数显著为正，且影响蓝色虚拟水进口贸易流量前沿值的回归系数比影响总量虚拟水有所上升：水资源要素禀赋每增加1%，中国蓝色虚拟水进口流量平均增加32.2%；与此相反，土地资源要素禀赋的作用有所下降，其原因在于农业的生产活动不仅会用到大量的蓝色虚拟水，工业和服务业的生产及消费活动也会产生大量的蓝色虚拟水需求，因此水资源要素禀赋是影响中国蓝色虚拟水进口量的重要原因。

表5－4　异质性随机前沿模型测算中国蓝色虚拟水进口流量效应

	(1)	(2)	(3)	(4)	(5)	(6)
A：中国虚拟水进口贸易流量前沿						
$\ln Wat_{cj,t}$	0.323 *** (35.76)	0.324 *** (35.88)	0.290 *** (7.29)	0.335 *** (34.73)	0.336 *** (34.79)	0.322 *** (40.34)
$\ln Land_{cj,t}$	0.363 *** (12.69)	0.361 *** (12.43)	0.380 *** (14.41)	0.323 *** (10.39)	0.320 *** (10.29)	0.366 *** (14.21)
$lag\ln Exp_{cj,t}$	-0.324 *** (-19.11)	-0.323 *** (-19.06)	-0.401 *** (-14.28)	-0.301 *** (-16.58)	-0.299 *** (-16.47)	-0.325 *** (-21.70)
$cons$	3.996 *** (93.53)	3.999 *** (93.71)	2.190 *** (7.88)	4.054 *** (88.76)	4.059 *** (88.76)	3.992 *** (105.65)

续表

	(1)	(2)	(3)	(4)	(5)	(6)
B：贸易政策扭曲效应（个体效应）						
$distortion_{cj,t}$	0.058***	0.059***	0.151**	0.077***	0.079***	-0.050***
	(6.54)	(6.56)	(2.37)	(6.24)	(6.37)	(-2.71)
cons	1.651***	1.616***	0.293	1.622***	1.558***	2.201***
	(13.06)	(12.39)	(1.02)	(11.83)	(10.81)	(35.82)
C：贸易政策扭曲效应（不确定性）						
$distortion_{cj,t}$	-0.042***	-0.040***	-9.228**	-0.035**	-0.033**	2.007***
	(-3.05)	(-2.87)	(-2.35)	(-2.20)	(-2.07)	(4.08)
cons	0.823***	0.815***	0.333	0.663***	0.667***	0.469***
	(4.88)	(4.68)	(1.18)	(4.38)	(4.16)	(6.15)
对数似然值	-882.482	-882.244	-887.459	-881.282	-880.473	-890.593
Wald 值	7.26e+09	6.85e+09	678.29	6.09e+09	8.44e+09	4.17e+09

注：括号内数值为 z 统计量数值，***、**和*表示分别在为1%、5%和10%的水平上显著。

资料来源：笔者计算整理。

从贸易政策扭曲效应维度看，贸易限制指数、总体贸易限制指数对中国蓝色虚拟水进口贸易流量无效率项的影响程度有轻微降低：TRI 每增加一个单位，中国双边蓝色虚拟水进口流量无效率水平增加 5.8%，TRI_O 每增加一个单位，中国双边蓝色虚拟水进口流量无效率水平增加 5.9%。其他贸易政策扭曲指数对造成中国蓝色虚拟水进口贸易流量无效率项的影响程度皆有所提高，其中，最为明显的是相对贸易限制指数的效应：相对贸易限制指数每增加一个单位，中国蓝色虚拟水进口流量与最优的前沿值偏离程度增加 15.1%。TRI、TRI_O、RTRI、MTRI 以及 OMTRI 对贸易政策扭曲效应不确定性的影响显著为负，证明上述贸易政策扭曲指标能够显著降低下一期中国蓝色虚拟水双边进口贸易流量无效率水平的整体变动，而 RPM 的存在能够显著增加下一期中国蓝色虚拟水双边进口贸易实际流量与流量前沿偏差的不确定性，与前文的分析结论保持一致。

表 5-5 和表 5-6 也分别给出了贸易政策扭曲作用下的中国绿色

虚拟水进口贸易流量效应以及中国灰色虚拟水进口贸易流量效应。可以看出，与总量虚拟水贸易相比，水资源要素禀赋对中国双边绿色和灰色虚拟水进口贸易流量的效率前沿影响系数都比较低，而土地要素对中国双边绿色虚拟水贸易进口贸易流量效率前沿的影响系数有所升高。绝对贸易政策扭曲对中国绿色和灰色虚拟水进口贸易流量无效率项的形成有显著的正向促进作用；相对贸易政策扭曲对中国绿色虚拟水进口贸易流量无效率项的影响不显著，但仍能够显著影响下一期中国绿色虚拟水进口贸易流量效率损失变动方向的不确定性。

表 5 - 5　异质性随机前沿模型测算中国绿色虚拟水进口流量效应

	(1)	(2)	(3)	(4)	(5)	(6)
A：中国虚拟水进口贸易流量前沿						
$\ln Wat_{cj,t}$	0.084 ***	0.084 ***	0.066 *	0.041 ***	0.041 ***	0.042 ***
	(2.70)	(2.67)	(1.77)	(3.28)	(3.24)	(3.29)
$\ln Land_{cj,t}$	0.517 ***	0.516 ***	0.536 ***	0.480 ***	0.478 ***	0.482 ***
	(24.05)	(23.86)	(21.38)	(16.88)	(16.69)	(15.36)
$lag\ln Exp_{cj,t}$	− 0.488 **	− 0.488 **	− 0.535 **	− 0.480 ***	− 0.480 ***	− 0.479 ***
	(− 20.94)	(− 20.85)	(− 23.55)	(− 17.38)	(− 17.30)	(− 16.60)
cons	3.723 ***	3.729 ***	2.235 ***	3.869 ***	3.869 ***	3.872 ***
	(22.64)	(22.54)	(10.09)	(50.06)	(49.84)	(47.90)
B：贸易政策扭曲效应（个体效应）						
$distortion_{cj,t}$	0.058 ***	0.059 ***	0.069	0.077 ***	0.077 ***	− 0.023
	(4.54)	(4.62)	(1.16)	(5.08)	(5.13)	(− 0.70)
cons	1.498 ***	1.473 ***	0.539 **	1.679 ***	1.629 ***	2.166 ***
	(6.43)	(6.23)	(2.28)	(11.25)	(10.36)	(20.62)
C：贸易政策扭曲效应（不确定性）						
$distortion_{cj,t}$	0.001	0.001	− 10.541 ***	0.008	0.007	1.76 ***
	(0.07)	(0.06)	(− 2.95)	(0.45)	(0.40)	(3.88)
cons	0.477 **	0.475 **	0.611 ***	0.421 ***	0.424 **	0.575 ***
	(2.43)	(2.37)	(2.81)	(2.65)	(2.51)	(6.22)
对数似然值	− 906.656	− 906.292	− 903.059	902.903	− 902.645	− 909.600
Wald 值	917.99	882.48	1031.12	1.70e + 09	1.46e + 09	1.42e + 09

注：括号内数值为 z 统计量数值，***、** 和 * 表示分别在为 1%、5% 和 10% 的水平上显著。

资料来源：笔者计算整理得到。

表 5 - 6   异质性随机前沿模型测算中国灰色虚拟水进口流量扭曲效应

	(1)	(2)	(3)	(4)	(5)	(6)
A：中国虚拟水进口贸易流量前沿						
$\ln Wat_{cj,t}$	0.058	0.057	0.074 *	0.049	0.047	0.070 *
	(1.50)	(1.47)	(1.77)	(1.18)	(1.16)	(1.69)
$\ln Land_{cj,t}$	0.499 ***	0.500 ***	0.484 ***	0.478 ***	0.475 ***	0.484 ***
	(19.41)	(19.50)	(17.87)	(18.26)	(17.69)	(18.88)
$lag\ln Exp_{cj,t}$	- 0.539 ***	- 0.539 ***	- 0.546 ***	- 0.538 ***	- 0.534 ***	- 0.546 ***
	(- 23.57)	(- 23.55)	(- 22.48)	(- 22.73)	(- 22.85)	(- 23.70)
cons	1.206 ***	1.193 ***	4.335 ***	4.411 ***	1.932 ***	4.342 ***
	(6.45)	(6.69)	(33.07)	(34.48)	(2.70)	(34.70)
B：贸易政策扭曲效应（个体效应）						
$distortion_{cj,t}$	0.064 ***	0.065 ***	0.062	0.047 ***	0.067 *	- 0.103 ***
	(4.82)	(4.90)	(1.10)	(3.45)	(1.90)	(- 4.95)
cons	- 0.484 **	- 0.532 **	3.334 ***	3.100 **	0.143	3.332 ***
	(- 2.17)	(- 2.47)	(22.80)	(20.22)	(0.11)	(23.56)
C：贸易政策扭曲效应（不确定性）						
$distortion_{cj,t}$	- 0.985 **	- 0.950 **	- 0.115	0.016	0.026	1.729 ***
	(- 2.22)	(- 2.11)	(- 1.21)	(0.97)	(0.45)	(3.75)
cons	3.154 *	3.200 *	0.383 ***	0.200	- 0.666	0.368 ***
	(1.88)	(1.73)	(5.43)	(1.50)	(- 0.63)	(5.80)
对数似然值	- 915.751	- 915.744	- 928.161	- 921.254	- 921.100	- 922.804
Wald 值	832.09	829.80	745.88	742.12	755.17	879.62

注：括号内数值为 z 统计量数值，*** 、** 和 * 表示分别在为 1%、5% 和 10% 的水平上显著。

资料来源：笔者计算整理得到。

值得注意的是，重商主义贸易限制指数 MTRI 对灰色虚拟水进口贸易流量无效率项的形成作用系数较低：MTRI 每增加一个单位，贸易政策扭曲作用下的中国双边灰色虚拟水进口流量无效率水平增加 4.7%。然而同时考虑非关税贸易壁垒时，OMTRI 每增加一个单位，贸易政策扭曲作用下的中国双边灰色虚拟水进口流量无效率水平增加 6.7%，贸易政策扭曲的综合效应比不考虑非关税贸易壁垒时增加了

42.6%，因此非关税贸易壁垒对中国灰色虚拟水进口贸易流量的效率损失解释力较强；特惠贸易协定的作用同样显著：RPM 每增加一个单位，中国灰色虚拟水进口贸易流量效率损失减少 10.3%，与之相对应，RPM 每增加一个单位，灰色虚拟水进口贸易流量无效率项的不确定性增加 172.9%。因此，为了尽可能地达到中国双边灰色虚拟水进口贸易流量效率前沿，政策制定者应当特别注意非关税贸易壁垒及特惠贸易协定对中国灰色虚拟水进口贸易的综合作用。

二　分组回归检验

前文所有经验分析的研究对象是我国的 42 个贸易对象国家及地区，实证分析的结果验证了第三章的理论推断，即贸易政策扭曲是造成中国双边虚拟水进口贸易流量负向偏离的主要原因。为了得到相对稳健的回归结果，本书按照中国针对不同国家（地区）采取的贸易政策扭曲水平进行分组回归检验。

根据前文分析，中国对外采取的贸易政策组合具有国别（地区）和行业差异性。由于相对贸易政策扭曲指数考察的是中国对外实施贸易政策组合形成的偏差效应，无论特惠待遇差额为正数还是负数，只要该指数不为零，就会使中国双边虚拟水贸易流量发生变动。因此，本书根据研究需要，首先对 RPM 取绝对值，随后将总样本按照所有类别贸易政策扭曲指数的绝对值的平均水平分为三组：贸易政策扭曲偏高组、贸易政策扭曲适中组和贸易政策扭曲偏低组。本书将中国实施较高贸易政策扭曲水平的贸易伙伴放入贸易政策扭曲偏高组，该组的样本国家（地区）代码分别为 SVK、GBR、ROU、HUN、USA、DEU、FRA、DNK、CZE、BEL、CYP、CAN、SVN、NOR。贸易政策扭曲适中组的国家代码则主要包括 JPN、NLD、AUS、SWE、POL、LTU、BRA、GRC、KOR、ESP、AUT、PRT、FIN 和 CHE。而贸易政策扭曲偏低组的国家及地区的代码主要有 LUX、MLT、IDN、HRV、TWN、BGR、ITA、MEX、IRL、TUR、IND、EST、LVA 以及 RUS。表 5 - 7 和表 5 - 8 分别提供了对式（5.4）的分样本检验结果。所有模型的 Wald 值均显示选取的异质性随机前沿实证方法是合理有效的。通过对比表 5 - 3、表 5 - 7 以及表 5 - 8 的回归结果，得到的结论可以

表 5－7　　按区域划分的中国虚拟水进口流量扭曲效应（1）

解释变量	贸易政策扭曲偏高组			贸易政策扭曲适中组			贸易政策扭曲偏低组		
	(1)	(2)	(3)	(1)	(2)	(3)	(1)	(2)	(3)
A：中国虚拟水进口贸易流量前沿									
$\ln Wat_{gj,t}$	0.091*** (-0.00000473)	0.091*** (-0.00000396)	0.091*** (-0.00000785)	-0.119*** (-0.04)	0.117*** (-0.0402)	-0.065*** (-0.104)	0.231*** (-0.06)	0.235*** (-0.0597)	0.291*** (-0.0493)
$\ln Land_{gj,t}$	0.584*** (-0.00000524)	0.584*** (-0.00000432)	0.584*** (-0.00000627)	0.540*** (-0.072)	0.536*** (-0.0724)	0.593*** (-0.0621)	0.380*** (-0.0363)	0.373*** (-0.0353)	0.359*** (-0.0297)
$lag\ln Exp_{gj,t}$	-0.540*** (-0.0000105)	-0.540*** (-0.00000854)	0.540*** (-0.0000116)	-0.470*** (-0.0181)	-0.469*** (-0.0182)	-0.447*** (-0.0491)	0.568*** (-0.0444)	-0.564*** (-0.0442)	-0.564*** (-0.0406)
$cons$	4.209*** (-0.0000405)	4.209*** (-0.000034)	4.209*** (-0.0000526)	4.559*** (-0.131)	4.566*** (-0.132)	3.307*** (-0.294)	3.550*** (-1.443)	4.951** (-1.817)	3.750*** (-0.207)
B：贸易政策扭曲效应（个体效应）									
$distortion_{gj,t}$	0.101*** (-0.0253)	0.103*** (-0.0248)	0.094** (-0.0419)	0.117*** (-0.0318)	0.115*** (-0.0312)	0.107 (0.267)	0.086*** (-0.0318)	0.077*** (-0.0296)	3.33* (-1.704)
$cons$	-0.174 (-0.468)	-0.221 (-0.464)	1.095*** (-0.206)	0.624* (-0.335)	0.601* (-0.342)	-0.127 (-0.554)	0.138 (-1.513)	1.578 (-1.838)	-8.864 (-5.483)
C：贸易政策扭曲效应（不确定性）									
$distortion_{gj,t}$	-0.0256 (-0.0265)	-0.0227 (-0.027)	-0.298*** (-0.0809)	0.0419 (-0.0259)	0.0407 (-0.0255)	-5.523** (-2.799)	-1.456 (-1.013)	-1.692 (-1.134)	-1.905*** (-0.459)
$cons$	0.833* (0.43)	0.785* (-0.43)	0.690*** (-0.191)	0.0719 (-0.298)	0.0705 (-0.303)	0.803*** (-0.382)	4.314 (-3.73)	5.461 (3.832)	2.499*** (-0.503)
对数似然值	-256.410	-255.727	-260.961	-282.340	-282.323	-291.342	-291.726	-292.058	-283.594
Wald值	2.33E+10	3.18E+10	1.51E+10	7.23E+10	1.11E+10	333.83	270.5	271.31	387.85

括号内数值为 z 统计量数值，***、** 和 * 表示分别在为 1%、5% 和 10% 的水平上显著。

资料来源：笔者计算整理得到。

表 5-8　按区域划分的中国虚拟水进口流量扭曲效应（2）

解释变量	贸易政策扭曲偏高组			贸易政策扭曲适中组			贸易政策扭曲偏低组		
	(4)	(5)	(6)	(4)	(5)	(6)	(4)	(5)	(6)
A：中国虚拟水进口贸易流量前沿									
$\ln Wat_{g,t}$	0.0908*** (−0.00000541)	0.0908*** (−0.0000055)	−0.0997*** (−0.00000244)	0.0304 (−0.098)	−0.0974*** (−0.000031)	−0.0974*** (−0.0000205)	0.393*** (0.00000524)	0.242*** (−0.0585)	0.393*** (−2.22E−08)
$\ln Land_{g,t}$	0.584*** (−0.00000525)	0.584*** (−0.00000536)	0.551*** (−0.00000284)	0.514*** (−0.0628)	0.501*** (−0.000142)	0.501*** (−0.00000144)	0.266*** (−0.0000448)	0.326*** (−0.0364)	0.266*** (−1.74E−08)
$lag\ln Exp_{g,t}$	−0.540*** (0.00001)	−0.540*** (−0.0000103)	−0.473*** (−0.0000039)	0.353*** (−0.0467)	−0.460*** (−0.0000148)	−0.460*** (−0.00000825)	−0.558*** (0.000017)	−0.557*** (−0.0436)	−0.558*** (−8.18E−08)
cons	4.209*** (−0.0000435)	4.209*** (−0.0000446)	4.397*** (0.0000225)	4.101 (−3.653)	4.631*** (−0.000103)	4.631*** (0.000067)	4.827*** (−0.0000743)	5.414*** (−1.956)	4.827*** (−0.00000347)
B：贸易政策扭曲效应（个体效应）									
$distortion_{g,t}$	0.0908*** (−0.0263)	0.0969*** (−0.0266)	−0.0971*** (−0.00562)	0.182*** (−0.0267)	0.183*** (−0.0322)	−3.180*** (−1.212)	0.226*** (−0.0546)	0.133*** (−0.036)	0.167 (−0.762)
cons	0.3 (−0.348)	0.198 (−0.356)	1.090*** (−0.0267)	−0.00614 (−3.643)	0.444* (−0.269)	1.747*** (−0.145)	0.239 (−0.413)	1.841 (−1.967)	1.466*** (−0.176)
C：贸易政策扭曲效应（不确定性）									
$distortion_{g,t}$	0.00896 (−0.0298)	0.0143 (−0.0306)	3.451*** (−0.435)	1.674 (−71.44)	0.032 (−0.0312)	2.900** (−1.038)	−0.0559 (−0.0559)	−1.832 (−1.314)	1.747 (−1.413)
cons	0.393 (−0.359)	0.312 (−0.379)	0.661*** (−0.123)	−41.86 (−1886)	0.151 (−0.279)	0.612*** (−0.157)	0.910*** (−0.378)	3.069 (−3.761)	0.654*** (−0.173)
对数似然值	−257.860	−256.951	−254.575	−282.016	−274.561	−288.012	−277.227	−288.928	−284.079
Wald值	1.92E+10	1.83E+10	2.65E+10	220.7	8.58E+09	1.17E+10	2.22E+10	250.04	1.54E+15

注：括号内数值为 z 统计量数值，***、**和 * 表示分别在 1%、5% 和 10% 的水平上显著。

资料来源：笔者计算整理得到。

概括为如下几点：

第一，所有绝对贸易政策扭曲指数对中国双边总量虚拟水进口贸易流量效率损失的正向促进效应皆通过了显著水平为1%的显著性检验，与总样本的分析结果基本一致。与总样本回归结果相比，绝对贸易政策扭曲对所有分组的中国双边虚拟水进口贸易流量无效率项的正向促进效应显著上升。在贸易政策扭曲偏高组，绝对贸易政策扭曲水平每增加一个单位，中国双边总量虚拟水进口贸易流量效率损失程度增加9.79%；在贸易政策扭曲适中组，绝对贸易政策扭曲水平每增加一个单位，中国双边总量虚拟水进口贸易流量效率损失程度增加14.9%；在贸易政策扭曲偏低组，绝对贸易政策扭曲水平每增加一个单位，中国双边总量虚拟水进口贸易流量效率损失程度增加13.05%。

第二，与总样本回归相比，分样本回归结果显示相对贸易政策扭曲指数对中国双边总量虚拟水进口贸易流量效率损失的作用系数产生了一些变化。首先，相对贸易限制指数对贸易政策适中组中国双边虚拟水进口贸易流量无效率项的正向促进效应不再显著，但仍对无效率项不确定性有显著的负向抑制效应，且RTRI对贸易政策偏高组和贸易政策偏低组效率损失的正向促进效应依旧显著。其次，特惠待遇差额对贸易政策偏低组的中国双边虚拟水进口贸易流量无效率项的负向抑制效应不再显著，但RPM对贸易政策偏高组和贸易政策适中组无效率项的负向抑制效应依旧显著。

第三，从中国双边虚拟水进口贸易流量前沿维度看，与总样本回归分析结果相比，水资源对中国双边虚拟水进口贸易流量前沿的作用系数在贸易政策偏高组和贸易政策适中组有所下降，在贸易政策偏低组有所升高；而与总样本回归分析结果相比，土地资源对中国双边虚拟水进口贸易流量前沿的作用系数在贸易政策偏高组和贸易政策适中组有所上升，在贸易政策偏低组有所下降，综合来看水资源和土地资源要素禀赋对中国双边虚拟水进口贸易流量均有显著的正向促进作用。与此同时，虚拟水的相对出口量对中国双边总量虚拟水进口贸易流量有显著的负向抑制作用，这与前文的分析结论基本一致。

综上，分组回归的结果与总样本回归结果基本保持一致，证明前文的实证分析结果具有较强的稳健性。

第三节　虚拟水进口贸易流量效应的年度及国别（地区）特征

接下来，本节将分析不同种类贸易政策扭曲作用下的中国总量虚拟水进口贸易流量的实际效率水平。表 5-9 的方程（1）—（6）分别给出了 2001—2014 年 TRI、TRI_O、RTRI、MTRI、OMTRI 以及 RPM 作用下的中国与 42 个进口来源国家及地区的总量虚拟水进口的平均效率水平（Eff）和与之对应的标准误（Sd.）。

表 5-9　　按年份中国总量虚拟水进口贸易流量平均效率水平　　单位:%

年份	(1)		(2)		(3)		(4)		(5)		(6)	
	Eff.	Sd.	Eff.	Sd.	Eff.	Sd.	Eff.	Sd.	Eff.	Sd.	Eff.	Sd.
2001	51.4	9.17	51.4	9.17	47.21	9.53	52.91	8.82	52.91	8.82	74.72	8.18
2002	53.31	9.38	53.3	9.38	49.01	9.77	55.3	9.1	55.29	9.1	76.56	7.49
2003	55.46	8.45	55.46	8.45	51.09	9.03	57.51	8.1	57.5	8.1	77.57	7.26
2004	58.43	8.13	58.43	8.13	54.64	8.32	60.36	7.71	60.35	7.71	80.07	6.2
2005	59.73	8.44	59.73	8.45	55.8	8.9	61.68	7.98	61.67	7.99	79.75	6.44
2006	63.11	7.88	63.11	7.89	59.28	8.5	64.9	7.37	64.9	7.38	81.65	5.77
2007	66.24	7.74	66.24	7.74	62.65	8.25	67.85	7.19	67.85	7.2	82.97	5.63
2008	68.84	6.66	68.84	6.67	65.48	7.18	70.32	6.14	70.32	6.15	83	4.23
2009	71.44	6.37	71.44	6.37	67.63	7.54	72.68	5.8	72.69	5.82	88.86	3.09
2010	71.9	5.94	71.91	5.95	68.66	6.54	73.09	5.47	73.11	5.48	84.16	4
2011	73.57	5.06	73.58	5.06	69.77	6.49	74.61	4.61	74.63	4.61	88.7	3.15
2012	75.03	5.14	75.05	5.14	72.11	5.87	75.95	4.75	75.98	4.75	86.24	3.87
2013	75.27	5.54	75.28	5.54	72.26	6.74	76.18	5.11	76.2	5.11	85.29	4.04
2014	74.92	5.79	74.93	5.79	71.77	7.1	75.86	5.33	75.88	5.33	85.99	3.6

资料来源：笔者计算整理得到。

　　根据表5−9中数据，易知平均而言中国的总量虚拟水进口贸易流量只能达到效率前沿的62.0%—82.6%，意味着贸易政策扭曲为中国总量虚拟水进口贸易流量带来17.4%—38%的效率损失。综合看，贸易政策扭曲在较高程度上导致了中国虚拟水进口流量的负向偏离。在仅有贸易限制指数TRI的贸易政策扭曲作用下，中国虚拟水进口贸易流量的平均效率损失高达34.4%；同时考虑非关税贸易措施时，效率损失的平均值没有发生明显变化，而根据方程（3）的数据，考虑相对贸易限制指数RTRI时，中国总量虚拟水进口贸易流量的平均效率损失达到了38%。值得注意的是，由于特惠贸易协定对中国虚拟水进口的作用机制与其他贸易政策扭曲指数的作用机制相反，仅考虑特惠贸易协定时中国的总量虚拟水进口效率较高，平均效率损失仅有17.46%，该现象与前文的结论基本一致。

　　从时间维度上看，与维持效用水平不变的绝对贸易政策扭曲指数相比，相对贸易限制指数导致中国总量虚拟水的进口贸易流量与理论前沿值存在较大偏离，根据方程（3），2001—2014年中国的总量虚拟水进口贸易流量的实际值与前沿值的偏离逐年缩小，然而2014年中国总量虚拟水进口贸易流量的效率水平有轻微下降趋势。而与之相对应，根据方程（6）的数据，在特惠贸易协定形成的贸易政策扭曲作用下，中国总量虚拟水进口贸易流量与理论前沿值的偏离却没有明显的时间变化趋势。在绝对贸易政策扭曲指数的作用下，中国双边贸易隐含的总量虚拟水进口贸易流量效应与理论前沿值的偏差基本上随时间变化逐渐降低。其原因在于自中国加入世贸组织以来，不断履行减让关税的义务，关税的降低会导致一国的商品进口增加，而商品进口背后隐含的虚拟水进口贸易流量的效率水平也会相应提升。

　　为了对比分析不同组别的贸易政策扭曲指数作用下的中国双边虚拟水贸易流量，本书绘制了绝对贸易政策扭曲指数以及相对贸易政策扭曲指数作用下的中国双边虚拟水进口贸易流量效率水平变动的时序图。从图5−2可以看出，所有组别的中国双边虚拟水进口贸易流量的效率水平基本呈现先快速上升，在2011年前后缓慢下降的趋势，出现上述现象的一个原因主要是随着全球贸易增速放缓，中国双边虚拟水进口贸易流量也同样面临效率损失的问题。经过对比，容易发现在绝对贸易政策扭曲指数的作用下，中国从贸易政策扭曲偏高组进口的虚拟水贸易流量效率水平最高，中国从贸易政策扭曲偏低组进口的虚拟水贸易流量效率水平最低；而在相对贸易政策扭曲指数的作用下，中国从贸易政策扭曲适中组进口的虚拟水贸易流量效率水平最高。

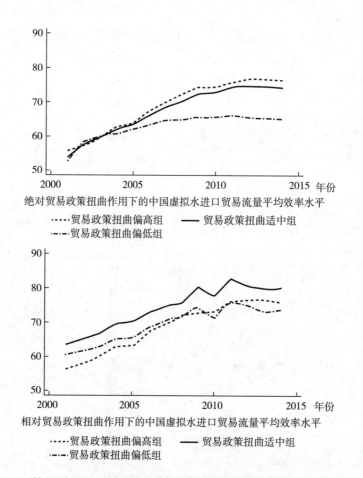

绝对贸易政策扭曲作用下的中国虚拟水进口贸易流量平均效率水平

······贸易政策扭曲偏高组　——贸易政策扭曲适中组
—·—·贸易政策扭曲偏低组

相对贸易政策扭曲作用下的中国虚拟水进口贸易流量平均效率水平

······贸易政策扭曲偏高组　——贸易政策扭曲适中组
—·—·贸易政策扭曲偏低组

图 5 - 2　按组别 2001 - 2014 年中国总量虚拟水进口贸易流量效率水平比较

本节同时计算了在不同贸易政策扭曲影响下，按国别区分的中国双边虚拟水进口贸易流量的平均效率水平，相关数据的年度变化趋势见图 5 - 3。根据图中显示的数据，可以看出中国从不同贸易伙伴国家

图 5 - 3　分国家和地区 2001—2014 年中国总量虚拟水进口贸易流量效率水平

及地区虚拟水进口贸易流量的效率水平基本呈现逐年上升的趋势。需要特别指出的是，中国从希腊进口的虚拟水贸易流量的效率水平自2011年之后开始逐渐下降。此外，容易看出中国在初始期从立陶宛、墨西哥、斯洛伐克、土耳其等国家的虚拟水进口贸易流量效率水平较低，而随着时间的变化中国与上述国家的双边虚拟水进口贸易流量效率水平有所改善。整体来看，中国与中国台湾、美国、日本、韩国等国家（地区）的年均虚拟水进口贸易流量的效率水平相对较高；而从土耳其、立陶宛、希腊、塞浦路斯等国家的进口虚拟水贸易流量的效率水平相对较低，因此需要中国特别注意调整针对上述国家贸易政策扭曲的保护水平以及保护结构，进而提升中国与上述国家（地区）的双边虚拟水进口贸易流量的效率水平。

与此同时，本书按照是否与中国相邻、经济发展水平以及要素禀赋的丰裕程度将中国的贸易伙伴国家及地区划分为5个区域：发达且自然资源较丰裕的国家美国、澳大利亚、加拿大（A0）；自然资源较为丰裕的发展中国家墨西哥、俄罗斯、土耳其、巴西、印度尼西亚和印度（A1）；2004年以前就加入欧盟的国家（A2）；2004年以后加入欧盟及申根区的国家（A3）；与中国相邻的国家和地区日本、韩国与中国台湾（A4）。表5-10的方程（1）—（6）分别给出了2001—2014年不同贸易政策扭曲作用下中国与分区域进口来源的总量虚拟水进口贸易流量的平均效率水平（Eff）及其标准误（Sd.）。

表 5 - 10　　　　　按区域中国总量虚拟水贸易平均效率水平　　　　单位:%

区域代码	（1）		（2）		（3）		（4）		（5）		（6）	
	Eff.	Sd.	Eff.	Sd.	Eff.	Sd.	Eff.	Sd.	Eff.	Sd.	Eff.	Sd.
A0	71.43	8.52	71.47	8.52	67.7	10.15	71.8	8.26	71.85	8.26	87.35	3.48
A1	67.33	11.1	67.33	11.1	63.74	11.72	68.59	10.66	68.61	10.66	81.74	5.85
A2	63.72	11.15	63.72	11.16	60.07	11.92	65.33	10.71	65.33	10.71	81.67	7.17
A3	65.94	9.7	65.94	9.7	62.26	10.27	67.48	9.19	67.48	9.2	83.56	6.29
A4	69.94	13.49	69.96	13.5	66.66	14.58	70.96	12.8	70.97	12.81	82.73	8.15

资料来源：笔者计算整理得到。

从根据国家和地区划分的中国双边进口贸易来源区域维度上看，中国虚拟水进口贸易流量的实际水平距离效率前沿最近的来源地是经济体 A0，即美国、澳大利亚和加拿大，原因在于上述国家不但是水资源相对丰裕的国家，还是农用土地资源较为丰裕的国家，而水资源要素禀赋和农用土地要素禀赋的有机结合与虚拟水进口密切相关；中国双边虚拟水进口贸易流量效率水平次高的来源地是经济体 A4，即日本、韩国与中国台湾，由此可见与其他国家和地区相比，地理距离越近，中国双边虚拟水进口贸易流量的效率水平也越高。

第四节　本章小结

本章在恰当选取样本与数据来源的基础上，对第三章的模型结论进行了实证检验。结果表明，贸易政策扭曲对中国双边虚拟水进口贸易流量的作用与理论分析基本一致，平均而言中国的总量虚拟水进口贸易流量只能达到理论前沿水平的 62.0%—82.6%，意味着贸易政策扭曲导致中国的总量虚拟水进口贸易流量存在 17.4%—38% 的效率损失。绝对贸易政策扭曲是形成中国双边总量虚拟水进口贸易流量无效率现象的重要原因，而相对贸易政策扭曲指数对中国双边总量虚拟水进口贸易流量无效率项的影响程度更高。相对贸易限制指数使中国总量双边虚拟水进口贸易流量无效率水平显著上升，且使中国双边总量虚拟水进口贸易流量无效率项变化趋势的不确定性显著下降；特惠贸易差额使中国总量双边虚拟水进口贸易流量无效率水平显著下降，且中国双边总量虚拟水进口贸易流量无效率项变化趋势的不确定性显著上升。

在对分类别的中国双边虚拟水进口贸易流量偏离效应的实证检验中，各项贸易政策扭曲对中国双边虚拟水进口贸易流量效率损失的作用有轻微差别，但各项贸易政策扭曲指标影响中国分类别双边虚拟水进口贸易流量效率损失的作用方向与前文的分析基本一致。需要指出的是，中国的灰色虚拟水进口贸易流量的效率损失更容易受到非关税贸易壁垒和特惠贸易协定的影响，因此，为了优化我国双边灰色虚拟水进口贸易流量的效率水平，需要对中国进行产业及分国家和地区层面的相关贸易政策调整，进而优化我国密集进口灰色虚拟水的行业的进口贸易利益。同时，政策制定者在考察贸易政策扭曲整体的效应时，应重点关注相对贸易政策扭曲指数带来的效应。此外，分样本回归的检验结果与总样本回归的检验结果基本一致，证明本章的实证结论具有稳健性。

在绝对贸易政策扭曲的作用下，中国的总量双边虚拟水进口贸易流量的实际值与前沿水平之间的差距在 2000—2014 年基本上呈现逐年降低的趋势；而相对贸易政策扭曲作用下的中国总量虚拟水进口贸易效率水平却没有明显的变化趋势。在分组回归检验结果中，容易发现在绝对贸易政策扭曲指数的作用下，中国从贸易政策扭曲偏高组进口的虚拟水贸易流量效率水平最高；而在相对贸易政策扭曲指数的作用下，中国从贸易政策扭曲适中组进口的虚拟水贸易流量效率水平最高。中国虚拟水进口贸易流量最有效率的进口来源主要有自然资源较丰富的发达国家和与中国地理距离较近的国家和地区。中国进口虚拟水最无效率的进口来源主要有土耳其、立陶宛、希腊、塞浦路斯等国家，因此需要加强与上述国家的双边虚拟水贸易合作，进而提升我国虚拟水进口的效率水平。

第六章 贸易政策扭曲与中国虚拟水
进口贸易结构效应

商品贸易结构的优化程度是衡量一国双边贸易利益随时间变化的重要指标。基于此，本书将度量中国进口商品贸易结构的指标细化至水资源要素层面，并根据前文的理论分析结果对中国的双边虚拟水进口贸易进行结构优化效应的实证检验。本章首先从经验的角度分析中国双边虚拟水进口贸易结构优化指数的潜在影响因素，根据前文的理论分析结论重点，检验贸易政策扭曲影响下的中国不同类别的双边虚拟水进口贸易结构优化效应，在控制内生性问题的前提下，验证产业间前后向关联特征对贸易政策扭曲效应的促进效应。

第一节 模型设定、变量描述及数据说明

偏向性的贸易政策对产品和要素市场产生重要影响，而中国的贸易政策倾斜必然导致中国双边虚拟水进口贸易发展的不平衡。根据前文一般均衡模型的分析，经济体达到均衡时双边行业层面虚拟水贸易份额的变化率为 $\tilde{\varepsilon}_{ni}^{j} = \left[\dfrac{\hat{c}_i^j \hat{\kappa}_{ni}^j}{\hat{P}_n^j} \right]^{-\theta^j}$，贸易政策通过本身的直接效应和通过影响上下游产业成本函数的间接效应导致虚拟水进口贸易份额产生变动，而虚拟水双边进口贸易份额的变化导致了我国虚拟水进口贸易结构的变化。基于此，本节以2000—2014年中国的42个贸易伙伴为观测对象，检验和计算贸易政策扭曲指标体系对我国虚拟水进口贸易结构优化指数变动的综合作用。

一　模型设定

在本节的回归中，中国从每个贸易伙伴进口的虚拟水贸易结构优化指数是截面观测单位，本书将其视为横向维度，并将时间变量视为纵向维度，因此采用面板估计模型能够解决遗漏变量的问题。而考虑到观测对象的经济规模、制度环境、贸易政策扭曲的平均水平以及贸易构成存在较大差异，本节首先选取固定效应模型作为初始计量模型。

本节的被解释变量是中国 2000—2014 年各年份的双边虚拟水进口贸易结构优化指数，而解释变量主要包括三类。第一类是本节重点考察的关键解释变量，即前文测算的一系列贸易政策扭曲指标，具体包括维持进口效用水平不变的贸易政策扭曲指数 TRI、OTRI 以及 RTRI，还包括维持进口贸易量水平不变的贸易政策扭曲指数 MTRI、OMTRI 和 RPM。第二类是控制变量，首先是影响中国虚拟水进口贸易结构变动的指标，主要包括衡量中国与贸易伙伴国家和地区的增加值贸易结构变动以及虚拟水出口贸易结构变动的指标；还包括用来度量贸易伙伴国家和地区比较优势的水资源要素禀赋指标；与此同时，应当考虑货币政策的波动对一国和地区虚拟水贸易结构的冲击，并将一国或地区的相对汇率的变化趋势纳入分析框架中。第三类指标则全部纳入随机扰动项。在此基础上，本节构建如下计量模型：

$$\ln struct_{i,t} = \alpha_0 + \alpha_1 \ln distortion_{i,t} + \beta_1 \ln tradestruct_{i,t} + \beta_2 \ln exstruct_{i,t} + \beta_3 \ln wat_{i,t} + \beta_4 \ln xr_{i,t} + \varepsilon_{i,t} \tag{6.1}$$

式（6.1）中，下标 i 和 t 分别表示观测的截面样本和年份。α_0 表示回归的常数项，$struct_{i,t}$ 表示虚拟水进口的贸易结构优化指数；$distortion$ 表示一系列贸易政策扭曲指数，是本书的关键解释变量；$tradestruct$ 表示的是中国与贸易伙伴的商品贸易结构变动指数，$exstruct$ 则表示中国与贸易伙伴的双边虚拟水出口贸易结构的变动指数；wat 为中国贸易伙伴国家及地区的水资源要素禀赋；xr 则指出口国家及地区相对中国的汇率波动；ε 是模型的扰动项。考虑到模型中可能存在的异方差问题，本书对式（6.1）中的所有变量取自然对数。

二 数据来源及统计性描述

(一) 虚拟水进口贸易结构优化指数 ($struct_{i,t}$)

由于部门之间的生产经营模式存在一定的异质性，导致了不同行业的用水系数也各不相同。朱启荣 (2014) 指出，2010 年中国高水耗行业占中国虚拟水出口比重较大，而低水耗行业占中国虚拟水进口的比重较高，因此不利于提升我国的水资源利用效率。若高水耗行业的虚拟水进口贸易份额有所升高，且低水耗行业的虚拟水进口贸易份额有所下降，将有利于我国的双边虚拟水贸易结构的优化升级。由于中国双边虚拟水贸易的时间和行业异质性，本书将中国进行双边虚拟水贸易的十个行业分为高水耗行业与低水耗行业，并分别计算出高水耗行业双边虚拟水进口贸易流量与低水耗行业双边虚拟水进口贸易流量之差，并将二者之差视为中国 2000—2014 年各年份层面的虚拟水贸易结构升级指数。中国各行业双边虚拟水进口流量来自本书第三章的计算，单位为亿吨。

为了方便对照，本书首先对中国各行业单位产出的用水量进行测算，各行业的水耗系数及分类见表 6 - 1。从表 6 - 1 可以看出，在所有行业中，中国农、林、牧、渔业的直接水耗系数最高，远远超过所有其他行业的直接水耗系数之和。具有相对较高直接水耗系数的行业还有造纸及纸制品业，电力、燃气和水的供应行业，而中国具有最低水耗系数的行业主要是服务业，即教育和健康社会工作行业。若中国增加高水耗行业虚拟水的进口比重，或者适当控制低水耗行业虚拟水进口贸易的比重，则中国虚拟水进口贸易利益必将有所提升。

表 6 - 1　　　　　中国各行业年均直接水耗系数　　　单位：m^3 美元

高水耗行业			低水耗行业		
行业代码	行业名称	直接水耗系数	行业代码	行业名称	直接水耗系数
C01	农、林、牧、渔业	3.443	C05	食品、饮料制造和烟草业	0.029
C08	造纸及纸制品业	0.365	C06	纺织及服装、皮革制品业	0.02
C11	化学原料及化学制品制造业	0.178	C14	非金属矿物制品业	0.021
C15	金属制品业	0.167	C52	教育	5.51E - 08
C24	电力、燃气和水的供应	0.323	C53	健康社会工作	7.2E - 08

资料来源：笔者根据 WIOD 数据库环境账户计算整理得到。

　　本节通过绘制中国双边虚拟水进口贸易结构优化指数分别在 2000年、2004 年、2008 年、2012 年以及 2014 年的核密度分布图，对中国双边进口贸易结构优化升级的动态演进趋势进行分析。如图 6 - 1 所示，核密度分布曲线逐年向右移动，证明从动态的视角看，我国的双边虚拟水进口贸易结构优化升级程度呈现逐年上升的态势。从峰度变化的视角看，我国双边虚拟水进口贸易结构优化指数在 2000—2014年经历了由尖峰形到宽峰形，再由宽峰形至尖峰形的变化趋势。特别地，图形显示 2008 年的峰值最低，证明在 2008 年中国对 42 个贸易伙伴国家及地区的虚拟水贸易结构优化水平相对更加分散。而在 2008年之后，中国的双边虚拟水进口贸易结构优化升级程度逐渐趋同，且图形峰顶左侧的面积逐渐减少、峰顶右侧面积逐渐增多，证明我国双边虚拟水进口贸易结构优化升级的速度有所加快。从核密度图形状的变化趋势看，我国双边虚拟水进口贸易结构优化指数出现了分层，即我国从一部分国家及地区的虚拟水进口贸易结构优化指数在较低水平上集中，从另一部分国家和地区的虚拟水进口贸易结构优化指数则在的较高水平上集中。

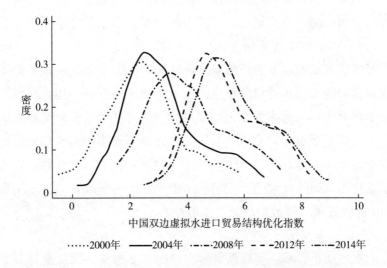

图 6 - 1　中国双边虚拟水进口贸易结构升级程度动态演进

（二）商品进口贸易结构指数（tradestruct）

若一国的双边商品贸易结构发生变动，客观上能够导致商品贸易背后隐含的虚拟水贸易结构的变动，且变动的幅度受双边贸易商品隐含的虚拟水含量影响。因此，本书认为商品贸易结构变动指数是影响我国双边虚拟水进口贸易结构优化水平的重要指标。由于国内以及国家之间的产业存在前后向关联关系，且中间品贸易占中国双边商品贸易的比重相对较高，传统的总量口径统计方法难以完全识别中国所有的中间品贸易，而增加值贸易核算方法在一定程度上弥补了传统统计方法的不足。基于此，本书在将所有行业分为高水耗行业与低水耗行业的前提下，使用基于 Wang 等（2013）提出的后向分解法计算出的贸易增加值数据，进而得到高水耗与低水耗行业进口增价值之差，并将其与低水耗行业进口增加值之比设定为模型中的商品进口贸易结构指数。本书使用的进口增加值数据来源于对外经贸大学全球价值链研究院提供的 UIBE GVC 指标体系，单位为百万美元。

（三）虚拟水出口贸易结构指数（exstruct）

本书选取的虚拟水出口贸易结构指数用我国高水耗行业的虚拟水出口量与低水耗行业的虚拟水出口量之间的比值表示，所有行业层面的虚拟水出口的单位为亿吨，数据来源于本书第二章的计算。

（四）水资源要素禀赋（wat）

根据第五章的实证回归结果，贸易伙伴国家及地区的水资源要素禀赋对我国的虚拟水进口贸易流向有显著的正向促进作用，而水资源要素禀赋对中国双边虚拟水进口贸易结构优化指数的作用系数取决于水资源要素禀赋分别对高水耗行业和低水耗行业虚拟水进口贸易流量的综合影响。本节选取中国贸易伙伴的各年份行业平均水资源消耗量，单位为1000m³，数据来源于 WIOD 数据库的环境账户。本书根据WIOD 计算方法，将数据缺失的年份补齐。

（五）汇率波动（xr）

汇率波动是影响一国商品贸易流量的重要因素，因此也将对商品贸易背后隐含的虚拟水进口贸易结构产生影响。本书选取汇率当期水平与上一期汇率水平的增长率作为度量汇率波动的指标，汇率数据来源于宾大世界表（PennWorld Table，Version 9.0）。

（六）贸易政策扭曲指标（*distortion*）

为了消除异方差的影响，本书对贸易政策扭曲指标进行了一系列处理。首先参照 Fugazza 和 Nicita（2010）的处理方法，由于本书计算的贸易限制指数的单位为百分数，将引入模型的所有的绝对贸易限制指数进行适当变换：

$$TRI_s = 1 + (TRI/100) \tag{6.2}$$

$$TRI\_O_s = 1 + (TRI\_O/100) \tag{6.3}$$

$$MTRI_s = 1 + (MTRI/100) \tag{6.4}$$

$$OMTRI_s = 1 + (OMTRI/100) \tag{6.5}$$

而根据前文的分析，相对贸易政策扭曲指标无论是正数还是负数，该指标的存在总会对虚拟水贸易造成扭曲效应，因此本节参照第四章的处理方法，将特惠待遇差额取绝对值引入回归方程。计量模型使用的所有贸易政策扭曲指数来自第二章的计算。各主要变量的统计性描述见表6－2。

表6－2　　　　　　　　　　　主要变量统计性描述

英文符号	变量名称	样本量	均值	标准差	最小值	最大值
ln*struct*	虚拟水进口贸易结构	630	4.034	1.749	−0.525	8.925
ln*tradestruct*	商品进口贸易结构	630	3.26	0.551	1.786	4.919
ln*exstruct*	虚拟水出口贸易结构	630	−2.411	1.603	−7.535	−0.013
ln*wat*	水资源要素禀赋	630	3.955	0.791	2.213	6.048
ln*xr*	汇率波动	630	−0.795	2.17	−2.723	7.566
lnTRI_s	贸易限制指数	630	0.101	0.047	0.02	0.453
lnTRI_O_s	总体贸易限制指数	630	0.104	0.047	0.023	0.456
ln（*RTRI*）	相对贸易限制指数	630	−4.223	6.972	−33.897	2.132
ln$MTRI_s$	重商主义贸易限制指数	630	0.073	0.04	0.005	0.303
ln$OMTRI_s$	总体重商主义贸易限制指数	630	0.078	0.04	0.008	0.308
ln（｜*RPM*｜）	相对特惠待遇差额	630	−8.07	7.125	−41.457	1.56

资料来源：笔者根据软件 stata12.0 整理得到。

第二节 计量检验结果及分析

一 初步回归结果及分析

表 6-3 提供了对模型（6.1）的计量检验结果。根据表中的 F 检验数值，所有的 F 检验都拒绝了 $H_0: u_i = 0$ 的原假设，因此固定效应回归要明显优于混合回归。而豪斯曼检验的结果显示，相对于随机效应模型，本书选择固定效应模型是合理的。模型（1）—（6）分别表示在设定其他控制变量不变的前提下，不同种类的贸易政策扭曲 $\ln TRI_s$、$\ln TRI\_O_s$、$\ln RTRI$、$\ln TTRI_s$、$\ln OTRI_s$ 以及 $\ln(|RPM|)$ 分别对中国双边虚拟水进口结构优化指数的影响。根据模型回归结果，容易发现不同种类的贸易政策扭曲对中国双边虚拟水贸易结构优化作用各不相同。

表 6-3　　　　　　　　　　初步计量回归结果

解释变量	（1）	（2）	（3）	（4）	（5）	（6）
lntradestruct	0.338 ***	0.338 ***	0.361 ***	0.328 ***	0.328 ***	0.366 ***
	(0.0743)	(0.0742)	(0.0751)	(0.0749)	(0.0748)	(0.0751)
lnexstruct	−0.991 ***	−0.990 ***	−0.976 ***	−0.983 ***	−0.982 ***	−0.978 ***
	(0.0269)	(0.0268)	(0.0276)	(0.0269)	(0.0269)	(0.0276)
lnwat	−2.249 ***	−2.242 ***	−2.387 ***	−2.270 ***	−2.260 ***	−2.389 ***
	(0.0766)	(0.0768)	(0.0700)	(0.0764)	(0.0767)	(0.0701)
lnxr	0.689 ***	0.689 ***	0.672 ***	0.721 ***	0.720 ***	0.670 ***
	(0.126)	(0.126)	(0.127)	(0.127)	(0.126)	(0.127)
lndistortion	−2.111 ***	−2.169 ***	0.00556 *	−2.442 ***	−2.563 ***	0.00407
	(0.475)	(0.476)	(0.00298)	(0.618)	(0.619)	(0.00281)
Cons	10.20 ***	10.19 ***	10.50 ***	10.32 ***	10.31 ***	10.50 ***
	(0.448)	(0.448)	(0.450)	(0.447)	(0.446)	(0.450)
样本量	630	630	630	630	630	630
R^2	0.882	0.883	0.879	0.881	0.882	0.879
F 值	175.75	174.90	153.26	161.88	160.81	156.09
模型选择	固定效应	固定效应	固定效应	固定效应	固定效应	固定效应
Hausman 检验	138.05	137.24	164.96	137.79	136.95	166.02

注：括号内数值为 z 统计量数值，***、** 和 * 表示分别在为 1%、5% 和 10% 的水平上显著。

资料来源：笔者计算整理得到。

　　首先考虑绝对贸易政策扭曲的效应：贸易限制指数每增加 1%，中国双边虚拟水进口贸易结构优化程度显著降低 2.111%，总体贸易限制指数每增加 1%，中国双边虚拟水进口贸易结构优化程度显著降低 2.249%；重商主义贸易限制指数每增加 1%，中国双边虚拟水进口贸易结构优化程度显著降低 2.442%，总体重商主义贸易限制指数每增加 1%，中国双边虚拟水进口贸易结构优化程度显著降低 2.563%。因此，当同时考虑非关税贸易壁垒时，绝对贸易政策扭曲对中国双边虚拟水进口贸易结构优化指数的影响程度更高，且维持进口量不变的贸易政策扭曲指数对中国双边虚拟水进口贸易结构优化升级的作用系数要高于维持效用水平不变的贸易政策扭曲的作用系数。

　　其次可以看出，相对贸易政策扭曲对中国双边虚拟水进口贸易结构的优化有正向促进的作用，证明现有的相对贸易政策保护结构有利于我国双边虚拟水进口贸易结构的优化。相对贸易政策扭曲指数对中国双边虚拟水贸易结构优化的作用系数较小：相对贸易限制指数每增加 1%，中国双边虚拟水进口贸易结构优化程度增加了 0.00556%，且在 10% 的水平下显著；特惠待遇差额对中国双边虚拟水进口贸易结构优化的作用不显著，特惠待遇差额每增加 1%，中国双边虚拟水进口贸易结构优化程度增加 0.00407%。

　　此外，容易从表 6-3 中看出商品进口贸易结构指数能够显著促进我国虚拟水进口贸易结构的优化升级，而双边虚拟水出口贸易结构指数对我国虚拟水进口贸易结构优化有显著的负向影响，上述实证结果比较符合理论预期。与此同时，容易发现贸易伙伴国家及地区的水资源要素禀赋不利于我国优化自身的虚拟水进口贸易结构。根据第五章的分析结果，贸易伙伴国家及地区的水资源要素禀赋对中国双边虚拟水进口贸易流量有显著的正向促进效应。本书认为，贸易伙伴的水资源丰裕程度对中国低水耗行业双边虚拟水进口贸易流量的正向促进效应要远远超过对我国高水耗行业虚拟水进口贸易流量的正向促进效应，因此贸易伙伴的水资源丰裕程度反而会抑制中国双边虚拟水进口贸易结构升级。此外，根据国际贸易学经典理论，当中国的汇率贬值时，势必会增加商品进口，降低商品出口，而根据计量分析结果，中国的汇率贬值能够显著促进我国的双边虚拟水进口贸易结构优化升级。

二　基于内生性问题的再检验

在宏观层面的分析中，很难找到绝对外生的自变量，即变量之间很容易存在相关关系。因此，前文使用的固定效应模型可能是有偏估计量。以虚拟水贸易为例，若某个行业的关税水平处在较高的水平，进口国可能选择不进口或者少量进口该行业的商品，因此可能出现进口国的选择性偏差现象，从而影响中国双边虚拟水进口贸易结构。基于此，本书基于初始计量模型可能存在的内生性问题对中国贸易政策扭曲对双边虚拟水进口贸易结构优化指数的综合效应进行再检验。

广义矩估计方法（GMM）不需要知道随机误差项准确的分布信息，允许其存在异方差和序列相关，因而可以比其他估计方法得到更有效的参数估计值，并且该方法可以通过使用工具变量解决被解释变量与部分解释变量之间存在的内生性问题。GMM 估计方法主要包括差分 GMM 和系统 GMM 两种形式，但差分 GMM 无法估计不随时间变化的变量系数，而且还容易出现弱工具变量问题。相比之下，系统 GMM 可以克服差分 GMM 估计的局限，提高估计的效率，因此本节将选用系统 GMM 模型进行接下来的计量分析。考虑到虚拟水进口贸易结构优化水平在很大程度上对上一期的数值有继承性，因此将其一阶滞后项也纳入回归方程的解释变量，进而克服模型存在的内生性问题。GMM 动态面板回归模型设定如下：

$$\ln struct_{n,t} = \alpha_0 + \theta \ln struct_{n,t-1} + \alpha_1 \ln distortion_{n,t} + \beta \ln control_{n,t} + \varepsilon_{n,t}$$

$$(6.6)$$

式（6.6）中 n 为横截面变量，t 为时间变量，α_0 为截距项。$struct$ 为被解释变量，由中国双边虚拟水进口贸易结构升级指数表示。$distortion_{n,t}$ 为各项贸易政策扭曲度指数，主要包括前文构建的直接贸易政策扭曲和间接贸易政策扭曲指标。$control_{n,t}$ 为初始计量模型使用的所有控制变量。$\varepsilon_{n,t}$ 为误差项。

根据表 6 - 4 的数据，AR 检验结果表明 GMM 计量回归模型在 1% 的显著性水平上存在一阶自相关，且二阶不存在自相关。Sargan 检验结果也表明本书选取的模型是合适的。上述检验结果证明观测数据皆满足使用 GMM 模型的前提条件。通过分析计量回归结果，容易发现在处理固定效应模型内生性问题的前提下，模型的系数估计结果产生如下变动：

表 6 – 4　　　　　　　　　系统 GMM 回归结果（1）

解释变量	(1)	(2)	(3)	(4)	(5)	(6)
$\ln struct_{n,t-1}$	0.790***	0.789***	0.792***	0.795***	0.794***	0.798***
	(0.0154)	(0.0154)	(0.0122)	(0.0115)	(0.0114)	(0.0160)
$\ln tradestruct$	0.363***	0.363***	0.421***	0.356***	0.356***	0.434***
	(0.0319)	(0.0321)	(0.0426)	(0.0352)	(0.0352)	(0.0449)
$\ln exstruct$	−0.272***	−0.272***	−0.264***	−0.264***	−0.264***	−0.259***
	(0.0133)	(0.0133)	(0.00994)	(0.0102)	(0.0101)	(0.0144)
$\ln wat$	−0.314***	−0.314***	−0.339***	−0.313***	−0.314***	−0.315***
	(0.0463)	(0.0464)	(0.0430)	(0.0360)	(0.0362)	(0.0460)
$\ln xr$	0.0739***	0.0741***	0.0610***	0.0858***	0.0861***	0.0673***
	(0.0189)	(0.0188)	(0.0169)	(0.0230)	(0.0231)	(0.0169)
$\ln distortion$	−1.042***	−1.053***	0.00503***	−1.263***	−1.268***	0.00619***
	(0.231)	(0.233)	(0.000509)	(0.273)	(0.272)	(0.000562)
常数项	0.585**	0.592**	0.426*	0.607***	0.617***	0.318
	(0.252)	(0.252)	(0.245)	(0.213)	(0.213)	(0.247)
样本量	588	588	588	588	588	588
Wald 检验	130978.87	133354.54	106999.18	308565.80	316157.84	97522.32
AR (1)	0.0001	0.0001	0.0001	0.0001	0.0001	0.0001
AR (2)	0.9147	0.9155	0.9276	0.9221	0.9241	0.9160
Sargan 检验 P 值	1.0000	1.0000	1.0000	1.0000	1.0000	1.0000

注：①括号内数值为 z 统计量数值，***、** 和 * 表示分别在为 1%、5% 和 10% 的水平上显著。②AR（1）表示一阶序列相关检验得到的 P 值，AR（2）表示二阶序列相关检验得到的 P 值。③Sargan 检验 P 值表示过度识别检验的 Sargan 统计量对应的 P 值。

资料来源：笔者计算整理得到。

第一，相对贸易政策扭曲指数对中国双边虚拟水进口贸易结构优化升级效应的影响更为显著。相对贸易限制指数每增加 1%，中国双边虚拟水进口贸易结构优化程度上升 0.00503%，与固定效应基准回归情形相比，GMM 模型的回归系数有轻微下降；相对特惠待遇差额每增加 1%，中国双边虚拟水进口贸易结构优化程度增加 0.00619%，且回归结果在 1% 的水平上显著，进一步证明中国签订的特惠贸易协定形成的相对贸易政策扭曲能够促进我国双边虚拟水进口贸易结构的优化升级。绝对贸易政策扭曲指数对中国双边虚拟水进口贸易结构优化升级影响系数的绝对值却明显下降，证明不考虑内生性问题的前提下，通过固定效应计量模型验证绝对贸易政策扭曲效应时，对回归系数产生了一定程度的高估。此外，容易发现与维持效用水平不变的贸易政策扭曲指数相比，维持进口量不变的贸易政策扭曲指数对中国的总量虚拟水进口贸易结构优化升级的作用程度更高。

第二，其他重要解释变量如贸易结构变动指标对中国虚拟水进口贸易结构优化作用系数的估计结果也产生了一定变化。首先，商品贸易结构指数对隐含在商品贸易背后的虚拟水进口贸易结构升级的正向促进效应依旧显著，且在考虑内生性问题之后，上述促进效应有所提升。其次，中国虚拟水出口贸易结构指数对中国虚拟水进口结构优化效应的负向阻碍效应系数的绝对值显著降低，证明与初始计量回归模型相比，虚拟水出口贸易结构的变动虽然不利于我国虚拟水进口贸易结构的优化，但是抑制效应却相对不高。

第三，在控制了内生性问题的前提下，可以看出贸易对象的水资源要素禀赋依旧显著抑制了我国双边虚拟水进口的结构升级效应，然而水资源要素禀赋对我国虚拟水进口贸易结构升级效应实际的负向抑制程度却明显降低。

第四，在处理了模型及变量的内生性问题之后，汇率波动依旧显著地促进中国双边虚拟水进口的结构升级，且平均而言，中国汇率每贬值 1%，我国双边虚拟水进口贸易结构优化程度将增加 0.075%。

根据第四章的理论分析结论，进口国某行业的双边虚拟水进口贸易份额受到贸易政策扭曲的影响主要可以分为两个部分：一是贸易政策扭曲自身变动导致的直接效应，这种直接效应主要通过影响最终品的实际价格来实现；二是贸易政策扭曲对双边虚拟水进口贸易的间接效应，而上述间接效应是通过产业间存在的前后向关联特征导致的不同种类商品的成本关联效应来实现。为了进一步明确贸易政策扭曲对我国双边虚拟水进口贸易结构优化升级的双重作用，本书在 GMM 计量回归模型中加入刻画产业间前后向关联程度的指标，由于度量产业前后向关联程度的数据缺失，本书使用全球价值链参与指数（GVC Participation Index）[①] 作为其代理变量，并构造全球价值链参与指数与贸易政策扭曲的交互项，得到如下计量模型：

$$\text{ln}struct_{n,t} = \alpha_0 + \theta\text{ln}struct_{n,t-1} + \gamma gvc\_\text{ln}distortion_{n,t} + \beta_1\text{ln}tradestruct_{i,t} +$$
$$\beta_2\text{ln}exstruct_{i,t} + \beta_3\text{ln}wat_{i,t} + \beta_4\text{ln}xr_{i,t} + \varepsilon_{i,t} \qquad (6.7)$$

若与模型（6.6）相比，模型（6.7）的交互项回归系数不显著，证明产业间的前后向关联特征不能增强或者减弱贸易政策扭曲对中国双边虚拟水进口贸易结构升级的综合效应；若交互项回归系数的绝对值显著上升，则证明中国的贸易伙伴的产业前后向关联特征能够加强贸易政策扭曲对中国双边虚拟水进口贸易结构的综合效应；反之，若模型（6.7）的回归系数的绝对值显著下降，则证明国家间及国家内部的产业前后向关联特征削弱了贸易政策扭曲对中国双边虚拟水进口贸易结构的综合效应。相关的模型回归结果见表 6－5。

表 6－5　　　　　　　　　系统 GMM 回归结果（2）

解释变量	(1)	(2)	(3)	(4)	(5)	(6)
$\text{ln}struct_{n,t-1}$	0.795 ***	0.793 ***	0.797 ***	0.793 ***	0.792 ***	0.799 ***
	(0.0146)	(0.0138)	(0.0115)	(0.0167)	(0.0166)	(0.0168)
$\text{ln}tradestruct$	0.371 ***	0.374 ***	0.453 ***	0.366 ***	0.367 ***	0.447 ***
	(0.0353)	(0.0349)	(0.0280)	(0.0345)	(0.0345)	(0.0431)
$\text{ln}exstruct$	-0.274 ***	-0.270 ***	-0.262 ***	-0.273 ***	-0.273 ***	-0.260 ***
	(0.0112)	(0.0114)	(0.0107)	(0.0139)	(0.0139)	(0.0149)
$\text{ln}wat$	-0.337 ***	-0.346 ***	-0.319 ***	-0.342 ***	-0.344 ***	-0.326 ***
	(0.0451)	(0.0457)	(0.0381)	(0.0504)	(0.0503)	(0.0484)

[①]　全球价值链参与指数来自对外经济贸易大学全球价值链研究院提供的 UIBE GVC 指标体系，由于本书的虚拟水贸易涉及双边行业层面的进出口贸易，本书选取了该数据库提供的基于后向关联方法测算的全球价值链参与指标，单位为%。

续表

解释变量	（1）	（2）	（3）	（4）	（5）	（6）
lnxr	0.0787 ***	0.0910 ***	0.0459 **	0.0751 ***	0.0751 ***	0.0639 ***
	(0.0164)	(0.0241)	(0.0187)	(0.0181)	(0.0180)	(0.0176)
$gvc\_$ln$distortion$	-10.83 ***	-10.21 ***	0.0342 ***	-11.69 ***	-11.80 ***	0.0421 ***
	(1.865)	(1.883)	(0.00385)	(2.616)	(2.588)	(0.00354)
常数项	0.652 ***	0.694 ***	0.208	0.661 **	0.679 **	0.298
	(0.248)	(0.248)	(0.179)	(0.268)	(0.267)	(0.259)
样本量	588	588	588	588	588	588
Wald 检验	320079.80	51214.80	69506.98	117029.59	120469.04	109124.16
AR（1）	0.0001	0.0001	0.0001	0.0001	0.0001	0.0001
AR（2）	0.9030	0.9102	0.9507	0.9215	0.9243	0.9623
Sargan 检验 P 值	1.0000	1.0000	1.0000	1.0000	1.0000	1.0000

注：①括号内数值为 z 统计量数值，***、** 和 * 表示分别在为 1%、5% 和 10% 的水平上显著。②AR（1）表示一阶序列相关检验得到的 P 值，AR（2）表示二阶序列相关检验得到的 P 值。③Sargan 检验 P 值表示过度识别检验的 Sargan 统计量对应的 P 值。

资料来源：笔者计算整理。

从回归结果看，除交互项以外的其他解释变量对中国双边虚拟水进口贸易结构优化的作用系数的变动幅度不大，但是全球价值链参与指数与不同种类贸易政策扭曲交互项作用系数的绝对值却得到了显著提升：产业前后向关联特征与绝对贸易政策扭曲的交互项平均每增加1%，中国双边虚拟水进口贸易结构优化升级将恶化11.13%，相对于仅考虑绝对贸易政策扭曲的情形，交互项的作用系数增长了3.81倍。

产业前后向关联特征与相对贸易政策扭曲的交互项平均每增加1%，中国双边虚拟水进口贸易结构优化程度将增加0.03815%，相对于仅考虑绝对贸易政策扭曲的情形，交互项的作用系数增长了5.80倍。因此，贸易政策扭曲对中国双边虚拟水进口贸易结构优化升级的抑制或者是促进效应将更多地通过行业间的前后向关联特征来实现，且产业前后向关联特征对相对贸易政策扭曲作用系数的促进效应要高于对绝对贸易政策扭曲作用系数的促进效应。

接下来，本研究将根据中国虚拟水贸易的类别对中国的双边虚拟水进口贸易结构优化升级效应进行进一步分析。考虑到进行绿色虚拟水贸易的行业只有农、林、牧、渔业，无法观测绿色虚拟水进口贸易结构升级效应。因此，本书将总量虚拟水进口贸易中的绿色虚拟水进口贸易剔除，并分别对中国双边蓝色虚拟水和灰色虚拟水的进口贸易结构升级效应进行分析。

本研究分别选取高水耗行业以及低水耗行业层面的蓝色虚拟水及灰色虚拟水地进口贸易流量之差作为蓝色虚拟水以及灰色虚拟水进口贸易结构升级效应的代理变量，将中国双边贸易伙伴蓝色虚拟水以及灰色虚拟水的行业平均水耗量（单位为$1000m^3$）设定为贸易伙伴的水资源要素禀赋代理变量，并在维持主要解释变量及其他控制变量不变的前提下，分别进行系统 GMM 回归检验。相关计量检验结果见表（6-6）和表（6-7）。

如表6-6和表6-7所示，AR 检验结果表明在模型数据1%的显著性水平上存在一阶自相关，且二阶不存在自相关。Sargan 检验结果表明本书选取 GMM 模型进行分析是合适的。

表 6-6　　　　　　　　　系统 GMM 回归结果（3）

解释变量	（1）	（2）	（3）	（4）	（5）	（6）
$lnstruct_{n,t-1}$	0.833***	0.832***	0.826***	0.833***	0.833***	0.827***
	(0.0248)	(0.0248)	(0.0228)	(0.0237)	(0.0236)	(0.0222)
lntradestruct	0.299***	0.299***	0.321***	0.298***	0.300***	0.326***
	(0.0294)	(0.0295)	(0.0342)	(0.0300)	(0.0304)	(0.0348)
lnexstruct	-0.265***	-0.265***	-0.248***	-0.257***	-0.257***	-0.248***
	(0.0228)	(0.0228)	(0.0161)	(0.0200)	(0.0198)	(0.0155)
lnwat	-0.0632	-0.0638	-0.103**	-0.0699	-0.0707	-0.0987**
	(0.0492)	(0.0494)	(0.0501)	(0.0463)	(0.0464)	(0.0490)
lnxr	0.0490**	0.0490**	0.0421**	0.0517***	0.0511***	0.0420**
	(0.0193)	(0.0193)	(0.0209)	(0.0135)	(0.0133)	(0.0209)
gvc_ lndistortion	-10.92***	-11.07***	0.0330***	-11.48***	-11.54***	0.0329***
	(2.624)	(2.679)	(0.00278)	(2.886)	(2.888)	(0.00297)

续表

解释变量	（1）	（2）	（3）	（4）	（5）	（6）
常数项	-0.788***	-0.782***	-0.839***	-0.780***	-0.776***	-0.849***
	(0.162)	(0.162)	(0.201)	(0.172)	(0.173)	(0.205)
样本量	588	588	588	588	588	588
Wald 检验	57231.83	57246.55	85170.87	60756.68	61231.84	73581.23
AR（1）	0.0000	0.0000	0.0000	0.0000	0.0000	0.0000
AR（2）	0.3735	0.3732	0.4004	0.3700	0.3714	0.4201
Sargan 检验 P 值	1.0000	1.0000	1.0000	1.0000	1.0000	1.0000

注：①括号内数值为 z 统计量数值，***、** 和 * 表示分别在为 1%、5% 和 10% 的水平上显著。AR（1）表示一阶序列相关检验得到的 P 值，AR（2）表示二阶序列相关检验得到的 P 值。③Sargan 检验 P 值表示过度识别检验的 Sargan 统计量对应的 P 值。

表 6-7　　　　　　　　　系统 GMM 回归结果（4）

解释变量	（1）	（2）	（3）	（4）	（5）	（6）
$\ln struct_{n,t-1}$	0.792***	0.793***	0.792***	0.786***	0.786***	0.792***
	(0.0135)	(0.0135)	(0.0137)	(0.0163)	(0.0162)	(0.0124)
lntradestruct	0.533***	0.534***	0.599***	0.522***	0.524***	0.598***
	(0.0343)	(0.0341)	(0.0414)	(0.0431)	(0.0432)	(0.0335)
lnexstruct	-0.338***	-0.337***	-0.310***	-0.327***	-0.326***	-0.317***
	(0.0101)	(0.0101)	(0.0115)	(0.00826)	(0.00815)	(0.0111)
lnwat	0.168***	0.168***	0.164***	0.140**	0.138**	0.137***
	(0.0520)	(0.0517)	(0.0507)	(0.0592)	(0.0596)	(0.0447)
lnxr	0.00100	0.00105	-0.0127	0.00180	0.00177	-0.0172
	(0.0237)	(0.0238)	(0.0187)	(0.0192)	(0.0195)	(0.0273)
gvc_lndistortion	-18.70***	-18.54***	0.0349***	-21.22***	-21.22***	0.0415***
	(2.539)	(2.600)	(0.00273)	(3.134)	(3.213)	(0.00295)
常数项	-1.982***	-1.977***	-2.316***	-1.892***	-1.879***	-2.248***
	(0.209)	(0.208)	(0.227)	(0.272)	(0.274)	(0.196)
样本量	588	588	588	588	588	588
Wald 检验	17618.19	17152.95	11288.75	21036.00	22042.22	9085.55

续表

解释变量	（1）	（2）	（3）	（4）	（5）	（6）
AR（1）	0.0027	0.0027	0.0028	0.0027	0.0027	0.0028
AR（2）	0.6674	0.6697	0.8396	0.7646	0.7600	0.8133
Sargan 检验 P 值	1.0000	1.0000	1.0000	1.0000	1.0000	1.0000

注：①括号内数值为 z 统计量数值，＊＊＊、＊＊和＊表示分别在为 1%、5% 和 10% 的水平上显著。②AR（1）表示一阶序列相关检验得到的 P 值，AR（2）表示二阶序列相关检验得到的 P 值。③Sargan 检验 P 值表示过度识别检验的 Sargan 统计量对应的 P 值。

从表 6-6 的回归结果可以看出，各项贸易政策扭曲指数和产业前后向关联程度的交互项对中国双边蓝色虚拟水进口贸易结构优化升级的作用依旧显著。蓝色水资源要素禀赋对中国双边蓝色虚拟水进口贸易结构升级负向影响的程度有所降低，虽然模型（1）、模型（2）、模型（4）以及模型（5）的回归系数不显著，但仍可以大致判断贸易伙伴的水资源要素禀赋对我国蓝色虚拟水进口贸易结构优化程度有负向抑制作用，因此贸易对象国蓝色水资源的丰裕程度不是进口国优化自身虚拟水进口贸易结构需要考虑的首要因素。此外，可以看出汇率波动对我国双边蓝色虚拟水进口贸易结构优化程度的影响系数显著下降，但是汇率水平每贬值 1%，中国双边蓝色虚拟水进口贸易结构优化的程度仍能够提高 0.047%。

从表 6-7 的回归结果可以看出，与表 6-5 的计量回归结果相比，绝对贸易政策扭曲指数与产业前后向关联程度的交互项对我国灰色虚拟水进口贸易结构优化升级有显著的负向抑制作用，且负向抑制的作用系数更高。上述现象说明相对于其他类别的虚拟水贸易，我国现有的进口贸易政策组合形成的绝对贸易政策扭曲指数对灰色虚拟水进口贸易结构优化升级的负向抑制作用最高。商品进口贸易结构指数对中国双边灰色虚拟水进口贸易结构升级的作用系数显著上升，而虚拟水出口贸易结构指数对我国灰色虚拟水进口贸易结构优化升级的作用系数的绝对值也显著提升，证明贸易结构相关指数的变动对我国灰色虚拟水进口贸易结构优化升级的作用效果更为显著。与此同时，容易发现汇率波动对我国双边灰色虚拟水进口贸易结构优化升级的正向促进效应不再显著，而贸易伙伴的灰色水资源要素禀赋能够显著促进我国双边灰色虚拟水进口贸易结构升级，说明贸易伙伴的水资源丰裕程度对中国高水耗行业的双边灰色虚拟水进口贸易流量的正向促进效应要远远超过对我国低水耗行业的双边灰色虚拟水进口贸易流量的正向促进效应。

第三节　本章小节

　　本章对前文的研究结论进行了实证检验。实证检验结果表明，不同种类的贸易政策扭曲对我国总体虚拟水进口贸易结构优化升级的作用显著，且绝对贸易政策扭曲和相对贸易政策扭曲对中国总量虚拟水进口贸易结构优化升级的作用方向相反。在控制内生性的前提下，绝对贸易政策扭曲指数每增加1%，中国双边总量虚拟水进口贸易结构优化升级水平平均恶化1.16%；相对贸易政策扭曲指数每增加1%，中国双边总量虚拟水进口贸易结构优化升级水平增加0.00561%。虽然绝对贸易政策扭曲指数显著不利于我国双边虚拟水进口贸易结构的优化升级，但是中国现有的相对贸易政策保护结构却有利于我国的双边虚拟水进口贸易结构的优化升级。基于此，为了对我国具有较高可持续发展前景的行业进行适度保护，中国在不断削减关税、调整非关税贸易保护规则的同时，可以注重双边及多边自由贸易区的发展，进而优化我国的双边虚拟水进口贸易结构。

　　此外，本书发现贸易政策扭曲对中国双边虚拟水进口贸易结构优化升级的作用可以通过国家间及国家内部的产业前后向关联特征进一步强化：相对于仅考虑绝对贸易政策扭曲作用的情形，绝对贸易政策扭曲指数与产业前后向关联特征的交互项对中国双边虚拟水进口贸易结构优化升级的负向抑制效应增长了3.81倍。相对于仅考虑相对贸易政策扭曲作用的情形，相对贸易政策扭曲指数与产业前后向关联指数交互项对我国总量虚拟水进口贸易结构优化升级的正向促进效应增长了 5.80 倍。在对分类别的中国双边虚拟水进口贸易结构优化升级效应的实证检验中，相对于其他类别的虚拟水贸易，绝对贸易政策扭曲对中国双边灰色虚拟水进口贸易结构优化升级效应的负向抑制作用最强，因此需要对密集进口灰色虚拟水行业的绝对贸易政策扭曲水平进行特别控制。

第七章 研究结论、政策建议及研究展望

水资源的约束，是当今我国经济和社会乃至双边贸易可持续发展面临的重要约束。"虚拟水贸易"概念为进口贸易利益的相关研究提供了新视角，然而由于虚拟水贸易战略的制定涉及一国的政治、经济乃至社会的方方面面，虚拟水贸易本身就是一个相当复杂的问题，不同贸易政策组合形成的贸易政策扭曲效应进一步增加了分析的难度。因此，本书试图在虚拟水贸易理论的分析框架下，基于丰富中国进口贸易利益相关研究的需要，结合中国参与经济全球化过程中产业间存在前后向关联特征的现实背景，对我国虚拟水进口贸易面临的各项贸易政策扭曲指数进行了全面测度，同时分析贸易政策扭曲影响中国双边虚拟水进口贸易利益的作用机制，并且基于不同的贸易政策扭曲指数作用下的我国虚拟水进口流向效应、流量效应和结构效应进行了深入分析。本章根据全书的研究结论进行概括性总结，并在此基础上提出政策建议和研究展望。

一 研究结论

通过理论和实证分析、边际分析和对比分析，以及多种计量方法的综合运用，本书得出下列五个方面的主要结论。

第一，影响中国虚拟水贸易的各项贸易政策扭曲指数的实际水平千差万别。就中国自身的单边贸易政策扭曲指标体系来看，2000—2014年中国所有的绝对贸易政策扭曲水平经历了首先快速下降随后又缓步上升的变化。其中，在2001年前后，中国的绝对贸易政策扭曲指数变化幅度最为明显，这是因为，该年是中国加入世贸组织并承诺关税减让的过渡年，关税贸易壁垒的大幅度削减也导致了中国绝对贸易政策扭曲整体水平的下降。经过对比，本书发现中国所有的相对贸

易政策扭曲水平的绝对值远远低于绝对贸易政策扭曲水平，且在金融危机爆发前后波动剧烈。此外，中国对不同的贸易伙伴采取的贸易政策扭曲力度和类别千差万别，具有较高的离散程度。而从双边贸易政策扭曲指标体系来看，中国受到不同贸易伙伴贸易政策扭曲程度也各不相同，尤其是相对特惠待遇差额的离散程度较高，因此相对贸易政策扭曲对中国双边虚拟水进口贸易利益的影响需要重点关注。

第二，若不考虑贸易政策扭曲，当前中国双边虚拟水进口贸易流向存在较为严重的偏离现象，且各项贸易政策扭曲指数能够极大地解释中国双边虚拟水进口贸易流向偏离现象。首先，在仅考虑单边贸易政策扭曲的情形下，对中国双边虚拟水进口贸易流向偏离现象解释力最强的为相对贸易政策扭曲指标，证明特惠贸易协定的签订形成的贸易政策扭曲对中国的双边虚拟水进口贸易流向的作用不容忽视，且在两种相对贸易政策扭曲指标中，相对特惠待遇差额比相对贸易限制指数更能解释中国的双边虚拟水进口贸易的流向偏离现象。绝对贸易政策扭曲指标对中国双边虚拟水进口贸易流向偏离的作用系数在2000—2008年经历了先急速下降后缓慢上升的变化，与绝对贸易政策扭曲自身数值的变动趋势基本吻合；而相对贸易政策扭曲指标对中国双边虚拟水进口贸易流向偏离效应的作用在2000—2008年经历了先缓慢上升随后轻微波动的变化，与相对贸易政策扭曲自身数值的变动趋势差别较大。所有贸易政策扭曲指数对中国双边虚拟水进口贸易流向偏离效应的影响在2010年前后体现出较为强烈的波动性特征，说明金融危机的爆发同样对中国的双边虚拟水进口贸易流向效应产生较为强烈的外部冲击。在所有进行虚拟水贸易的行业中，非金属矿物制品业和农、林、牧、渔业的虚拟水进口贸易流向最不符合理论预期，而单边贸易政策扭曲是造成上述行业虚拟水进口贸易流向偏离的主因，虚拟水进口贸易流向最符合理论预期的行业是卫生与社会工作行业，原因在于服务业的生产活动具有一定的清洁性，在使用水资源的过程中对该国的其他资源的相对依赖性不强。而各类贸易政策扭曲对上述行业的虚拟水进口贸易流向偏离的解释力也相对较弱。此外，经过对照容易发现，在同时考虑双边的贸易政策扭曲情形下，贸易政策扭曲指数同样更能够解释我国的双边虚拟水进出口贸易的流向偏离现象。

第三，当前中国通过实施虚拟水贸易战略优化自身水资源的配置效率尚有很大的提升空间，而各项贸易政策扭曲对中国双边虚拟水进口贸易流量的效率损失现象起决定作用。在所有贸易政策扭曲指数中，中国的相对贸易政策扭曲指数虚拟水进口贸易流量的效率损失具有显著影响。其中，相对贸易限制指数对中国虚拟水进口贸易流量的无效率项有显著的正向促进作用，对无效率项的不确定性有显著的负向抑制作用；相对特惠待遇差额对中国双边虚拟水进口贸易流量无效率项存在显著的抑制作用，同时对无效率项的不确定性有显著的正向促进作用。产生上述现象的原因在于相对特惠待遇差额对双边贸易流量的影响与关税贸易壁垒对双边贸易流量前沿的作用方向正好相反，该指数越高，证明贸易伙伴对中国的出口得到了更多的优惠待遇，从而能够提高中国的虚拟水进口贸易流量、降低虚拟水进口贸易效率损失，而本书的实证检验结果正好证实了上述推论。此外，绝对贸易政策扭曲也是形成中国虚拟水进口贸易流量无效率水平的重要原因，需要指出的是，虽然根据本书的测算结果，绝对贸易政策扭曲的数值远远超出了相对贸易政策扭曲水平的绝对值，但是平均来看绝对贸易政策扭曲指数对中国虚拟水进口贸易流量效率损失的影响系数却远远小于相对贸易政策扭曲指数对贸易政策扭曲作用效应的影响系数。因此，虽然相对特惠待遇差额具有一定的隐蔽性，其形成的相对贸易政策扭曲指数带来的影响却不容小觑。

第四，本书构建的一系列贸易政策扭曲指数对我国虚拟水进口贸易结构效应的作用方向不尽相同：当前中国的贸易政策保护结构形成的绝对贸易政策扭曲指数对我国双边虚拟水进口贸易结构优化升级效应有显著的负向抑制效应；而中国现有的进口贸易政策组合形成的相对贸易政策扭曲指数对我国双边贸易虚拟水进口贸易结构优化升级效应有显著的正向促进效应。在控制好内生性问题的前提下，中国绝对贸易政策扭曲指数平均每增加1%，中国双边虚拟水进口贸易结构优化升级程度平均降低1.16%；中国相对贸易政策扭曲指数每增加1%，中国双边虚拟水进口贸易结构优化升级程度能够平均改善

0.00561%。与此同时，若将产业间前后向关联特征引入回归方程，贸易政策扭曲对我国虚拟水进口贸易结构优化升级的影响程度得到明显提升。从按类别区分的我国虚拟水进口贸易结构优化升级的角度看，绝对贸易政策扭曲对中国灰色虚拟水进口贸易结构优化升级的负向抑制作用最为明显，因此需要特别控制我国密集进口灰色虚拟水行业的进口贸易政策组合，进而降低相应行业的绝对贸易政策扭曲水平。

第五，贸易伙伴国及地区的水资源要素禀赋对中国的虚拟水进口贸易流量效应存在显著的正向促进作用，符合比较优势理论的预期。本书同时发现虽然贸易伙伴国及地区的水资源要素的丰裕程度对我国灰色虚拟水进口贸易结构的优化升级有显著的正向促进效应，却对我国总量虚拟水进口贸易结构优化升级具有显著的负向抑制作用。本书认为，出现上述现象原因在于贸易伙伴的水资源要素禀赋对我国低水耗行业虚拟水进口贸易流量的促进效应要远远大于对我国高水耗行业虚拟水进口贸易流量的促进效应。需要指出，除了水资源要素禀赋对我国的虚拟水进口贸易利益存在显著影响，尚有其他因素同时导致了中国虚拟水进口贸易利益的变动。其中，与水资源要素禀赋相比，土地要素禀赋对中国虚拟水进口贸易流量正向促进效应的影响系数相对较高，说明水资源要素禀赋不是形成中国虚拟水进口贸易流量效应的唯一因素，进行虚拟水贸易也需要考虑贸易伙伴国及地区水资源生产要素与其他生产要素的有机结合。而中国的相对虚拟水出口贸易量对中国的虚拟水进口贸易流量前沿有显著的负向抑制作用。此外，中国的商品进口贸易结构指数对我国的虚拟水进口贸易结构优化升级具有显著的正向促进作用；而汇率贬值同样能够有效地促进我国虚拟水进口贸易结构的优化升级。

二　政策建议

水资源作为战略性资源，不仅是农产品生产的重要组成部分，在工业化生产中也扮演着重要角色。科学评估中国当前的虚拟水进口贸易利益，并基于优化我国虚拟水进口贸易利益的视角对我国现有的贸易政策体系进行适度调整至关重要。由于双边商品贸易背后隐含的虚拟水贸易流动难以直接观测，而优化虚拟水进口贸易利益对中国的可持续发展至关重要，因此有必要在长期构建科学有效的虚拟水贸易利益评价机制，做到对虚拟水贸易利益动态变化的快速认识、充分反应，进而有针对性地制定适合中国国情的虚拟水贸易战略。基于此，本节提出以下政策启示和建议：

第一，合理运用虚拟水贸易战略，解决中国当前双边虚拟水进口贸易存在的资源错配问题。在保障我国粮食安全和用水安全的前提下，通过增加虚拟水进口贸易流量、降低虚拟水出口贸易流量的方式，将节约下来的水资源投入到我国低耗水高效益的相关行业中，从而提高我国的节水效率，使我国的水资源管理事业走上良性循环的轨道。中国在增加虚拟水流入总量的同时，应当合理利用虚拟水进口贸易利益优化的梯度效应，优先培育绿色节能产业：在同样提高水资源利用效率的基础上，优先扩大高水耗系数产品的进口、降低高水耗系数产品的出口；在同样优化我国虚拟水进口贸易利益的基础上，优先发展为我国带来更高经济效益、具有更好可持续发展前景的产业，从而实现优化我国虚拟水贸易利益与经济利益的双赢。此外，中国应当注意促进多种贸易政策工具与虚拟水贸易战略相结合，在此基础上适当下调双边虚拟水贸易流向"搞错方向"的比重，鼓励减少由于虚拟水净流出带来的无谓损失，激励净流出虚拟水的适当回流。

第二，继续深化贸易自由化改革，构建科学有效的贸易政策体系。在贸易政策不确定性日渐增加的情况下，政府部门从优化我国虚拟水进口贸易利益的视角出发，并进行短期的贸易政策调整具有一定的危机应对意义。中国在加入 WTO 之后的前五年积极履行入世承诺，关税贸易政策扭曲程度也得到了大幅削减，然而 2005 年之后中国的贸易自由化进程有所放缓，深化贸易自由化改革尚有较大空间。政策制定者应当充分重视绝对贸易政策对我国虚拟水进口贸易利益的负向抑制作用，在结合虚拟水贸易隐形性、战略性特点的基础上，对中国现有的贸易政策保护体系进行适度调整，释放密集进口虚拟水相关企业的资金压力、降低企业成本约束、提高市场活力，进而使中国的虚拟水贸易利益得到进一步优化。与此同时，应当时刻注意虚拟水进口贸易发展的新动态、新趋势，在矫正原有贸易政策扭曲为中国虚拟水进口贸易利益带来的负向作用之余，有针对性地对贸易政策扭曲水平进行长期动态调整，进而在保证国民经济健康可持续发展的前提下优化自身的虚拟水贸易利益。

第三，在 WTO 的框架下积极推动贸易自由化发展之余，应当顺应签订自由贸易协定的潮流，充分重视双边、多边以及区域贸易合作。根据前文的分析结论，特惠贸易协定的签订形成的相对贸易政策扭曲指数对中国虚拟水贸易利益影响系数较高，因此应当尽可能地利用双边贸易协定对中国双边虚拟水贸易利益的调整作用。显然，双边及多边区域贸易协定的建立对于优化我国虚拟水贸易结构具有重要促进作用，中国应当以当前已经建立的双边和多边区域贸易协定为依托，进一步推进与各国的产业合作，尤其是充分利用好自身的地理位置优势，尽快完成与中国周边国家和地区自贸协定的谈判进程，注意探讨数字贸易、贸易便利化等新型议题，重视绿色贸易壁垒等新型贸易政策保护工具的适用性和整体虚拟水贸易战略的融合性。考虑到相对贸易政策扭曲观测的复杂性、隐蔽性与不平衡性，可以适度运用特惠贸易协定对本国的特定行业进行适度保护，加快推进我国虚拟水进口贸易结构的优化升级，应当结合我国双边虚拟水贸易行业异质性的基本特征，促进能够提高中国虚拟水进口贸易利益相关行业的进口，对提高中国虚拟水进口贸易利益效果较弱的行业进行适度保护。

第四，实施虚拟水贸易战略要充分重视全球生产网络中的产业前后向关联特征。本书的研究结论同时证实，由于存在一系列成本关联效应，中国贸易伙伴国家及地区的产业前后向关联特征与贸易政策扭曲指数的交叉项对中国的双边虚拟水进口贸易利益存在较为显著的正向促进效应。因此，在与虚拟水贸易战略相关的贸易政策的具体设计过程中，应充分利用国家内部以及国家之间的产业间前后向关联特征，以推进双边商品贸易结构升级为依托，全方位、多层次地协调中国的全球价值链参与程度与虚拟水贸易利益优化之间的关系。通过建立完善、协调的中国虚拟水贸易利益变动效应事前评估及事后评估体系，构建虚拟水贸易战略的补偿机制，进而提高贸易政策工具的效率水平。

第五，继续根据比较优势理论指导我国的双边虚拟水贸易活动。影响中国虚拟水贸易利益的不仅仅包括贸易伙伴国及地区的要素禀赋向量，中国虚拟水贸易尤其是农产品的虚拟水贸易利益受到贸易伙伴国及地区的水资源要素禀赋的影响虽然显著，但是影响系数不高。这一现象的启示是，除了水资源的要素禀赋之外，其他资源要素禀赋、需求差异等因素也在一定程度上决定了中国双边虚拟水进口贸易利益。可见，进一步优化中国双边虚拟水贸易利益，除了基于水资源禀赋差异及其影响虚拟水贸易利益的各项贸易政策扭曲这一主要决定因素之外，还需综合考虑贸易双方的土地资源、稀缺资源价格等其他条件及其影响程度。

三　研究展望

经过总结分析，本书认为在贸易政策扭曲作用下的中国虚拟水进口贸易利益的相关研究仍需要进一步完善，未来的研究可以从如下三个方面展开。

第一，本书以贸易政策扭曲对中国双边虚拟水进口的综合影响为研究重点，对当前中国的虚拟水贸易利益进行了科学评估，然而影响虚拟水双边进口贸易利益的因素有很多，除了水、土地、气候、生物等自然资源以外，经济资源（包括劳动力素质、基础设施、科技水平以及行业服务体系等）的合理开发和有效利用，也必然关乎中国虚拟水贸易的健康发展，因此制定虚拟水贸易战略不仅要从贸易政策的视角考虑，还要结合国家安全从经济、社会、政治多方面综合考虑，因此若要全面地优化我国虚拟水进口贸易利益，需要进一步的理论与实践层面的深入研究。

第二，贸易限制指数模型的构建需要选择一个参考标准，Anderson 和 Neary 选取了福利水平和进口量作为参考标准，分别得到了贸易限制指数和重商主义的贸易限制指数。而后来的学者们又进一步扩展到将支出水平、关税收入水平、出口水平等变量作为参考标准。但是目前学界尚缺乏足够的证据证明这些参考标准选取的合理性。而其他的一些因素，如产出水平、就业水平等是否也可以作为参考标准，也是需要进一步研究的问题。

第三，本书基于一般均衡模型对贸易政策扭曲对中国双边虚拟水进口贸易利益的作用机理进行了比较静态分析，然而我国虚拟水进口贸易利益的均衡状态是动态变化的过程。为了动态地优化我国双边虚拟水进口贸易利益，若能模拟和预期下一步我国针对不同行业不同国家（地区）的贸易政策的动态选择，将使分析的结论更加直观，结论更系统。

附　录

一　WIOD 数据库环境账户构建规则

本书主要参照 WIOD 数据库官方网站提供的文献[①]及测算方法对环境账户的数据进行延展。WIOD 数据库主要依据 Hoekstra（2011）对于绿色虚拟水、蓝色虚拟水、灰色虚拟水以及总量虚拟水的定义进行水资源相关数据的处理。考虑到数据可得性和分析可比性，本书用到的基础数据主要来自 Mekonnen 和 Hoekstra（2010a，2010b；2011a，2011b）的一系列研究。相较于传统的测度方法，本研究采取的方法拓展了对行业层面耗水量进行度量的范围，因此为学界后续科学系统地分析中国虚拟水贸易流量提供了坚实的数据基础。为了方便对照和使用，下面介绍本书使用的世界各个国家及地区水资源直接消耗系数指标向量的测算方法。

（一）各行业耗水量测度方法

参照 WIOD 数据库构建环境账户的方法，本书采用 Mekonnen 和 Hoekstra（2010b）提供的各个国家各行业的农作物水资源使用密度测度农作物各类别的水耗总量。首先，假设水资源密度为 W_crop_int（c，crp，w）。其中，crp 为农作物的种类，c 代表测算指标所属的国家，w 则表示测算指标使用的虚拟水的具体类别。同时，假设各类别农作物在时间 t 的产量为 P（c，crp，t），则农作物在时间 t 的各类别耗水量 W_crop_est（c，crp，w，t）可以表示为：

$$W\_crop\_est（c，crp，w，t）= W\_crop\_int（c，crp，w）* P（c，$$

---

①　http：//www. wiod. org/publications/source＿docs/Environmental＿Sources. pdf，访问时间：2019 年 8 月。

crp, t)   (1)

总体耗水量 $W\_crop\_est\_tot$ (c, crp, w, t) 的测算公式为：

$$W\_crop\_est\_tot(c,w,t) = \sum_{crp} W\_crop\_est(c,crp,w,t) \qquad (2)$$

假设有 T 个观测期，若各国家及地区各类别的农作物年平均水耗由 W_crop_avg (c, w) 表示，则有：

$$W\_crop\_avg(c,w) = \sum_{t=1}^{T} W\_crop\_\text{int}(c,w,t)/T \qquad (3)$$

同时，由于 Mekonnen 和 Hoekstra（2010b）测度的水资源使用密度指标数据 W_crop_MH (c, w) 仅仅涵盖了 1996—2005 年，因此构造规模因子 $Scaling\_crop$ 如下：

$$Scaling\_crop\ (c,\ w)\ = W\_crop\_MH\ (c,\ w)\ /W\_crop\_avg\ (c,\ w)$$
$$(4)$$

最后，得到所有样本在时期 t 的耗水量：

$$W\_crop\ (c,\ w,\ t)\ = W\_crop\_avg\ (c,\ w,\ t)\ * Scaling\_crop\ (c,$$
$$w)\qquad (5)$$

本书同时采用与上述方法相类似的方法测算各个国家及地区畜牧业的耗水量，畜牧业对水资源的消耗主要包括放牧过程的水资源吸收、管理动物耗费的水资源以及饮用水。此时，1995—2005 年水资源使用密度指标数据来源于 Mekonnen 和 Hoekstra（2010a），由于此时水资源密度指标的单位为 m^3/t，我们同时采用 Mekonnen 和 Hoekstra（2010a）的单位转换因子将产量数据 P (c, ani, t) 的单位进行转换。所有农作物及畜牧产品的水耗量的总和被计入本书各个国家及地区的"农、林、牧、渔"行业（C01）的各类别水耗量。[①]

WIOD 数据库环境账户同时涵盖了水电行业的水耗量测度方法，水电行业的对水资源的使用主要指为了生产电力使用的人工水库带来的蒸腾作用。通过对全球 35 个水电站水耗量的测算，Mekonnen 和

---

① 中国台湾"农、林、牧、渔"行业的水耗量则由 Mekonnen 和 Hoekstra（2010a）提供的各行业在时期 t 水资源使用密度和该年度不变价格"农、林、牧、渔"行业的总产出以及本书所有观测期不变价格的行业总产出求得。

Hoekstra（2011b）指出水电行业的平均水耗为 $68m^3/GJ$，将上述指标与各个国家的电力总产量 P（c，elec，t）相乘就得到历年各国及地区水电行业的耗水量。上述水耗量的测算则被计入"电力、燃气和水的供应"行业（C24）的蓝色水、灰色水以及总量水的耗水量中。

Mekonnen 和 Hoekstra（2011a）同时测算了 1995—2006 年各个国家及地区除水电行业以外的工业品的水资源使用密度，通过 EXIOPOL 数据库①提供的数据，我们将上述行业用水量的总值按比重分配至食品、饮料制造和烟草业（C05）、纺织及服装、皮革制品制造业（C06）、造纸及纸制品业（C08）、化学原料及化学制品制造业（C11）、非金属矿物制品业（C14）、金属制品业（C15）五个行业中。最后，我们用上述数据测算了各个国家及地区各行业不同类别的平均水耗系数，同时将不变价格的总产量与平均水耗系数相乘，得到所有观测期制造业的水耗量。其中，价格指数的数据来源于世界银行数据库。

（二）变量的名称、解释及数据来源

最后，本书对各个国家及地区服务行业不同类型的耗水量进行了测算，根据 Mekonnen 和 Hoekstra（2011a）提供的数据，我们得到 1995—2006 年的人均水耗量，本书运用差值法将观测期剩余年份的服务业不同类型的水耗量补齐。数据测算过程中涉及的各项变量的名称、数据来源见表 1。

表 1 变量的名称、单位以及数据来源

变量	名称	单位	数据来源
W_crop_MH（c，w）	农作物水资源密度	m^3/t	Mekonnen 和 Hoekstra（2010b）
P（c，crp，t）	农作物产量	t	联合国粮农组织（FAOSTAT）
P（c，ani，t）	畜产品产量	t	联合国粮农组织（FAOSTAT）；Mekonnen 和 Hoekstra（2010b）
P（c，elec，t）	电力产量		IEA 数据库

① EXIOPOL（2011）：A new environmental accounting framework using externality data and input - output tools for policy analysis，FP6 Research Project：2007 - 2011，http：//www. feem - project. net/exiopol，访问时间：2019 年 8 月。

二　各行业水耗量测算结果

表2　　　　　　按年份区分的世界各国及地区农、林、牧、

渔业绿色虚拟水耗水量　　　　单位：亿吨

国别 年份	AUS	AUT	BEL	BRA	BGR	CAN	CHE	CHN	CYP	CZE	DEU
2000	1365.9	83.3	114.7	4777.9	185.3	1557.5	45.7	9803.0	13.4	167.3	709.4
2001	1365.4	88.0	115.3	5045.1	141.1	1336.3	44.7	10121.0	13.0	174.5	717.7
2002	1401.4	87.9	117.2	5465.8	169.2	1260.9	46.0	10562.0	13.7	146.2	698.9
2003	1094.8	83.1	112.5	5907.8	185.1	1517.9	43.0	10695.0	13.6	126.8	679.0
2004	1384.7	88.6	113.9	6081.9	214.6	1645.9	45.8	11218.0	13.5	168.6	778.9
2005	1340.2	87.9	108.8	6190.2	188.6	1775.1	45.2	11614.0	13.0	155.9	759.8
2006	1428.0	90.2	109.3	6553.7	218.0	1700.2	45.0	11927.0	12.4	156.5	754.6
2007	1068.3	90.6	111.9	6907.7	153.1	1736.1	45.8	12129.0	12.5	165.3	782.0
2008	1237.1	97.2	107.2	7294.9	241.8	1983.8	45.8	12876.0	12.5	163.7	779.9
2009	1299.8	96.0	108.4	7155.4	238.8	1951.3	47.0	13204.0	12.3	168.2	842.6
2010	1303.1	94.3	116.2	7720.9	291.0	1948.5	46.1	13682.0	12.4	155.3	809.0
2011	1428.1	102.3	115.0	8045.3	277.8	2018.6	48.2	14175.0	12.6	159.7	765.7
2012	1600.4	93.0	113.6	7825.0	245.6	2052.5	46.6	14643.0	12.2	154.9	792.6
2013	1637.4	96.9	116.3	8562.8	318.3	2471.3	44.8	15050.0	11.4	179.4	818.6
2014	1646.9	102.5	120.2	8726.6	328.8	2251	48.0	15254.0	11.1	190.6	880.3
国别 年份	DNK	ESP	EST	FIN	FRA	GBR	GRC	HRV	HUN	IDN	IND
2000	182.1	912.2	37.4	78.3	996.7	346.0	158.3	39.2	276.9	2793.2	7876.9
2001	182.5	979.3	35.4	86.7	931.6	328.7	155.9	45.1	294.1	2960.8	8136.3
2002	185.2	923.4	37.6	88.2	991.4	355.9	162.9	49.0	290.4	3149.4	7534.8
2003	179.6	1049.7	39.9	81.9	963.2	369.1	147.7	33.7	286.9	3409.2	8636.6
2004	183.7	929.4	38.3	78.6	1020.3	361.8	149.7	46.0	342.6	3599.6	8250.8
2005	180.8	856.9	43.6	89.8	1034.1	383.0	158.6	46.8	311.6	3894.5	8733.2
2006	169.7	948.1	42.2	97.1	979.0	374.2	147.5	48.6	321.9	4081.1	9385.7
2007	175.0	931.6	58.4	86.7	983.7	377.9	143.1	42.7	315.9	4175.3	10434.0
2008	172.8	917.4	49.9	76.6	1016.0	376.5	141.6	56.8	372.7	4332.7	10352.0

续表

国别 年份	DNK	ESP	EST	FIN	FRA	GBR	GRC	HRV	HUN	IDN	IND
2009	165.1	964.8	57.8	93.2	1069.2	380.4	142.7	53.7	339.5	4414.0	10126.0
2010	169.4	982.1	56.9	101.8	1005.3	403.3	144.5	47.0	290.7	4527.3	11448.0
2011	178.8	1030.6	61.2	86.4	1052.7	434.6	144.4	47.2	336.2	4590.3	11756.0
2012	177.5	844.5	64.8	68.4	1035.7	400.2	149.4	44.0	313.8	4885.9	11933.0
2013	168.4	1085.7	70.1	73.5	971.1	389.7	133.4	52.3	346.9	4917.7	12496.0
2014	176.9	923.6	67.5	69.9	1076.7	420.1	139.3	46.1	387.6	5193.4	12782.0

国别 年份	IRL	ITA	JPN	KOR	LTU	LUX	LVA	MEX	MLT	NLD	NOR
2000	79.1	723.7	437.1	242.6	117.7	4.1	44.8	1404.0	1.6	185.1	39.8
2001	78.1	720.3	427.2	235.9	93.4	4.3	45.3	1481.2	1.6	168.3	38.9
2002	74.4	700.9	432.9	231.3	113.0	4.6	49.7	1493.0	1.6	165.9	38.2
2003	76.6	675.8	415.4	225.4	117.1	4.6	50.2	1539.6	1.6	156.2	40.2
2004	79.4	761.0	421.0	227.3	123.7	4.9	54.8	1583.9	1.5	163.8	43.6
2005	74.3	723.7	425.4	234.9	121.2	4.6	61.5	1536.0	1.4	162.2	41.6
2006	65.6	691.1	415.8	236.0	98.2	4.6	57.2	1610.4	1.5	159.2	40.4
2007	68.8	672.0	421.9	239.7	131.8	4.8	66.5	1631.0	1.4	163.0	40.9
2008	64.5	675.2	426.4	247.7	133.0	4.6	64.7	1676.2	1.5	164.2	44.5
2009	63.8	669.5	418.5	261.5	152.2	4.8	62.7	1624.2	1.4	167.6	38.7
2010	67.8	659.0	411.0	245.5	147.1	4.6	59.2	1679.5	1.4	167.5	41.2
2011	70.8	657.3	403.2	239.4	166.7	4.6	60.2	1620.2	1.3	171.9	38.4
2012	66.8	614.4	411.6	252.8	196.4	4.4	68.9	1723.8	1.2	170.2	38.4
2013	69.4	612.2	421.9	277.0	176.0	4.5	66.7	1764.6	1.2	172.8	37.0
2014	72.5	554.4	419.3	280.9	175.4	4.8	66.4	1813.0	1.3	179.2	42.2

国别 年份	POL	PRT	ROM	RUS	SVK	SVN	SWE	TUR	TWN	USA	—
2000	681.4	153.2	371.6	3935.3	64.2	18.3	106.5	1012.9	310.3	8950.2	—
2001	638.1	146.1	447.2	3842.1	72.9	17.9	102.4	936.8	301.8	8700.8	—
2002	611.6	160.6	438.6	4026.7	76.5	20.2	110.8	1027.4	319.2	8442.6	—
2003	584.9	150.5	499.7	4312.3	72.6	18.3	104.5	994.4	318.7	8914.4	—
2004	648.6	150.0	583.6	4339.6	82.2	20.3	122.0	1037.9	318.5	9711.3	—

续表

国别 年份	POL	PRT	ROM	RUS	SVK	SVN	SWE	TUR	TWN	USA	—
2005	596.4	139.9	490.1	4675.3	78.5	19.3	118.3	1070.8	292.2	9168.0	—
2006	605.6	143.4	490.1	4917.6	80.1	18.3	114.8	1127.7	318.0	8897.8	—
2007	675.2	137.8	359.8	4668.1	72.1	18.8	112.1	1063.4	299.3	10050.0	—
2008	642.1	138.2	468.5	5363.1	84.3	18.9	117.2	1085.4	314.9	9808.0	—
2009	684.1	139.9	469.0	5115.1	79.1	18.2	134.4	1093.2	298.2	10199.0	—
2010	654.6	133.0	488.6	4496.0	67.7	18.3	128.7	1204.5	309.9	9848.3	—
2011	646.8	130.6	547.0	6350.7	76.1	18.4	133.4	1266.8	349.7	9734.6	—
2012	656.9	128.2	398.6	5877.3	62.8	16.7	135.6	1349.0	330.8	9191.8	—
2013	688.9	131.5	539.9	6547.6	75.2	15.9	137.5	1390.3	336.3	10494.0	—
2014	778.1	141.5	575.4	6644.2	87.2	17.8	138.5	1386.0	314.5	10701.0	—

资料来源：笔者计算整理得到。

表 3 按年份区分的世界各国及地区农、林、牧、
渔业蓝色虚拟水耗水量 单位：亿吨

国别 年份	AUS	AUT	BEL	BRA	BGR	CAN	CHE	CHN	CYP	CZE	DEU
2000	161.7	2.3	5.7	124.8	3.2	27.3	1.95	1432.4	3.1	1.8	19.4
2001	168.5	2.4	5.8	132.6	2.2	25.8	2.01	1493.3	3.2	1.9	20.0
2002	175.7	2.4	5.7	137.5	2.4	24.6	2.03	1568.1	3.4	1.8	19.7
2003	123.4	2.3	5.6	154.5	2.2	27.9	1.99	1583.2	3.4	1.7	19.9
2004	174.4	2.4	5.6	152.7	2.5	29.4	1.99	1675.8	3.5	1.8	21.2
2005	167.0	2.3	5.4	148.4	1.9	29.6	2.01	1744.5	3.1	1.7	21.4
2006	178.2	2.4	5.3	156.3	1.8	28.6	2.04	1814.6	3.0	1.7	21.8
2007	117.2	2.4	5.5	168.9	2.0	29.7	2.04	1863.1	2.8	1.7	22.7
2008	145.4	2.5	5.4	175.6	1.9	31.4	2.05	1983.1	2.4	1.6	23.0
2009	154.7	2.5	5.5	168.5	1.7	29.6	2.09	2027.9	2.4	1.5	24.1
2010	152.6	2.5	5.8	182.8	2.4	29.3	2.13	2116.0	2.5	1.5	24.4
2011	174.3	2.5	5.7	191.0	2.2	29.7	2.15	2195.3	2.6	1.5	23.7
2012	198.0	2.4	5.7	191.1	1.6	30.7	2.12	2273.3	2.5	1.4	24.0

续表

国别 年份	AUS	AUT	BEL	BRA	BGR	CAN	CHE	CHN	CYP	CZE	DEU
2013	192.4	2.5	5.8	209.7	1.7	34.2	2.08	2354.7	2.3	1.4	24.7
2014	188.2	2.5	5.9	213.3	1.9	30.9	2.12	2380.7	2.1	1.5	25.3

国别 年份	DNK	ESP	EST	FIN	FRA	GBR	GRC	HRV	HUN	IDN	IND
2000	6.6	191.1	0.26	1.05	53.8	11.2	48.2	0.052	3.9	118.6	2383.4
2001	6.9	197.6	0.28	1.1	50.9	9.9	48.7	0.058	4.1	119.0	2509.3
2002	6.9	199.4	0.28	1.13	54.1	10.4	46.9	0.062	3.8	124.4	2266.2
2003	7.0	205.4	0.27	1.14	52.2	10.3	44.6	0.043	3.2	134.6	2615.4
2004	7.2	206.9	0.29	1.13	56.1	10.3	47.1	0.039	4.3	140.3	2484.9
2005	7.1	194.9	0.29	1.17	57.4	10.4	47.2	0.045	3.9	143.5	2632.4
2006	6.9	184.1	0.3	1.23	53.8	10.5	42.7	0.045	4.1	146.9	2890.2
2007	7.1	180.8	0.31	1.19	55.8	10.4	42.2	0.045	4.5	151.9	3144.7
2008	6.9	181.4	0.31	1.16	58.7	10.6	41.1	0.041	5.4	163.4	3245.7
2009	6.7	175.8	0.31	1.19	62.5	10.3	39.2	0.045	4.9	171.7	3183.7
2010	6.9	179.6	0.31	1.23	58.0	10.6	36.5	0.039	4.5	174.4	3570.9
2011	7.0	193.2	0.32	1.16	60.2	10.8	37.8	0.041	4.6	175.2	3666.1
2012	6.7	189.2	0.32	1.08	60.9	10.5	37.3	0.032	4.0	185.5	3739.7
2013	6.5	203.5	0.33	1.1	55.3	10.5	38.8	0.045	4.6	185.6	3983.9
2014	6.6	210.6	0.31	1.07	61.6	11.2	34.4	0.037	5.5	187.6	4135.8

国别 年份	IRL	ITA	JPN	KOR	LTU	LUX	LVA	MEX	MLT	NLD	NOR
2000	4.4	76.9	37.8	19.5	0.78	0.117	0.32	181.9	0.34	13.3	1.03
2001	4.5	76.2	36.8	19.4	0.68	0.121	0.32	196.4	0.35	12.2	1.05
2002	4.3	73.5	36.7	19.2	0.73	0.121	0.32	190.1	0.35	12.0	1.04
2003	4.3	69.4	35.1	19.2	0.72	0.122	0.33	200.3	0.35	11.6	1.04
2004	4.3	78.3	36.1	19.9	0.77	0.120	0.34	209.9	0.33	12.1	1.08
2005	4.2	75.4	36.6	19.0	0.80	0.117	0.35	201.0	0.32	12.1	1.05
2006	4.2	73.3	35.9	19.5	0.79	0.113	0.35	212.0	0.32	11.9	1.08
2007	4.3	72.8	36.5	20.1	0.82	0.114	0.37	219.7	0.32	12.2	1.07

续表

国别 年份	IRL	ITA	JPN	KOR	LTU	LUX	LVA	MEX	MLT	NLD	NOR
2008	4.1	72.4	36.8	20.2	0.75	0.115	0.37	225.7	0.33	12.4	1.12
2009	4.0	70.2	36.4	20.4	0.7	0.117	0.36	210.5	0.3	12.6	1.12
2010	4.2	70.3	35.9	19.8	0.71	0.119	0.35	223.7	0.3	12.7	1.14
2011	4.3	71.4	34.8	18.8	0.72	0.118	0.35	211.7	0.28	13.0	1.12
2012	4.2	65.6	35.6	19.5	0.75	0.119	0.36	226.8	0.26	12.8	1.1
2013	4.4	66.1	36.8	21.3	0.75	0.121	0.36	231.8	0.27	13.1	1.11
2014	4.6	65.4	36.2	22.1	0.78	0.13	0.38	243.8	0.28	13.4	1.12

国别 年份	POL	PRT	ROM	RUS	SVK	SVN	SWE	TUR	TWN	USA	—
2000	11.8	36.4	10.9	145.5	2.2	0.48	1.73	172.9	39.4	1172.9	—
2001	11.7	36.0	13.2	158.7	2.7	0.51	1.72	170.1	39.2	1137.8	—
2002	12.1	38.7	12.7	157.4	2.7	0.52	1.69	177.6	39.9	1095.7	—
2003	12.4	36.5	14.2	147.1	2.1	0.53	1.71	181.2	40.2	1154.8	—
2004	12.0	38.5	16.5	146.7	2.8	0.52	1.76	183.7	39.7	1295.6	—
2005	12.0	36.3	13.9	147.1	2.6	0.5	1.67	192.5	36.5	1221.3	—
2006	12.4	37.5	13.4	150.3	2.5	0.49	1.61	194.8	40.2	1183.7	—
2007	12.9	37.2	10.3	154.3	2.6	0.48	1.62	186.9	38.5	1331.7	—
2008	12.5	38.6	12.7	177.0	3.1	0.48	1.63	184.5	40.3	1297.6	—
2009	12.3	41.0	13.0	165.0	2.7	0.45	1.63	190.3	38.1	1365.7	—
2010	12.7	38.9	13.0	133.8	2.3	0.44	1.61	198.7	40.7	1313.2	—
2011	12.8	36.6	14.5	170.4	2.4	0.42	1.63	213.2	44.9	1294.0	—
2012	12.7	33.4	11.1	160.0	1.9	0.41	1.57	216.2	43.2	1211.2	—
2013	12.7	36.3	14.0	178.0	2.4	0.38	1.52	225.7	43.8	1410.7	—
2014	13.6	36.4	14.7	189.2	2.8	0.39	1.72	222.4	41.3	1455.8	—

资料来源：笔者计算整理得到。

表4 　　　　　按年份区分的世界各国及地区农、林、牧、

渔业灰色虚拟水耗水量　　　　单位：亿吨

国别 年份	AUS	AUT	BEL	BRA	BGR	CAN	CHE	CHN	CYP	CZE	DEU
2000	85.8	11.9	13.6	187.0	15.7	226.5	8.4	2678.8	0.94	38.6	178.9
2001	86.8	12.4	13.6	199.4	13.1	202.9	8.1	2789.5	0.96	42.0	178.9
2002	93.0	12.4	13.8	207.6	18.3	184.5	8.3	2923.7	0.99	33.4	173.3
2003	67.8	11.8	13.4	234.5	20.8	223.2	7.4	2947.6	1.02	23.9	166.5
2004	99.9	12.9	13.9	233.7	26.8	238.9	8.2	3119.0	1.02	39.8	191.6
2005	89.4	12.7	13.2	225.7	24.0	242.6	8.2	3238.2	0.96	34.9	184.9
2006	97.1	12.9	13.0	238.9	29.2	230.1	8.1	3360.9	0.91	37.3	182.0
2007	64.2	12.6	13.5	261.9	17.1	244.1	8.3	3456.8	0.9	42.2	188.6
2008	86.4	13.7	12.9	277.3	32.7	263.2	8.3	3661.1	0.89	41.9	194.3
2009	88.0	13.4	13.3	263.3	33.1	247.4	8.5	3740.7	0.88	43.7	204.4
2010	85.0	13.6	13.8	285.8	40.3	244.7	8.1	3898.6	0.89	40.7	195.4
2011	89.3	14.5	14.1	303.9	38.0	245.7	8.7	4072.9	0.9	40.9	187.0
2012	97.7	13.0	13.6	302.3	34.8	258.6	8.3	4241.5	0.85	41.9	193.5
2013	97.5	13.4	14.0	331.8	47.0	301.9	7.9	4360.7	0.81	51.1	198.7
2014	97.3	14.4	14.6	339.7	49.2	266.1	8.7	4401.7	0.76	54.6	214.5

国别 年份	DNK	ESP	EST	FIN	FRA	GBR	GRC	HRV	HUN	IDN	IND
2000	26.7	138.2	3.4	2.8	114.8	72.8	15.5	6.2	42.0	206.5	1039.0
2001	26.6	140.2	3.4	2.9	107.3	67.5	15.5	7.3	47.3	207.9	1096.8
2002	26.3	143.8	4.1	3.0	112.5	75.6	15.2	8.2	46.1	218.4	990.0
2003	26.7	148.1	4.5	2.9	107.0	77.2	16.0	5.6	44.9	238.0	1137.9
2004	27.5	149.9	4.5	2.9	113.5	75.8	15.8	7.6	54.9	250.5	1071.3
2005	27.3	136.6	5.1	3.2	113.2	79.6	16.0	7.9	50.3	258.9	1132.5
2006	25.8	136.0	5.2	3.2	107.8	78.8	15.2	8.1	50.2	265.6	1238.8
2007	26.3	135.4	7.3	3.0	109.8	80.2	15.0	6.8	46.0	274.9	1352.9
2008	26.3	137.0	6.3	2.8	117.7	81.9	16.0	9.6	56.0	296.6	1397.4
2009	26.2	132.0	7.4	3.2	124.9	80.1	15.4	9.0	49.6	311.9	1363.3
2010	25.8	134.1	7.2	3.3	116.5	84.8	14.8	7.8	41.0	317.4	1531.0
2011	26.7	142.0	8.0	3.1	120.7	94.9	15.0	7.5	51.5	320.4	1567.7

续表

国别 年份	DNK	ESP	EST	FIN	FRA	GBR	GRC	HRV	HUN	IDN	IND
2012	25.9	137.4	8.4	2.6	115.6	86.4	14.8	6.7	50.0	339.5	1600.8
2013	25.1	151.3	9.2	2.7	111.9	82.3	15.3	8.4	59.6	340.4	1698.4
2014	27.0	150.3	8.8	2.8	122.1	92.3	13.2	7.9	68.4	348.9	1771.4

国别 年份	IRL	ITA	JPN	KOR	LTU	LUX	LVA	MEX	MLT	NLD	NOR
2000	8.5	105.8	56.9	29.2	3.0	1.08	4.9	152.1	0.16	21.0	1.9
2001	8.3	104.9	54.9	29.5	2.6	0.69	5.1	164.7	0.17	18.9	1.9
2002	8.1	101.8	55.6	29.1	2.8	1.09	5.4	161.4	0.17	18.8	1.8
2003	8.2	94.3	53.0	29.4	2.9	0.78	5.4	169.2	0.16	17.4	1.9
2004	8.8	106.5	54.8	29.0	2.7	1.07	5.7	175.8	0.16	18.8	2.1
2005	7.9	103.5	55.4	28.7	2.7	0.77	6.4	167.9	0.15	18.3	2.0
2006	6.5	99.3	54.1	29.2	2.1	0.90	6.0	177.9	0.15	17.8	1.9
2007	6.7	98.1	54.8	29.5	2.5	0.60	6.9	184.9	0.15	18.6	1.9
2008	6.6	97.4	55.1	30.4	2.5	0.60	6.7	190.4	0.16	18.8	2.1
2009	6.3	93.5	54.4	31.0	2.7	0.61	6.5	177.7	0.15	19.2	1.9
2010	6.7	93.7	53.9	29.6	2.5	0.60	5.8	188.4	0.15	19.0	2.0
2011	7.3	96.0	52.9	28.5	2.8	0.59	5.9	175.6	0.14	19.7	1.9
2012	6.8	87.6	53.9	30.1	3.2	0.56	6.6	189.9	0.13	19.2	2.0
2013	6.8	88.1	55.6	32.2	3.0	0.58	6.4	194.4	0.14	19.3	1.9
2014	7.1	87.7	54.8	32.7	3.2	0.63	7.1	203.3	0.14	20.3	2.1

国别 年份	POL	PRT	ROM	RUS	SVK	SVN	SWE	TUR	TWN	USA	—
2000	116.6	14.4	17.8	142.9	7.6	7.6	19.4	112.4	45.0	1473.8	—
2001	105.0	14.0	22.9	157.0	8.8	6.9	19.0	107.9	44.1	1419.7	—
2002	103.1	15.0	21.5	155.1	9.3	8.5	19.9	112.9	46.2	1371.3	—
2003	95.4	14.2	24.0	145.6	9.8	7.0	19.0	117.4	45.6	1469.0	—
2004	99.0	14.6	29.7	146.2	10.7	8.6	21.6	118.7	46.1	1629.4	—
2005	89.6	13.5	23.8	146.6	10.1	8.2	20.5	127.4	41.8	1531.2	—
2006	85.2	13.7	22.8	152.1	10.0	7.6	20.0	127.2	45.3	1468.5	—

续表

国别 年份	POL	PRT	ROM	RUS	SVK	SVN	SWE	TUR	TWN	USA	—
2007	95.2	13.6	16.2	155.1	8.8	8.0	20.1	122.3	43.4	1705.1	—
2008	85.5	14.0	21.5	178.4	10.8	7.9	20.9	125.8	45.6	1641.6	—
2009	89.2	13.7	21.8	164.7	9.8	7.7	22.6	131.7	43.3	1715.7	—
2010	85.8	13.2	22.3	130.9	8.2	7.9	21.2	135.0	45.1	1648.5	—
2011	90.6	12.4	25.4	177.3	9.5	8.1	21.7	141.5	49.9	1626.9	—
2012	90.5	12.2	18.2	164.4	8.3	7.0	22.6	146.9	47.9	1516.7	—
2013	86.3	12.7	24.5	180.9	9.4	6.8	22.6	155.1	48.5	1779.5	—
2014	96.4	13.0	25.6	190.6	10.9	8.0	24.0	152.1	45.4	1806.8	—

资料来源：笔者计算整理得到。

表5　　　　　按年份区分的世界各国及地区食品、饮料制造和
烟草加工业蓝色虚拟水耗水量　　　　单位：万吨

国别 年份	AUS	AUT	BEL	BRA	BGR	CAN	CHE	CHN	CYP	CZE	DEU
2000	3870	100	9072	13348	6766	10770	2604	37118	11	2632	12680
2001	3520	99	9391	10967	6391	10614	2673	39467	11	2803	12270
2002	3832	109	9460	9362	5987	10498	3018	42934	12	3309	12964
2003	4657	131	11179	8624	8078	12021	3430	50903	14	3698	15954
2004	5222	149	12548	9628	11242	12875	3827	55362	16	4096	17509
2005	5436	153	12310	11783	10302	14025	3981	67785	16	4496	17727
2006	5425	163	12720	13520	8394	14846	4122	83357	16	4782	18569
2007	6288	183	14576	15418	8836	15987	4385	104500	18	5389	20173
2008	6339	202	16479	16484	9345	16316	5033	131808	22	6375	21789
2009	6085	184	15288	15075	9172	14327	5049	146475	23	5544	19709
2010	7208	179	14698	18612	9586	16214	5323	172866	17	5318	19351
2011	8339	194	16493	21992	9099	16660	6176	210930	18	5647	20614
2012	8205	185	15104	20961	8904	16623	5726	268782	16	4991	18933
2013	7967	196	15293	19342	9360	16542	5797	293232	16	4920	19792
2014	7346	199	15328	17896	9562	15073	5907	325701	15	4718	20131

续表

国别 年份	DNK	ESP	EST	FIN	FRA	GBR	GRC	HRV	HUN	IDN	IND
2000	764	4063	40	335	41160	12022	432	574	4380	1010	10401
2001	749	4306	43	340	39703	11491	456	594	4422	812	10121
2002	807	4645	46	370	42691	12250	470	657	5190	910	11676
2003	978	5802	58	438	50604	12181	555	795	6079	1017	13357
2004	1088	6837	67	480	55966	14937	613	970	6543	969	14864
2005	1125	7252	68	475	56426	14525	615	1045	6527	927	15714
2006	1116	7348	74	504	57315	15557	590	1113	6294	1052	17008
2007	1205	8404	81	565	64902	17842	667	1225	6664	1137	20572
2008	1272	9399	83	622	68399	16103	673	1371	7124	1113	20914
2009	1153	8206	72	562	63715	12577	701	1186	5813	1175	18676
2010	1055	8204	68	547	60377	13866	635	1132	5520	1456	23698
2011	1110	8298	73	600	64928	15758	651	1251	5888	1605	27470
2012	1012	7461	69	544	58934	15088	580	1099	5393	1625	23218
2013	1096	7345	77	536	59917	14421	579	1109	5407	1511	22360
2014	1092	7130	82	528	59883	16126	586	1157	5457	1430	22866

国别 年份	IRL	ITA	JPN	KOR	LTU	LUX	LVA	MEX	MLT	NLD	NOR
2000	1097	17197	4806	1116	65	16	133	215	0	10197	2265
2001	1118	16486	4245	1037	66	16	134	224	0	9784	2319
2002	1213	17604	4095	1086	68	18	145	220	0	10274	2689
2003	1409	21314	4406	1115	86	22	165	197	0	12368	2975
2004	1829	23668	4793	1159	101	25	176	199	0	13695	3237
2005	1879	24309	4516	1309	112	26	176	212	0	14032	3405
2006	1863	24259	4257	1425	124	22	175	219	0	13825	3361
2007	2164	27121	4293	1528	152	25	188	223	0	15397	3974
2008	2277	28678	4908	1349	168	26	188	226	0	16615	4074
2009	1984	26002	5063	1138	122	25	159	185	0	15373	3596
2010	1882	25353	5525	1290	114	24	148	200	0	14654	3620
2011	2306	25960	5964	1333	131	26	145	210	0	15613	3960
2012	2140	23655	5831	1350	124	23	139	205	0	14762	3972

续表

国别 年份	IRL	ITA	JPN	KOR	LTU	LUX	LVA	MEX	MLT	NLD	NOR
2013	2496	24359	4650	1490	136	23	145	210	0	15799	3898
2014	2562	24323	4338	1610	143	23	146	204	0	15994	3831

国别 年份	POL	PRT	ROM	RUS	SVK	SVN	SWE	TUR	TWN	USA	—
2000	11700	1169	16256	60782	121	629	3873	522	3006	273713	—
2001	11669	1164	14116	63917	122	561	3468	262	2637	273361	—
2002	13279	1237	12830	63680	137	559	3694	196	2376	268899	—
2003	15342	1481	14340	68692	168	622	4365	191	2662	273872	—
2004	18697	1668	15994	78876	197	647	4871	212	3286	272888	—
2005	25424	1699	18261	83814	196	630	4882	279	3844	283626	—
2006	28917	1694	20363	93349	217	664	5115	273	3732	285858	—
2007	37614	1915	24311	107392	260	717	5425	319	4184	283800	—
2008	42358	2098	25493	112517	320	720	5616	344	4555	282448	—
2009	29025	1957	20770	88953	304	640	4736	244	4128	288099	—
2010	30384	1888	19485	91758	287	601	5049	287	4426	287070	—
2011	36704	1977	19980	92905	331	651	5604	286	5113	283856	—
2012	33718	1829	17266	86507	301	576	5290	269	4856	286225	—
2013	36229	1898	19402	84621	297	576	5556	264	4951	290363	—
2014	38796	1979	19391	70518	304	592	5361	237	4767	293506	—

资料来源：笔者计算整理得到。

表6　　　　　　按年份区分的世界各国及地区食品、饮料制造和

烟草加工业灰色虚拟水耗水量　　　　单位：万吨

国别 年份	AUS	AUT	BEL	BRA	BGR	CAN	CHE	CHN	CYP	CZE	DEU
2000	9559	152	68946	187677	74581	57911	1486	476033	123	11002	14455
2001	8694	150	71369	154195	70444	57074	1525	506171	129	11714	13987
2002	9465	165	71893	131635	65993	56449	1722	550629	136	13831	14779
2003	11503	199	84963	121256	89039	64635	1957	652837	166	15458	18187

续表

国别\年份	AUS	AUT	BEL	BRA	BGR	CAN	CHE	CHN	CYP	CZE	DEU
2004	12899	227	95361	135369	123912	69227	2184	710016	180	17120	19960
2005	13428	233	93555	165676	113556	75415	2271	869339	180	18791	20208
2006	13399	247	96668	190089	92524	79826	2352	1069059	187	19986	21169
2007	15532	278	110777	216782	97396	85964	2502	1340211	207	22524	22997
2008	15659	308	125242	231761	103008	87733	2872	1690438	252	26644	24839
2009	15031	280	116185	211958	101094	77037	2881	1878549	262	23173	22468
2010	17803	272	111707	261686	105661	87180	3037	2217005	197	22225	22060
2011	20598	294	125345	309206	100289	89583	3524	2705180	209	23603	23500
2012	20267	281	114789	294708	98141	89382	3267	3447135	185	20861	21584
2013	19679	298	116222	271954	103164	88945	3307	3760706	181	20563	22563
2014	18145	303	116488	251620	105398	81046	3370	4177116	176	19720	22949

国别\年份	DNK	ESP	EST	FIN	FRA	GBR	GRC	HRV	HUN	IDN	IND
2000	1756	0	192	1209	156408	5712	1231	4411	31626	18661	197612
2001	1722	0	204	1226	150870	5460	1300	4594	31928	15003	192292
2002	1856	0	221	1336	162227	5820	1339	5065	37470	16805	221836
2003	2250	0	275	1582	192296	5787	1581	6141	43893	18790	253785
2004	2502	0	319	1732	212670	7097	1745	7623	47242	17896	282425
2005	2587	0	325	1714	214418	6901	1750	8368	47128	17113	298561
2006	2566	0	351	1821	217798	7391	1681	9174	45440	19420	323144
2007	2772	0	386	2040	246626	8477	1900	10402	48117	20993	390860
2008	2925	0	394	2244	259917	7651	1918	11842	51439	20564	397372
2009	2651	0	342	2030	242119	5976	1996	10085	41970	21705	354839
2010	2428	0	323	1973	229434	6588	1810	9904	39858	26884	450259
2011	2554	0	350	2164	246727	7487	1855	11134	42512	29642	521922
2012	2328	0	331	1963	223950	7168	1653	9987	38941	30006	441144
2013	2521	0	365	1934	227683	6851	1649	10106	39040	27910	424843
2014	2511	0	391	1904	227555	7661	1668	10502	39402	26406	434448

续表

国别＼年份	ITA	JPN	RUS	KOR	LTU	LUX	LVA	MEX	USA	NLD	NOR
2000	101292	30133	1154857	4496	371	15	835	2658	1487354	1937	9465
2001	97104	26616	1214421	4176	376	15	843	2770	1485445	1858	9692
2002	103688	25678	1209920	4376	390	17	909	2719	1461198	1951	11240
2003	125540	27625	1305152	4490	492	20	1033	2439	1488219	2349	12432
2004	139402	30050	1498641	4670	574	23	1103	2459	1482874	2601	13530
2005	143177	28313	1592468	5274	638	24	1106	2618	1541223	2665	14233
2006	142883	26690	1773630	5740	708	20	1098	2699	1553351	2626	14046
2007	159742	26918	2040446	6155	864	23	1179	2756	1542167	2924	16608
2008	168912	30770	2137821	5435	955	24	1183	2790	1534820	3156	17026
2009	153152	31746	1690116	4584	694	23	1001	2286	1565527	2920	15029
2010	149328	34641	1743405	5197	649	23	928	2475	1559940	2783	15130
2011	152902	37396	1765186	5370	748	24	909	2594	1542473	2965	16552
2012	139327	36561	1643627	5440	707	22	870	2532	1555346	2804	16600
2013	143473	29153	1607800	6004	775	21	909	2595	1577830	3001	16293
2014	143260	27198	1339840	6485	813	21	916	2524	1594909	3038	16011

国别＼年份	POL	PRT	ROM	IRL	SVN	MLT	SWE	TUR	TWN	SVK	—
2000	84478	7106	222387	3333	5861	11	10300	5757	23089	988	—
2001	84251	7078	193114	3397	5231	10	9224	2882	20398	994	—
2002	95879	7524	175511	3685	5210	11	9826	2164	18307	1118	—
2003	110767	9004	196176	4282	5799	12	11610	2107	20574	1372	—
2004	134992	10144	218798	5558	6031	12	12956	2341	25833	1608	—
2005	183566	10332	249813	5712	5870	12	12984	3071	30778	1598	—
2006	208785	10298	278576	5661	6190	11	13605	3011	30773	1769	—
2007	271575	11647	332574	6575	6683	11	14428	3511	35521	2125	—
2008	305825	12755	348752	6920	6706	13	14937	3792	39360	2607	—
2009	209561	11899	284139	6028	5964	12	12595	2694	35097	2477	—
2010	219375	11477	266551	5718	5604	11	13429	3167	38723	2338	—
2011	265004	12020	273334	7009	6069	12	14905	3148	45489	2698	—
2012	243448	11121	236205	6503	5373	12	14069	2962	44131	2453	—

续表

国别 年份	POL	PRT	ROM	IRL	SVN	MLT	SWE	TUR	TWN	SVK	—
2013	261579	11540	265417	7586	5370	13	14776	2912	45139	2422	—
2014	280111	12033	265273	7786	5522	13	14260	2609	43250	2481	—

资料来源：笔者计算整理得到。

表7　　　　　　按年份区分的世界各国及地区纺织及服装、
皮革制品制造业蓝色虚拟水耗水量　　　　　　单位：万吨

国别 年份	AUS	AUT	BEL	BRA	BGR	CAN	CHE	CHN	CYP	CZE	DEU
2000	1162	92	4875	7137	1421	3466	613	27469	2.5	1255	5815
2001	1056	87	4497	5063	1641	3189	596	28109	2.1	1302	5545
2002	1150	88	4528	4081	2189	3070	611	28528	2.1	1402	5348
2003	1398	99	5043	3528	3030	3248	609	34058	2.0	1558	6026
2004	1567	104	5430	3891	3585	3102	671	39217	1.7	1806	6671
2005	1632	95	4719	4680	3625	2942	649	46573	1.9	1889	6385
2006	1628	98	5122	5218	4251	2795	668	57439	1.5	2096	6674
2007	1887	101	5631	6164	5099	2940	729	74654	1.6	2354	7451
2008	1774	106	5490	6785	4578	3159	825	88878	1.3	2740	7414
2009	1584	85	4169	5873	4934	2801	663	99695	1.1	2094	5791
2010	1743	86	4143	7251	3378	2989	742	104892	1.0	1916	5997
2011	1869	92	3799	8223	4591	2920	870	118715	1.0	2130	6751
2012	1701	79	3183	7414	4574	2967	781	144244	0.7	1816	5643
2013	1327	84	3232	6610	4431	2923	778	151475	0.5	1833	5740
2014	1223	86	3252	6115	4821	2656	801	172142	0.5	1790	5784

国别 年份	DNK	ESP	EST	FIN	FRA	GBR	GRC	HRV	HUN	IDN	IND
2000	211	765	34	3.5	16656	1181	206	157	2528	789	6299
2001	187	757	38	3.4	16198	963	197	165	2819	661	5978
2002	178	789	42	3.7	16443	1039	203	180	2944	842	6269
2003	199	927	53	4.0	18044	1092	241	201	3103	1073	6581

续表

国别\年份	DNK	ESP	EST	FIN	FRA	GBR	GRC	HRV	HUN	IDN	IND
2004	202	982	58	4.3	18940	1143	211	235	3293	1061	7703
2005	198	982	52	4.2	18087	1098	216	247	2974	977	8976
2006	195	989	54	4.4	16396	1055	221	244	2881	1018	10288
2007	211	1048	57	4.7	17869	1097	235	256	3189	968	11780
2008	207	1004	55	4.8	17788	1001	232	267	3045	869	11551
2009	169	799	40	3.9	12785	840	195	208	2107	807	11581
2010	156	794	41	3.9	12678	705	159	202	2003	924	14409
2011	157	900	47	4.3	13487	785	138	226	2421	1015	14021
2012	131	739	44	3.6	12097	750	109	182	2007	979	13402
2013	156	775	44	3.6	12029	668	104	174	2008	954	13363
2014	167	755	46	3.5	12093	663	95	175	2126	853	13784

国别\年份	IRL	ITA	JPN	KOR	LTU	LUX	LVA	MEX	MLT	NLD	NOR
2000	75	21654	2440	693	86	20	43	7723	0	334	302
2001	80	21208	1933	594	76	20	43	7012	0	309	294
2002	60	21609	1665	671	80	22	44	6455	0	315	314
2003	73	24642	1713	661	86	27	48	5479	0	364	345
2004	73	26106	1762	679	90	37	37	5260	0	371	350
2005	59	25423	1644	799	86	38	32	5228	0	364	405
2006	48	25881	1511	856	93	39	36	5269	0	373	446
2007	46	28685	1489	943	100	43	29	5061	0	425	520
2008	49	28907	1579	816	97	43	26	4750	0	428	543
2009	39	22876	1399	678	70	32	16	3708	0	360	387
2010	31	23745	1444	807	78	36	19	4154	0	353	415
2011	27	26052	1736	858	96	40	23	4058	0	395	506
2012	18	22510	1681	950	91	34	21	3847	0	342	449
2013	22	22699	1354	942	97	35	23	4011	0	352	428
2014	22	22465	1263	1017	99	35	22	3751	0	355	420

续表

国别 年份	POL	PRT	ROM	RUS	SVK	SVN	SWE	TUR	TWN	USA	—
2000	2243	295	6252	24757	2.4	189	1877	2608	3543	103402	—
2001	2383	284	5359	25873	2.5	192	1643	1257	3171	90773	—
2002	2384	289	4903	23639	2.7	187	1744	933	3259	84759	—
2003	2534	331	5049	25254	3.4	214	2037	992	3496	78673	—
2004	2830	352	5229	25115	3.8	228	2179	1169	3948	74120	—
2005	3040	322	5676	22642	3.8	227	2049	1490	3323	73816	—
2006	3305	323	5806	26400	4.3	219	2062	1597	3252	66719	—
2007	4121	345	6638	27962	5.5	231	2404	1821	3152	56161	—
2008	4502	340	6261	27283	5.9	220	2297	1990	2885	48420	—
2009	3159	288	4240	18631	4.4	159	1661	1446	2124	38731	—
2010	3413	290	4033	19459	3.9	139	1834	1700	2859	40700	—
2011	3867	304	4633	23125	4.6	150	1987	1690	2837	43432	—
2012	3371	278	4017	22531	4.2	127	1795	1590	2373	46591	—
2013	3585	303	4216	20333	4.3	118	1944	1564	2474	51831	—
2014	3804	310	3967	16281	4.3	119	1821	1401	2296	50971	—

资料来源：笔者计算整理得到。

表8　　　　按年份区分的世界各国及地区纺织及服装、
皮革制品制造业灰色虚拟水耗水量　　　单位：万吨

国别 年份	AUS	AUT	BEL	BRA	BGR	CAN	CHE	CHN	CYP	CZE	GBR
2000	2869	140	37050	100344	15666	18635	350	352287	29	5244	561
2001	2609	132	34174	71193	18085	17145	340	360503	24	5443	457
2002	2841	134	34415	57381	24131	16509	349	365866	24	5860	494
2003	3452	151	38325	49607	33395	17464	347	436794	23	6511	519
2004	3872	157	41270	54701	39515	16681	383	502963	20	7550	543
2005	4030	144	35865	65801	39954	15820	370	597296	22	7896	522
2006	4022	149	38931	73364	46861	15027	381	736654	17	8761	501
2007	4662	154	42794	86672	56207	15811	416	957440	18	9841	521

续表

国别 年份	AUS	AUT	BEL	BRA	BGR	CAN	CHE	CHN	CYP	CZE	GBR
2008	4381	161	41726	95399	50457	16984	471	1139864	15	11453	476
2009	3913	129	31687	82572	54387	15064	378	1278590	13	8750	399
2010	4305	131	31489	101945	37231	16071	423	1345245	12	8010	335
2011	4617	139	28869	115619	50598	15701	496	1522525	11	8904	373
2012	4201	120	24190	104244	50413	15955	446	1849931	8	7591	356
2013	3277	128	24564	92931	48836	15716	444	1942664	6	7662	318
2014	3022	130	24718	85983	53140	14279	457	2207717	6	7481	315

国别 年份	DEU	DNK	EST	IND	FRA	HUN	GRC	HRV	FIN	IDN	ESP
2000	6629	484	164	119673	63293	18251	587	1327	13	14570	0
2001	6321	430	181	113577	61551	20354	560	1416	12	12213	0
2002	6097	409	203	119107	62485	21259	579	1544	13	15542	0
2003	6870	457	255	125032	68566	22407	686	1745	14	19808	0
2004	7605	465	276	146350	71974	23776	600	2077	16	19603	0
2005	7279	455	249	170550	68732	21472	614	2218	15	18041	0
2006	7609	449	258	195464	62307	20803	630	2310	16	18792	0
2007	8494	484	270	223816	67901	23025	669	2510	17	17870	0
2008	8452	477	260	219465	67593	21982	660	2686	17	16044	0
2009	6602	389	189	220045	48583	15209	555	2160	14	14899	0
2010	6837	359	195	273766	48178	14464	452	2119	14	17064	0
2011	7696	362	222	266403	51250	17477	393	2390	15	18738	0
2012	6433	301	209	254629	45970	14492	309	1961	13	18073	0
2013	6544	359	211	253896	45708	14501	297	1861	13	17611	0
2014	6594	384	217	261893	45954	15350	271	1879	13	15750	0

国别 年份	TUR	ITA	JPN	RUS	LUX	NOR	LVA	MEX	MLT	SVN	NLD
2000	28740	127545	15298	470387	18	1263	273	95374	4.4	1766	63
2001	13855	124913	12122	491590	18	1231	273	86593	3.9	1790	59
2002	10283	127275	10438	449140	20	1314	278	79720	4.0	1739	60
2003	10928	145140	10740	479824	25	1442	298	67667	3.7	1997	69

续表

国别 年份	TUR	ITA	JPN	RUS	LUX	NOR	LVA	MEX	MLT	SVN	NLD
2004	12883	153767	11051	477192	34	1462	229	64960	3.1	2125	70
2005	16416	149740	10307	430198	35	1692	201	64566	2.9	2114	69
2006	17603	152442	9476	501605	36	1864	229	65073	2.2	2042	71
2007	20071	168956	9338	531275	40	2174	182	62500	2.0	2153	81
2008	21930	170263	9899	518374	40	2270	162	58658	1.7	2053	81
2009	15940	134738	8772	353995	30	1616	100	45793	1.2	1479	68
2010	18735	139860	9054	369718	33	1735	117	51299	1.3	1294	67
2011	18627	153444	10885	439384	37	2116	142	50121	1.6	1402	75
2012	17524	132582	10541	428092	31	1875	130	47513	1.4	1184	65
2013	17230	133697	8489	386335	33	1789	142	49532	1.1	1102	67
2014	15434	132320	7920	309330	33	1757	139	46324	0.8	1111	67

国别 年份	POL	TWN	ROM	USA	SVK	KOR	IRL	LTU	PRT	SWE	—
2000	16195	29943	85524	561887	19	2791	229	490	1792	4993	—
2001	17203	27294	73310	493258	20	2394	243	432	1729	4370	—
2002	17211	27919	67080	460582	22	2703	182	456	1760	4638	—
2003	18294	30420	69074	427509	28	2664	222	492	2011	5418	—
2004	20433	34849	71527	402768	31	2734	221	511	2141	5797	—
2005	21946	29795	77654	401117	31	3219	179	488	1959	5449	—
2006	23860	30742	79433	362553	35	3448	146	531	1961	5485	—
2007	29755	30930	90814	305179	45	3800	139	572	2099	6393	—
2008	32506	28978	85658	263113	48	3285	150	551	2066	6109	—
2009	22807	22042	58009	210462	36	2730	118	400	1751	4417	—
2010	24639	30018	55171	221164	32	3250	93	446	1766	4879	—
2011	27918	29960	63385	236011	38	3457	83	550	1851	5284	—
2012	24336	25642	54956	253178	35	3827	56	519	1691	4774	—
2013	25883	26475	57678	281648	35	3794	68	552	1843	5170	—
2014	27465	24693	54275	276977	35	4097	67	564	1886	4842	—

资料来源：笔者计算整理得到。

表9　按年份区分的世界各国及地区造纸及纸制品业蓝色虚拟水耗水量

单位：万吨

国别 年份	AUS	AUT	BEL	BRA	BGR	CAN	CHE	CHN	CYP	CZE	DEU
2000	3605	1643	4579	6144	3150	75999	2370	85619	2.2	928	14994
2001	3278	1565	4508	4826	2354	73028	2256	99921	2.6	994	13895
2002	3569	1628	4513	4033	2880	75638	2595	111535	2.7	1163	14790
2003	4338	1952	5245	3882	3900	87464	2982	133557	3.2	1349	17322
2004	4864	2161	5905	4257	4587	94168	3206	161062	3.4	1673	19853
2005	5064	2285	5700	5437	4558	98625	3163	194255	3.4	1819	20362
2006	5053	2352	5783	6207	4706	101742	3029	229114	3.2	2023	21614
2007	5857	2681	6630	6925	5739	108118	3222	270586	3.2	2442	24542
2008	5677	2913	7258	7703	5811	111573	3525	316376	3.4	2806	26530
2009	5240	2484	5850	6963	3218	98960	3161	387715	2.8	2265	23223
2010	5968	2549	5618	8597	3981	119007	3370	388925	3.4	2474	24199
2011	6641	2756	6439	9223	4382	116522	3788	449221	3.3	2665	25255
2012	6284	2600	6105	8190	4302	119582	3393	496235	2.9	2405	22947
2013	6197	2682	6348	7541	4680	116567	3358	524475	2.8	2436	23445
2014	5714	2705	6333	6978	4997	105777	3287	582226	2.7	2484	23846
国别 年份	DNK	ESP	EST	FIN	FRA	GBR	GRC	HRV	HUN	IDN	IND
2000	257	13340	78	6767	26737	4587	126	506	6538	337	33069
2001	245	13380	84	6077	25063	4223	93	479	7204	199	33555
2002	261	14272	97	6679	25661	4383	109	459	8090	252	35825
2003	287	17177	112	8081	29775	4888	127	448	9853	283	45525
2004	311	18923	135	9295	33159	4988	137	524	11400	284	53853
2005	309	19492	149	8308	33723	5141	131	534	11700	259	58077
2006	304	20651	199	9555	33338	5976	141	522	11833	284	60956
2007	325	22765	252	10485	37201	6589	170	590	13703	308	76926
2008	339	23589	275	10693	38813	5607	156	646	14180	292	77268
2009	286	18865	204	8103	33240	4294	151	569	12265	292	70582
2010	274	20064	233	8600	33675	4667	142	566	15583	350	90865

续表

国别 年份	DNK	ESP	EST	FIN	FRA	GBR	GRC	HRV	HUN	IDN	IND
2011	293	20715	249	8705	34410	4592	137	637	16950	380	98358
2012	253	19576	236	8140	30088	4424	126	535	13126	337	83640
2013	265	21479	241	8494	31058	3974	134	604	13326	296	81045
2014	280	21990	245	8349	30927	4399	144	627	13817	278	82858

国别 年份	IRL	ITA	JPN	KOR	LTU	LUX	LVA	MEX	MLT	TWN	NOR
2000	729	11947	19768	3674	25	23	84	251	0	38839	3431
2001	539	11792	16038	3312	31	25	87	237	0	35978	3284
2002	647	12493	14845	3574	36	28	95	218	0	40354	3425
2003	756	15087	16479	3688	45	37	97	188	0	46449	4012
2004	694	17092	17696	4052	57	50	93	191	0	57520	4887
2005	592	16863	17035	4576	59	50	98	208	0	66444	4946
2006	812	17586	16370	5032	60	47	93	216	0	72715	4818
2007	866	19579	16481	5351	73	48	84	223	0	87390	5406
2008	1254	20435	18885	4644	92	56	95	223	0	87684	5516
2009	703	17417	16838	3979	80	51	85	178	0	87189	3874
2010	613	18273	18011	4555	107	49	94	199	0	91725	4671
2011	489	19096	19890	4788	126	26	96	203	0	102799	4701
2012	271	16999	19839	4598	116	15	94	198	0	109793	3179
2013	288	17346	15970	4844	150	16	105	208	0	115791	2831
2014	292	17236	14893	5097	152	16	106	205	0	121557	2732

国别 年份	POL	PRT	ROM	RUS	SVK	SVN	SWE	TUR	TWN	USA	—
2000	3785	2632	1566	31625	879	532	1199	2027	4907	188284	—
2001	4567	2576	1138	33054	934	504	1006	1099	4406	178222	—
2002	4795	2696	1212	32764	1006	555	1113	849	4909	179886	—
2003	5485	3293	1208	36115	1123	624	1404	1012	5517	173420	—
2004	6795	3667	1244	41848	1408	721	1595	1298	6643	173744	—
2005	8264	3680	1447	44764	1505	743	1558	1617	7452	172974	—

续表

国别\年份	POL	PRT	ROM	RUS	SVK	SVN	SWE	TUR	TWN	USA	—
2006	9064	3792	1568	50458	1622	742	1614	1669	7951	170822	—
2007	11444	4221	2599	61675	2000	846	1743	1901	9239	173626	—
2008	13048	4319	2894	62058	2354	824	1777	2077	9134	165569	—
2009	10116	3648	2185	45159	2189	747	1418	1476	8775	149630	—
2010	13630	3697	1468	46594	1970	746	1616	1734	9202	151473	—
2011	14756	4368	1382	57755	2003	763	1781	1724	10035	150677	—
2012	13284	4076	1189	54625	2125	672	1694	1622	10679	155016	—
2013	13871	4193	1324	50829	2073	701	1759	1595	11259	156351	—
2014	14494	4381	1394	42696	2005	749	1629	1429	11711	161197	—

资料来源：笔者计算整理得到。

表 10　　　　按年份区分的世界各国及地区造纸及纸制品业
灰色虚拟水耗水量　　　　单位：万吨

国别\年份	AUS	DNK	BEL	BRA	BGR	CAN	CHE	CHN	CYP	EST	DEU
2000	8904	591	34801	86380	34724	408647	1352	1098062	25	369	17093
2001	8098	564	34259	67856	25947	392674	1287	1281493	30	398	15840
2002	8816	600	34300	56708	31743	406707	1480	1430435	31	463	16860
2003	10714	661	39865	54576	42984	470294	1701	1712864	37	533	19747
2004	12015	716	44878	59852	50556	506344	1829	2065618	40	643	22632
2005	12507	710	43321	76444	50238	530309	1804	2491323	40	708	23213
2006	12480	700	43952	87266	51867	547068	1728	2938383	37	950	24640
2007	14467	749	50390	97372	63260	581350	1838	3470266	36	1201	27978
2008	14023	780	55161	108301	64055	599928	2011	4057524	39	1310	30244
2009	12943	657	44461	97901	35471	532109	1803	4972454	32	973	26474
2010	14741	629	42694	120870	43875	639899	1923	4987972	39	1112	27587
2011	16402	673	48937	129671	48300	626540	2161	5761264	38	1185	28791
2012	15522	583	46399	115159	47414	642992	1936	6364218	33	1124	26159
2013	15306	610	48242	106033	51588	626779	1916	6726397	32	1146	26727
2014	14113	643	48129	98105	55076	568764	1876	7467059	32	1167	27184

续表

国别\年份	AUT	ESP	CZE	FIN	FRA	GBR	HRV	IND	GRC	IDN	HUN
2000	2498	0	3879	24426	101601	2179	4003	628314	358	6223	47208
2001	2378	0	4155	21935	95239	2006	3914	637540	265	3667	52016
2002	2475	0	4861	24109	97512	2082	3772	680683	310	4659	58414
2003	2968	0	5640	29169	113144	2322	3772	864966	362	5218	71140
2004	3285	0	6994	33552	126004	2370	4535	1023213	391	5249	82311
2005	3473	0	7601	29991	128146	2443	4764	1103467	372	4788	84475
2006	3576	0	8454	34491	126686	2839	4774	1158165	400	5237	85436
2007	4075	0	10205	37847	141365	3130	5580	1461601	483	5688	98936
2008	4427	0	11726	38599	147488	2664	6202	1468099	445	5392	102381
2009	3775	0	9466	29248	126313	2040	5654	1341062	431	5386	88555
2010	3874	0	10341	31045	127966	2217	5644	1726429	404	6472	112508
2011	4189	0	11140	31420	130760	2182	6527	1868796	390	7012	122383
2012	3951	0	10053	29383	114335	2102	5504	1589162	359	6233	94771
2013	4077	0	10183	30660	118021	1888	6209	1539846	381	5475	96217
2014	4112	0	10383	30138	117522	2090	6510	1574306	409	5131	99762

国别\年份	TWN	ITA	PRT	USA	KOR	IRL	MEX	NOR	MLT	NLD	LVA
2000	38839	70370	16002	1023135	14798	2216	3095	14340	8	112	529
2001	35978	69458	15662	968460	13342	1638	2923	13727	8	105	549
2002	40354	73585	16390	977501	14397	1966	2695	14315	9	111	597
2003	46449	88865	20025	942366	14858	2298	2322	16768	12	134	611
2004	57520	100674	22294	944123	16324	2109	2364	20423	14	153	584
2005	66444	99325	22377	939942	18433	1798	2567	20673	13	156	616
2006	72715	103579	23054	928246	20271	2469	2673	20135	15	162	581
2007	87390	115322	25666	943485	21554	2631	2754	22593	17	176	529
2008	87684	120362	26262	899701	18707	3810	2753	23056	16	179	600
2009	87189	102588	22178	813090	16028	2137	2195	16192	16	153	535
2010	91725	107626	22476	823105	18347	1863	2459	19522	15	153	590
2011	102799	112475	26560	818780	19287	1486	2505	19647	18	158	606

续表

国别＼年份	TWN	ITA	PRT	USA	KOR	IRL	MEX	NOR	MLT	NLD	LVA
2012	109793	100121	24780	842356	18522	823	2450	13288	22	146	593
2013	115791	102167	25496	849611	19511	874	2565	11834	23	152	659
2014	121557	101519	26638	875944	20530	886	2532	11417	21	152	665

国别＼年份	POL	JPN	ROM	RUS	SVK	SVN	SWE	TUR	LUX	LTU	—
2000	27328	123943	21421	600879	7169	4959	3189	22338	21	144	—
2001	32972	100557	15564	628020	7617	4694	2675	12115	23	177	—
2002	34617	93079	16576	622523	8211	5170	2961	9356	26	205	—
2003	39606	103323	16521	686178	9166	5812	3734	11148	34	256	—
2004	49059	110957	17013	795115	11491	6722	4242	14307	46	326	—
2005	59665	106810	19795	850511	12282	6926	4144	17820	47	336	—
2006	65442	102641	21448	958693	13235	6916	4291	18391	44	340	—
2007	82624	103334	35560	1171831	16321	7885	4636	20946	45	418	—
2008	94208	118407	39585	1179104	19210	7677	4726	22887	52	522	—
2009	73037	105572	29892	858020	17860	6960	3770	16261	47	454	—
2010	98412	112926	20085	885284	16071	6953	4299	19113	46	608	—
2011	106541	124712	18910	1097340	16342	7107	4737	19002	24	716	—
2012	95914	124389	16262	1037875	17340	6262	4505	17877	14	663	—
2013	100150	100130	18119	965756	16912	6531	4677	17577	15	855	—
2014	104646	93377	19071	811229	16361	6978	4331	15745	14	865	—

资料来源：笔者计算整理得到。

表11　　　　　　　按年份区分的世界各国及地区化学原料及

化学制品制造业蓝色虚拟水耗水量　　　单位：万吨

国别＼年份	AUS	AUT	BEL	BRA	BGR	CAN	ESP	CHN	CYP	CZE	HRV
2000	1474	3460	9394	13373	5344	29198	315	196997	1.65	925	308
2001	1341	3863	8674	9698	5046	28855	334	204588	1.44	920	296
2002	1460	3959	8719	8240	4811	29307	355	213854	1.31	1050	315

续表

国别 年份	AUS	AUT	BEL	BRA	BGR	CAN	ESP	CHN	CYP	CZE	HRV
2003	1774	4723	10481	7838	5687	33939	441	266737	1.34	1208	372
2004	1989	5479	11842	8744	7112	38719	487	298207	0.99	1493	406
2005	2071	5683	10773	10501	7652	39829	518	369618	0.70	1665	429
2006	2066	6240	11026	11805	8618	42846	549	439062	0.69	1914	496
2007	2395	7427	12090	13626	9683	45042	644	576314	0.72	1982	572
2008	2357	8366	13492	14470	15820	44110	697	700882	0.72	2614	999
2009	2207	7602	11282	13244	13146	40737	531	793703	0.68	1989	785
2010	2548	12143	11916	16352	15083	50017	603	870335	0.79	2142	855
2011	2872	12504	13040	18670	14815	49456	652	1104847	0.75	2298	873
2012	2751	11865	11665	16733	12657	50285	590	1258055	0.71	2124	710
2013	2364	12610	11502	16551	13294	50039	593	1431212	0.63	2064	674
2014	2180	12619	11594	15313	11209	45595	594	1616859	0.61	2115	740

国别 年份	HUN	FRA	GBR	FIN	CHE	DEU	DNK	IND	EST	IDN	GRC
2000	2131	41821	10018	2530	3271	100715	229	62462	133	555	130
2001	2035	39858	9917	2529	3481	97625	222	62076	142	488	139
2002	2322	40447	9912	2739	4377	100659	224	62395	143	538	139
2003	2689	47701	9926	3229	5555	121298	268	69723	204	966	168
2004	3196	51751	13273	3748	6416	135438	279	82108	270	1254	208
2005	3605	51725	13000	3538	6769	132159	288	92139	314	1192	210
2006	3504	54247	14519	3726	7088	138679	291	97168	333	1276	213
2007	4229	60778	16966	4141	7725	159154	338	112974	381	1327	266
2008	4473	64665	16546	4401	8334	169153	388	130105	469	1203	306
2009	3080	55339	14300	3947	9583	143811	340	117008	283	1048	221
2010	3243	55678	13119	3210	9392	156078	346	143974	302	1217	209
2011	3564	60525	17168	3769	10402	166352	352	168532	419	1298	208
2012	3272	54275	14071	3798	9981	146080	357	150603	376	1357	167
2013	3493	57071	12665	4331	9345	155437	405	147300	405	1293	178
2014	3756	58468	12168	4274	9533	159560	426	151984	384	1224	176

续表

国别 年份	IRL	ITA	JPN	KOR	LTU	LUX	LVA	MEX	MLT	NLD	NOR
2000	2473	16154	33852	6759	20	14	184	742	0	10949	516
2001	2357	14746	27440	6299	18	17	208	715	0	11008	445
2002	2981	16285	26171	6917	24	21	245	687	0	11961	484
2003	3660	18891	29514	7296	28	30	207	617	0	14303	579
2004	3839	21516	32466	7403	31	33	246	611	0	16405	655
2005	2897	22390	32911	9443	35	32	236	711	0	16830	802
2006	2938	23696	30770	10490	49	38	331	620	0	17585	856
2007	3928	27033	30233	10860	75	47	335	660	0	19632	946
2008	5703	27705	32932	9073	80	44	672	659	0	19664	974
2009	3494	20346	26062	7901	78	28	636	438	0	17936	887
2010	1472	22512	38894	9339	83	36	754	489	0	18080	1331
2011	2399	23449	40318	9824	87	33	599	538	0	20408	1503
2012	1869	20755	38060	10032	81	28	615	419	0	19273	798
2013	1901	21440	30676	10347	87	32	543	466	0	18908	785
2014	1759	21264	28642	11132	94	39	569	542	0	18817	679

国别 年份	PRT	POL	ROM	RUS	SVK	SVN	SWE	TUR	TWN	USA	—
2000	774	32918	1442	42243	1283	731	1105	806	14282	196887	—
2001	741	42774	1138	40355	1335	713	1067	380	14289	183865	—
2002	803	46581	1022	37215	1365	788	1317	320	15453	190475	—
2003	976	57462	1090	40536	1488	969	1782	379	19430	189527	—
2004	1108	69061	1285	47655	1579	1114	1881	469	21170	204478	—
2005	1088	82095	1215	49767	1674	1122	1838	597	24903	213145	—
2006	1090	99499	1432	50945	2343	1254	2029	648	42865	215672	—
2007	1278	113130	1726	56092	3264	1426	2002	756	52609	233443	—
2008	1293	119988	1772	59016	3629	1406	1860	766	86268	213176	—
2009	1006	91145	1277	47927	3294	1106	1681	601	60798	178584	—
2010	1187	97626	1268	54290	3365	1230	1842	706	59586	201247	—
2011	1242	106630	1238	69769	4095	1281	2166	702	75080	202300	—

国别 年份	PRT	POL	ROM	RUS	SVK	SVN	SWE	TUR	TWN	USA	—
2012	1121	104453	1045	67282	3344	1168	2071	660	112967	212630	—
2013	1150	109058	951	68925	2624	1222	1997	649	119705	212953	—
2014	1198	111072	1067	56095	2676	1253	1887	582	116912	210935	—

资料来源：笔者计算整理得到。

表 12　　　　　　按年份区分的世界各国及地区化学原料及
化学制品制造业灰色虚拟水耗水量　　　单位：万吨

国别 年份	AUS	AUT	BEL	BRA	BGR	CAN	DNK	CHN	CYP	CZE	CHE
2000	3641	5259	71391	188028	58899	156998	526	2526494	19	3866	1866
2001	3311	5872	65924	136355	55615	155153	510	2623842	17	3843	1986
2002	3605	6017	66261	115860	53027	157586	515	2742678	15	4387	2497
2003	4381	7179	79653	110207	62684	182491	617	3420908	15	5049	3169
2004	4913	8329	89999	122936	78389	208194	641	3824501	11	6239	3661
2005	5114	8638	81878	147648	84342	214161	662	4740354	8	6957	3862
2006	5103	9485	83798	165982	94988	230386	669	5630968	8	7998	4044
2007	5916	11289	91880	191579	106724	242190	778	7391229	8	8283	4407
2008	5821	12716	102538	203452	174371	237178	891	8988818	8	10925	4755
2009	5451	11555	85745	186219	144895	219042	782	10179245	8	8314	5467
2010	6294	18457	90557	229908	166249	268942	795	11162053	9	8954	5358
2011	7094	19006	99101	262504	163290	265925	810	14169671	9	9604	5935
2012	6795	18035	88656	235266	139510	270381	821	16134569	8	8879	5694
2013	5840	19167	87417	232707	146528	269058	932	18355300	7	8627	5332
2014	5385	19181	88113	215307	123543	245166	980	20736229	7	8839	5439
国别 年份	EST	HUN	FIN	DEU	FRA	IDN	GRC	IND	ESP	GBR	HRV
2000	632	15387	9134	114814	158921	10241	370	1186783	0	4760	2595
2001	677	14696	9129	111292	151459	9017	396	1179438	0	4712	2523
2002	684	16761	9885	114751	153700	9927	397	1185499	0	4709	2655

续表

国别 年份	EST	HUN	FIN	DEU	FRA	IDN	GRC	IND	ESP	GBR	HRV
2003	970	19415	11656	138279	181264	17847	479	1324736	0	4716	3158
2004	1288	23078	13529	154399	196655	23159	593	1560044	0	6306	3480
2005	1499	26027	12771	150660	196554	22011	599	1750646	0	6176	3819
2006	1589	25300	13451	158093	206137	23564	607	1846183	0	6898	4490
2007	1818	30533	14948	181435	230958	24501	758	2146513	0	8060	5319
2008	2236	32299	15887	192833	245728	22219	872	2471988	0	7861	9625
2009	1349	22235	14246	163944	210287	19362	628	2223143	0	6794	7895
2010	1440	23413	11587	177928	211577	22474	595	2735501	0	6233	8670
2011	1998	25735	13604	189640	229996	23979	592	3202108	0	8156	9147
2012	1790	23624	13708	166530	206245	25063	477	2861462	0	6685	7586
2013	1933	25218	15632	177197	216869	23886	507	2798709	0	6017	7284
2014	1829	27118	15429	181897	222178	22605	500	2887704	0	5781	8074

国别 年份	IRL	ITA	JPN	KOR	LTU	PRT	LVA	MEX	SVN	TWN	LUX
2000	7516	95144	212253	27227	113	4706	1153	9165	6815	120482	13
2001	7163	86857	172046	25374	105	4503	1307	8833	6648	121628	15
2002	9059	95921	164090	27862	135	4884	1538	8484	7345	130100	20
2003	11122	111269	185055	29388	161	5937	1301	7616	9027	165145	28
2004	11666	126729	203563	29819	176	6739	1543	7546	10381	181390	31
2005	8805	131875	206354	38039	199	6616	1484	8782	10457	221819	30
2006	8928	139567	192926	42257	277	6626	2081	7657	11685	388297	36
2007	11938	159222	189561	43747	426	7768	2103	8153	13290	488936	44
2008	17333	163180	206484	36548	456	7862	4218	8138	13103	831238	41
2009	10618	119837	163411	31825	442	6115	3997	5406	10306	611099	26
2010	4474	132594	243865	37619	471	7215	4736	6036	11461	604250	33
2011	7290	138117	252796	39573	497	7549	3764	6646	11938	787020	31
2012	5679	122247	238635	40413	461	6813	3860	5169	10890	1206944	26
2013	5777	126279	192338	41679	496	6994	3408	5761	11391	1292654	30
2014	5345	125242	179588	44843	537	7285	3575	6699	11677	1275769	36

续表

国别 年份	ROM	POL	RUS	SVK	MLT	NOR	SWE	TUR	NLD	USA	—
2000	19724	237670	802611	10467	12.1	2155	2938	8880	2079	1069882	—
2001	15574	308830	766754	10896	7.5	1858	2837	4184	2091	999122	—
2002	13976	336320	707091	11134	7.7	2022	3503	3522	2272	1035041	—
2003	14907	414882	770191	12140	9.2	2421	4739	4177	2716	1029889	—
2004	17577	498627	905444	12885	9.8	2737	5004	5169	3115	1111134	—
2005	16621	592732	945577	13661	8.7	3354	4888	6578	3196	1158230	—
2006	19588	718389	967947	19114	10.2	3577	5395	7141	3340	1171960	—
2007	23606	816808	1065748	26628	10.2	3952	5325	8334	3728	1268527	—
2008	24248	866321	1121306	29605	8.3	4071	4946	8442	3735	1158396	—
2009	17473	658076	910606	26875	1.5	3707	4472	6618	3406	970425	—
2010	17347	704865	1031517	27453	7.9	5561	4898	7779	3434	1093578	—
2011	16943	769875	1325606	33412	1.2	6280	5762	7734	3876	1099299	—
2012	14296	754162	1278356	27286	1.0	3333	5508	7276	3660	1155432	—
2013	13015	787408	1309569	21408	1.0	3280	5310	7154	3591	1157185	—
2014	14591	801948	1065805	21832	0.7	2838	5018	6408	3574	1146219	—

资料来源：笔者计算整理得到。

表 13　　　　　　　　按年份区分的世界各国及地区非金属

矿物制品业蓝色虚拟水耗水量　　　单位：万吨

国别 年份	AUS	AUT	BEL	BRA	BGR	CAN	CHE	CHN	CYP	CZE	DEU
2000	358	64	2443	3177	2947	2598	519	14764	2	1178	3444
2001	325	63	2401	2426	2249	2591	503	12989	3	1242	3117
2002	354	66	2459	1952	2705	2690	555	11537	3	1477	3195
2003	430	79	2906	1787	3462	3134	637	14362	4	1747	3740
2004	482	88	3232	1985	4274	3436	676	17605	5	2058	4251
2005	502	90	2984	2441	5296	3771	697	23819	6	2280	4207
2006	501	96	3176	2813	7427	4053	735	31164	6	2705	4547
2007	581	105	3872	3356	9232	4217	786	42764	7	2950	5047

续表

国别 年份	AUS	AUT	BEL	BRA	BGR	CAN	CHE	CHN	CYP	CZE	DEU
2008	580	115	3928	3841	9557	4392	872	50054	9	3567	5263
2009	552	93	3276	3352	6280	3817	828	64073	7	2485	4426
2010	649	88	3048	4138	5401	4376	934	66871	6	2393	4359
2011	744	95	3521	4814	6025	4571	1125	83871	6	2746	5113
2012	726	84	3148	4436	5795	4645	1009	97955	4	2361	4528
2013	715	85	3122	4154	6778	4575	1045	112008	3	2299	4741
2014	659	89	3112	3843	7771	4157	1068	124341	3	2303	4776

国别 年份	DNK	ESP	EST	FIN	FRA	GBR	GRC	HRV	HUN	IDN	IND
2000	138	13531	4	81	11792	3000	136	207	4769	120	3339
2001	124	15126	4	77	11258	2782	130	212	5078	125	3263
2002	130	16226	5	82	11745	2859	137	238	6022	139	3346
2003	147	19462	7	99	14001	3370	199	302	7098	165	3661
2004	157	22250	8	117	15793	4343	188	359	8450	172	3863
2005	180	24385	10	126	16324	4500	185	401	9520	162	4188
2006	189	26022	12	136	16974	4935	203	440	10025	185	4770
2007	216	28946	14	154	18600	5559	215	507	12096	200	5880
2008	211	25904	11	159	18667	4935	223	537	14445	199	6568
2009	153	17365	6	113	15500	4110	178	334	8871	194	5971
2010	134	15487	7	118	15018	4183	152	287	7913	234	6857
2011	165	15729	8	139	17148	4428	106	286	8529	250	7553
2012	145	12809	7	120	15125	3831	82	229	6955	257	6971
2013	151	12282	8	121	15293	3913	84	231	7111	247	6629
2014	158	12310	8	120	15526	5196	85	235	7707	225	6836

国别 年份	IRL	ITA	JPN	KOR	LTU	LUX	LVA	MEX	MLT	NLD	NOR
2000	98	7841	1370	1615	6	15	28	204	0	742	191
2001	90	7826	1173	1504	6	15	35	198	0	694	180
2002	89	8704	1052	1678	7	16	37	192	0	704	207

续表

国别＼年份	IRL	ITA	JPN	KOR	LTU	LUX	LVA	MEX	MLT	NLD	NOR
2003	110	10234	1124	1898	10	20	40	175	0	797	234
2004	137	11264	1223	2083	12	23	64	176	0	899	279
2005	143	11371	1214	2407	16	23	78	198	0	917	319
2006	144	11358	1176	2655	22	24	90	206	0	987	356
2007	187	12636	1188	3005	23	30	126	211	0	1125	424
2008	156	12808	1295	2666	21	30	156	201	0	1207	457
2009	113	9805	1100	2320	11	23	89	148	0	971	359
2010	96	9498	1253	2884	12	28	110	164	0	863	368
2011	92	9715	1370	2960	15	31	148	175	0	977	446
2012	67	8021	1394	2776	13	23	133	168	0	812	426
2013	78	7755	1111	2923	14	25	146	171	0	795	429
2014	79	7780	1036	3300	15	25	145	166	0	770	422

国别＼年份	POL	PRT	ROM	RUS	SVK	SVN	SWE	TUR	TWN	USA	—
2000	2080	1460	2860	17674	29	1037	76	17679	1593	54073	—
2001	2387	1466	2243	17771	26	954	70	8522	1479	52675	—
2002	2515	1549	2067	16811	30	987	76	6844	1595	52537	—
2003	2902	1812	2080	18284	37	1175	87	8007	1593	53245	—
2004	3644	2048	2420	21828	44	1337	97	9336	1769	54486	—
2005	4503	2063	2730	23638	48	1360	103	10477	2106	56149	—
2006	5616	2118	3360	28083	52	1568	114	10828	2251	57840	—
2007	6893	2394	4349	36912	74	1791	136	12346	2557	57485	—
2008	8310	2515	4742	36830	86	1986	147	13194	2630	50436	—
2009	6188	2104	2899	20887	60	1344	106	9805	2319	38749	—
2010	8168	2096	2620	23152	58	1378	129	11525	3210	39952	—
2011	10049	2084	2889	28646	69	1418	158	11458	3864	40247	—
2012	8474	1645	2543	27429	58	1231	151	10779	3830	41887	—
2013	9307	1636	2266	25423	57	1254	152	10599	3978	43282	—
2014	10174	1691	2478	22249	59	1277	145	9494	3721	46580	—

资料来源：笔者计算整理得到。

表14　　　　　　　按年份区分的世界各国及地区非金属
矿物制品业灰色虚拟水耗水量　　　　单位：万吨

国别 年份	AUS	AUT	BEL	BRA	BGR	CAN	CHE	CHN	CYP	CZE	DEU
2000	883	98	18565	44663	32486	13970	296	189350	27	4923	3926
2001	803	95	18247	34110	24792	13933	287	166589	32	5191	3553
2002	874	100	18689	27440	29815	14462	317	147962	34	6174	3642
2003	1063	120	22087	25126	38164	16852	363	184198	49	7302	4264
2004	1192	133	24561	27915	47110	18476	386	225787	61	8603	4846
2005	1240	137	22681	34323	58370	20276	398	305473	68	9530	4796
2006	1238	146	24138	39555	81859	21795	419	399679	73	11307	5183
2007	1435	160	29430	47186	101758	22673	448	548451	83	12331	5754
2008	1434	175	29851	54008	105343	23616	497	641938	105	14907	6000
2009	1364	141	24901	47126	69224	20523	472	821737	84	10384	5046
2010	1602	134	23165	58182	59528	23531	533	857618	69	10002	4970
2011	1838	145	26761	67690	66408	24577	642	1075650	67	11478	5829
2012	1793	128	23922	62374	63879	24975	575	1256278	47	9869	5161
2013	1767	130	23724	58402	74708	24601	596	1436506	37	9607	5404
2014	1629	135	23652	54035	85649	22351	609	1594679	36	9626	5445

国别 年份	DNK	ESP	HUN	FIN	FRA	GBR	GRC	HRV	EST	IDN	IND
2000	317	0	34436	291	44809	1425	388	1653	17	2212	63435
2001	285	0	36666	278	42779	1322	371	1631	19	2311	62000
2002	299	0	43483	296	44632	1358	389	1771	23	2569	63572
2003	337	0	51247	358	53204	1601	568	2237	32	3054	69554
2004	361	0	61010	421	60015	2064	534	2711	39	3184	73394
2005	413	0	68735	453	62030	2138	527	3103	47	2995	79571
2006	436	0	72385	489	64502	2345	577	3546	56	3419	90624
2007	497	0	87332	557	70678	2641	613	4324	68	3699	111721
2008	486	0	104298	572	70935	2344	636	4741	53	3666	124797
2009	351	0	64053	407	58901	1953	507	3010	31	3575	113450
2010	309	0	57132	426	57068	1987	434	2644	32	4320	130286

续表

国别 年份	DNK	ESP	HUN	FIN	FRA	GBR	GRC	HRV	EST	IDN	IND
2011	380	0	61582	503	65161	2104	301	2728	38	4612	143502
2012	334	0	50218	432	57474	1820	235	2263	35	4750	132457
2013	346	0	51339	437	58115	1859	239	2294	37	4554	125945
2014	364	0	55647	432	58998	2468	243	2313	40	4162	129893

国别 年份	ITA	POL	KOR	LTU	SVN	LVA	MEX	MLT	NLD	TUR	NOR
2000	46185	15018	6507	33	9667	174	2521	2.8	141	194821	797
2001	46097	17237	6058	34	8890	219	2448	2.6	132	93917	752
2002	51268	18155	6761	39	9202	233	2374	2.8	134	75419	867
2003	60279	20956	7645	57	10952	250	2159	3.2	151	88240	979
2004	66346	26309	8389	67	12457	401	2179	3.3	171	102883	1166
2005	66973	32511	9696	90	12672	492	2447	3.6	174	115453	1334
2006	66899	40545	10695	123	14613	562	2550	3.5	187	119328	1490
2007	74426	49770	12106	129	16694	789	2607	4.0	214	136057	1770
2008	75442	59999	10738	123	18515	977	2481	4.1	229	145394	1909
2009	57752	44680	9344	63	12526	558	1826	3.4	184	108051	1502
2010	55941	58974	11617	67	12844	690	2026	3.3	164	127002	1538
2011	57220	72557	11922	83	13212	928	2157	3.5	186	126269	1863
2012	47243	61184	11181	76	11469	833	2077	3.1	154	118789	1782
2013	45679	67194	11774	82	11684	920	2108	3.1	151	116800	1792
2014	45822	73456	13293	85	11902	911	2048	3.3	146	104623	1763

国别 年份	PRT	ROM	RUS	SVK	TWN	SWE	JPN	LUX	IRL	USA	—
2000	8876	39125	335797	240	12742	201	8587	14	299	293833	—
2001	8912	30685	337647	214	11395	186	7354	14	275	286236	—
2002	9418	28271	319400	245	11887	203	6597	15	272	285485	—
2003	11016	28459	347398	303	11815	232	7046	19	335	289335	—
2004	12454	33113	414729	359	13345	259	7667	21	417	296075	—
2005	12541	37349	449118	388	16297	273	7609	21	436	305111	—

续表

国别 年份	PRT	ROM	RUS	SVK	TWN	SWE	JPN	LUX	IRL	USA	—
2006	12879	45961	533569	426	18140	303	7376	22	437	314303	—
2007	14558	59495	701319	602	21797	361	7450	28	568	312374	—
2008	15293	64875	699769	706	23204	392	8122	27	474	274070	—
2009	12794	39665	396862	493	20869	281	6899	21	344	210560	—
2010	12743	35840	439893	471	29619	344	7857	26	290	217099	—
2011	12673	39518	544279	562	36901	421	8588	28	279	218705	—
2012	10000	34793	521160	470	37812	403	8742	21	203	227615	—
2013	9947	30995	483040	465	39452	404	6965	23	237	235195	—
2014	10281	33900	422734	485	36603	386	6496	23	241	253117	—

资料来源：笔者计算整理得到。

表 15　按年份区分的世界各国及地区金属制品业蓝色虚拟水耗水量

单位：万吨

国别 年份	AUS	AUT	BEL	BRA	BGR	CAN	CHE	CHN	CYP	CZE	DEU
2000	2101	1231	664	16975	4101	37919	57	253787	0.29	252	24613
2001	1911	1233	643	13367	4509	37473	57	285171	0.27	270	24588
2002	2080	1238	691	11306	4195	36920	54	305870	0.26	291	26262
2003	2528	1434	832	10402	5802	42085	63	394609	0.32	366	30526
2004	2835	1798	1018	11833	7754	44470	63	444694	0.41	445	35521
2005	2951	2051	923	14097	7080	49026	66	544817	0.41	478	35703
2006	2945	2127	1076	15807	10685	49001	65	645586	0.54	543	38806
2007	3414	2489	1213	18443	9780	48066	71	767679	0.70	562	45386
2008	3563	2746	1116	20109	13662	53165	78	930168	0.74	651	47778
2009	3334	2230	788	15332	8558	51819	64	1026161	0.61	400	34028
2010	3705	2147	916	18929	9663	67011	74	1105040	0.53	492	37167
2011	3916	2584	1059	20535	10372	71549	91	1339442	0.71	548	43572
2012	3452	2448	925	17521	9312	76892	78	1462983	0.59	450	39259
2013	2847	2392	874	16723	11930	82684	76	1596065	0.48	446	39274
2014	2625	2441	908	15472	14195	74885	80	1772791	0.48	435	41560

续表

国别 年份	DNK	ESP	EST	FIN	FRA	GBR	GRC	HRV	HUN	IDN	IND
2000	41	42	0.46	1002	13731	6064	226	167	1465	261	61307
2001	35	42	0.72	956	13624	5652	228	135	1428	243	60232
2002	30	48	1.14	932	14329	5802	266	217	1702	320	65789
2003	37	60	2.06	1266	16617	6616	343	215	2031	333	75330
2004	43	74	1.88	1605	18006	9557	394	231	2412	315	84129
2005	35	74	1.56	1556	18165	10038	389	279	2500	285	92989
2006	39	86	1.62	1515	18722	8964	440	322	2759	302	111668
2007	49	102	2.97	1618	20430	9985	498	345	2974	291	135173
2008	48	104	4.38	1515	20651	9773	542	391	2991	258	128674
2009	29	67	1.76	1053	16148	9364	331	308	1386	219	129298
2010	29	83	3.47	1396	16936	7737	348	320	1567	228	162891
2011	34	94	3.25	1477	17878	8596	383	335	1832	257	179330
2012	29	101	2.77	1346	15660	8634	302	310	1485	240	138937
2013	32	121	4.65	1394	16210	8648	296	300	1532	241	133671
2014	34	137	5.52	1567	16634	8799	311	318	1556	220	137960

国别 年份	IRL	ITA	JPN	KOR	LTU	LUX	LVA	MEX	MLT	NLD	NOR
2000	21	8159	24203	2040	0.47	53	10	13636	0	1253	697
2001	22	7888	20733	1857	0.45	47	10	11743	0	1186	676
2002	18	8211	19363	1980	0.37	51	13	11062	0	1264	745
2003	26	10413	21762	2077	0.36	60	14	10503	0	1540	892
2004	31	11515	26289	2181	0.33	76	20	10681	0	1874	1051
2005	35	12687	26389	2594	0.41	63	17	11488	0	1837	1093
2006	30	13943	24664	2936	0.46	80	17	11723	0	1914	1116
2007	27	16775	25721	3264	0.59	84	20	11332	0	2225	1284
2008	39	17392	29570	2744	1.38	86	21	11115	0	2339	1322
2009	13	10994	18368	2100	1.15	54	22	7548	0	1774	1031
2010	23	12824	29405	2682	1.12	70	23	8938	0	2055	1143
2011	23	15096	32317	2991	1.48	72	23	9417	0	2196	1184

续表

国别\年份	IRL	ITA	JPN	KOR	LTU	LUX	LVA	MEX	MLT	NLD	NOR
2012	19	12691	29931	2971	1.48	58	26	9286	0	1850	1093
2013	23	12842	24124	2751	1.53	57	16	9378	0	1946	1031
2014	25	13148	22525	2956	1.59	60	15	9884	0	2052	963

国别\年份	POL	PRT	ROM	RUS	SVK	SVN	SWE	TUR	TWN	USA	—
2000	5674	579	2216	18971	800	664	386	3990	11061	320008	—
2001	5320	561	1814	18978	627	653	331	1948	11410	290737	—
2002	5247	609	1673	18644	745	695	370	1559	14129	301296	—
2003	6346	734	1688	20317	945	873	445	1700	17211	287702	—
2004	5464	862	2090	23444	1090	1049	515	1754	20070	317465	—
2005	6093	853	2364	24791	1076	1167	501	2186	21917	318292	—
2006	6848	899	2562	28316	1202	1304	527	2038	24009	312005	—
2007	7844	1070	3129	31504	1469	1452	575	2325	26879	322403	—
2008	12981	1141	2742	30674	1650	1478	567	2157	29456	326565	—
2009	8349	912	1486	20604	1060	887	337	1867	32836	240704	—
2010	12446	897	2411	23382	1386	1062	458	2195	40724	295384	—
2011	12135	1028	2436	26425	1416	1259	531	2182	49538	315263	—
2012	10617	925	2109	27717	1330	1177	461	2053	54746	315498	—
2013	10943	964	1952	28394	1331	1241	459	2018	61319	328973	—
2014	10478	1016	2103	22287	1431	1348	439	1808	58926	348683	—

资料来源：笔者计算整理得到。

表16　　按年份区分的世界各国及地区金属制品业灰色虚拟水耗水量

单位：万吨

国别\年份	AUS	AUT	BEL	BRA	BGR	CAN	CHE	CHN	CYP	CZE	DEU
2000	5189	1871	5047	238664	45206	203891	33	3254814	3	1052	28058
2001	4720	1874	4886	187935	49695	201491	32	3657322	3	1128	28030
2002	5138	1882	5251	158963	46241	198518	31	3922786	3	1215	29938

续表

国别 年份	AUS	AUT	BEL	BRA	BGR	CAN	CHE	CHN	CYP	CZE	DEU
2003	6244	2180	6326	146253	63952	226293	36	5060863	4	1528	34799
2004	7002	2733	7734	166372	85469	239118	36	5703199	5	1859	40493
2005	7289	3118	7018	198201	78036	263614	38	6987287	5	2000	40701
2006	7274	3234	8179	222255	117775	263477	37	8279643	6	2269	44239
2007	8432	3783	9216	259307	107801	258450	40	9845495	8	2349	51739
2008	8801	4173	8482	282737	150591	285869	44	11929416	9	2719	54467
2009	8236	3389	5985	215563	94332	278630	36	13160527	7	1673	38792
2010	9152	3263	6960	266137	106511	360316	42	14172146	6	2055	42370
2011	9673	3928	8047	288724	114327	384720	52	17178359	8	2292	49671
2012	8526	3721	7027	246346	102640	413446	44	18762771	7	1880	44755
2013	7032	3636	6645	235124	131496	444593	44	20469540	6	1862	44772
2014	6484	3711	6902	217544	156455	402658	45	22736063	6	1818	47378

国别 年份	DNK	HUN	EST	FIN	FRA	GBR	GRC	HRV	ESP	IDN	IND
2000	94	10578	2	3616	52177	2881	645	1541	0	4824	1164826
2001	81	10313	3	3451	51771	2685	650	1276	0	4479	1144410
2002	69	12292	5	3366	54451	2757	756	2068	0	5909	1249991
2003	84	14663	10	4570	63146	3143	976	2118	0	6156	1431262
2004	99	17417	9	5795	68422	4541	1123	2279	0	5825	1598443
2005	80	18050	7	5616	69026	4769	1108	2842	0	5271	1766791
2006	91	19922	8	5467	71144	4259	1253	3392	0	5577	2121687
2007	113	21474	14	5840	77634	4744	1420	3713	0	5371	2568289
2008	110	21599	21	5468	78472	4643	1544	4251	0	4773	2444809
2009	67	10010	8	3802	61362	4449	942	3508	0	4035	2456655
2010	66	11311	17	5038	64355	3676	991	3621	0	4213	3094925
2011	79	13226	15	5332	67935	4084	1091	3831	0	4754	3407266
2012	67	10719	13	4859	59508	4102	861	3537	0	4437	2639802
2013	74	11063	22	5034	61597	4109	843	3433	0	4458	2539752
2014	79	11235	26	5656	63209	4181	887	3658	0	4057	2621232

续表

国别 年份	POL	IRL	ITA	JPN	KOR	LTU	SVK	LVA	USA	NOR	MEX
2000	40966	65	48057	151754	8217	3	6526	63	1738925	2913	168410
2001	38412	66	46458	129996	7479	3	5112	62	1579863	2827	145030
2002	37886	55	48361	121405	7976	2	6075	80	1637243	3114	136615
2003	45820	79	61330	136446	8368	2	7708	90	1563370	3730	129719
2004	39449	94	67820	164835	8785	2	8889	128	1725105	4394	131912
2005	43995	107	74725	165460	10448	2	8782	105	1729599	4566	141879
2006	49441	92	82125	154645	11826	3	9809	105	1695434	4663	144777
2007	56636	83	98802	161271	13150	3	11989	126	1751936	5365	139954
2008	93722	119	102437	185407	11053	8	13466	135	1774555	5525	137275
2009	60283	39	64755	115170	8459	7	8651	135	1307984	4310	93213
2010	89864	69	75535	184370	10805	6	11310	143	1605116	4779	110381
2011	87618	69	88918	202629	12048	8	11557	143	1713137	4950	116299
2012	76658	56	74749	187669	11969	8	10855	163	1714414	4568	114685
2013	79009	71	75641	151259	11080	9	10860	98	1787636	4309	115819
2014	75656	76	77441	141233	11909	9	11678	97	1894742	4025	122062

国别 年份	TUR	LUX	PRT	RUS	ROM	MLT	SVN	NLD	TWN	SWE	—
2000	43970	49	3518	360451	30318	5	6188	238	101847	1027	—
2001	21462	44	3414	360585	24815	5	6089	225	107956	879	—
2002	17178	48	3703	354240	22890	6	6475	240	134450	985	—
2003	18732	56	4464	386031	23091	7	8135	292	169916	1184	—
2004	19327	70	5238	445427	28587	8	9774	356	198334	1369	—
2005	24094	58	5184	471034	32344	8	10875	349	223110	1333	—
2006	22460	74	5467	538013	35054	7	12157	364	253033	1403	—
2007	25622	78	6504	598585	42808	9	13536	423	289439	1530	—
2008	23770	80	6940	582811	37508	10	13774	444	320081	1507	—
2009	20576	50	5543	391469	20324	9	8268	337	374449	897	—
2010	24185	65	5457	444254	32980	8	9898	390	461288	1217	—
2011	24046	67	6252	502084	33318	6	11737	417	566679	1413	—

续表

国别 年份	TUR	LUX	PRT	RUS	ROM	MLT	SVN	NLD	TWN	SWE	—
2012	22621	54	5625	526615	28850	2	10974	351	624830	1227	—
2013	22242	53	5860	539477	26708	3	11565	370	701504	1222	—
2014	19923	56	6175	423445	28775	4	12562	390	677231	1166	—

资料来源：笔者计算整理得到。

表 17　　　按年份区分的世界各国及地区电力、燃气和水的
供应行业蓝色虚拟水耗水量　　　单位：亿吨

国别 年份	AUS	AUT	BEL	BRA	BGR	CAN	CHE	CHN	CYP	CZE	DEU
2000	40.9	105.8	4.2	745.2	7.2	877.9	93.6	544.5	0	5.7	63.6
2001	41.5	102.4	4.0	655.8	5.3	816.2	104.5	679.2	0	6.0	66.7
2002	39.3	102.9	3.6	700.4	6.6	858.4	90.4	705.0	0	7.0	68.2
2003	40.4	86.4	3.2	748.1	8.1	826.3	90.2	694.5	0	4.4	56.1
2004	40.0	95.4	3.9	785.3	8.2	834.6	86.8	865.5	0	6.3	64.8
2005	38.2	96.5	3.9	826.1	11.6	886.3	81.0	971.9	0	7.4	64.7
2006	39.2	93.2	4.0	853.9	11.2	864.1	80.5	1066.8	0	8.0	65.5
2007	35.5	96.0	4.1	915.6	7.9	900.1	89.9	1187.9	0	6.2	68.7
2008	29.5	99.6	4.3	904.7	8.0	924.3	92.9	1432.5	0	5.8	64.8
2009	29.1	106.9	4.3	957.1	9.9	902.7	91.8	1507.1	0	7.3	60.4
2010	33.2	101.7	4.1	987.3	13.9	860.4	92.6	1767.9	0	8.3	67.0
2011	41.1	92.5	3.5	1048.6	9.0	920.0	83.6	1711.0	0	6.5	57.6
2012	34.5	116.8	4.1	1016.8	9.7	931.1	98.7	2134.9	0	7.0	68.2
2013	44.7	112.1	4.2	957.1	11.7	959.3	97.8	2252.9	0	8.9	70.5
2014	45.1	109.8	3.6	914.2	12.6	936.6	97.2	2605.5	0	7.2	62.3

国别 年份	DNK	ESP	EST	FIN	FRA	GBR	GRC	HRV	HUN	IDN	IND
2000	0.07	77.9	0	35.9	174.1	19.0	10.1	15.8	0.44	24.5	182.3
2001	0.07	107.4	0	32.3	192.2	15.9	6.7	17.7	0.46	28.5	180.4
2002	0.08	64.3	0	26.4	161.2	18.2	8.5	14.5	0.47	24.3	167.5

续表

国别\年份	DNK	ESP	EST	FIN	FRA	GBR	GRC	HRV	HUN	IDN	IND
2003	0.05	107.5	0.0	23.5	157.4	14.6	13.1	13.5	0.42	22.3	197.8
2004	0.07	84.3	0.1	36.9	158.9	18.3	12.7	18.9	0.5	23.7	221.6
2005	0.06	56.4	0.1	33.7	137.9	19.2	13.7	17.5	0.49	26.3	264.2
2006	0.06	73.0	0.0	28.1	151.1	20.7	15.9	16.5	0.46	23.6	294.7
2007	0.07	74.7	0.1	34.7	154.9	21.9	8.3	11.9	0.51	27.6	313.0
2008	0.06	64.0	0.1	41.9	167.4	22.6	10.2	14.4	0.52	28.2	285.9
2009	0.05	71.4	0.1	31.1	151.7	21.8	13.8	18.3	0.56	27.9	277.0
2010	0.05	111.4	0.1	31.6	165.3	16.4	18.3	22.6	0.46	42.7	301.3
2011	0.04	80.6	0.1	30.5	122.1	21.0	10.5	12.6	0.54	30.4	351.5
2012	0.04	59.1	0.1	41.3	155.7	20.2	11.2	12.2	0.52	31.3	304.9
2013	0.03	100.5	0.1	31.4	185.7	18.6	15.6	21.4	0.52	41.4	361.2
2014	0.04	105.2	0.1	32.8	168	21.5	11.3	22.3	0.74	37.1	350.9

国别\年份	IRL	ITA	JPN	KOR	LTU	LUX	LVA	MEX	MLT	NLD	NOR
2000	2.8	124.6	237.0	13.7	1.6	2.1	6.9	61.1	0	0.35	348.3
2001	2.3	132.0	229.8	14.6	1.7	2.1	6.9	81.1	0	0.29	296.3
2002	3.1	115.7	224.7	13.0	1.9	2.4	6.0	61.1	0	0.27	317.8
2003	2.3	108.4	254.9	16.9	2.4	2.2	5.5	48.7	0	0.18	259.7
2004	2.4	122.2	252.5	14.4	2.3	2.1	7.6	61.7	0	0.23	267.5
2005	2.4	105.1	211.4	12.7	2.0	2.1	8.1	67.8	0	0.22	334.0
2006	2.7	106.3	238.3	12.8	2.0	2.2	6.6	74.5	0	0.26	293.1
2007	2.5	94.2	206.2	12.3	2.3	2.2	6.7	66.9	0	0.26	329.8
2008	3.2	115.6	204.4	13.6	2.4	2.4	7.6	95.9	0	0.25	342.7
2009	3.1	130.8	205.2	13.8	2.8	2.0	8.5	65.4	0	0.24	308.6
2010	1.9	133.2	222.0	15.8	3.2	3.6	8.6	90.9	0	0.26	286.8
2011	1.7	116.9	224.5	19.2	2.6	2.8	7.1	88.7	0	0.14	297.6
2012	2.5	107.4	204.8	18.7	2.3	2.8	9.1	78.0	0	0.25	349.6
2013	2.3	133.8	207.9	20.5	2.6	2.8	7.1	68.5	0	0.28	315.1
2014	2.4	147.5	212.8	19.1	2.7	2.9	4.9	95.2	0	0.27	333.4

续表

国别\年份	POL	PRT	ROM	RUS	SVK	SVN	SWE	TUR	TWN	USA	—
2000	10.1	28.7	36.2	404.8	12.2	9.4	192.5	75.6	21.7	685.4	
2001	10.3	35.2	36.5	430.5	12.5	9.3	193.6	58.8	22.5	525.7	
2002	9.6	20.2	39.3	401.9	13.4	8.1	162.5	82.5	15.6	714.2	
2003	8.1	39.3	32.5	386.1	9.0	7.2	131.2	86.5	16.9	748.4	
2004	9.0	24.8	40.4	435.2	10.3	10.0	147.3	112.8	16.0	729.2	
2005	9.2	12.5	49.5	427.4	11.6	8.5	178.4	96.8	19.2	729.3	
2006	7.4	28.1	44.9	429.1	11.2	8.8	151.4	108.3	19.6	777.7	
2007	7.2	25.6	39.1	438.1	11.3	8.0	162.2	87.8	20.4	674.5	
2008	6.7	17.9	42.1	408.1	10.4	9.8	169.4	81.4	19.0	690.3	
2009	7.3	22.1	38.7	431.1	11.3	11.5	161.5	88.0	17.3	730.5	
2010	8.5	40.5	49.6	412.2	13.8	11.5	162.8	126.8	17.8	700.9	
2011	6.8	29.7	36.6	410.3	10.1	9.1	162.9	128.1	16.9	843.5	
2012	6.0	16.3	30.2	409.6	10.9	10.0	193.5	141.7	21.1	730.2	
2013	7.3	36.4	37.5	447.1	12.6	12.1	150.5	145.5	21.1	710.2	
2014	6.7	40.2	47.2	433.6	10.9	15.6	156.4	99.5	18.2	689.2	

资料来源：笔者计算整理得到。

表18　　　　按年份区分的世界各国及地区电力、燃气和水的

供应行业灰色虚拟水耗水量　　　单位：1000m³

国别\年份	AUS	AUT	BEL	BRA	BGR	CAN	CHE	CHN	CYP	CZE	DEU
2000	0.174	0.002	0.297	0.09	0.648	0.692	9.167	3.728	0.000	0.144	0.304
2001	0.155	0.002	0.287	0.066	0.717	0.635	10.588	4.277	0.000	0.165	0.308
2002	0.164	0.003	0.301	0.056	0.769	0.649	9.170	4.887	0.001	0.191	0.344
2003	0.201	0.004	0.346	0.054	0.859	0.735	9.827	5.745	0.001	0.236	0.418
2004	0.226	0.004	0.387	0.060	1.022	0.801	9.212	7.536	0.001	0.261	0.497
2005	0.239	0.004	0.388	0.075	1.011	0.881	9.874	9.411	0.001	0.261	0.508
2006	0.238	0.005	0.395	0.087	0.939	0.931	9.315	11.767	0.001	0.316	0.513
2007	0.267	0.005	0.432	0.102	1.312	0.99	9.527	15.097	0.001	0.335	0.626

续表

年份＼国别	AUS	AUT	BEL	BRA	BGR	CAN	CHE	CHN	CYP	CZE	DEU
2008	0.296	0.006	0.442	0.115	1.578	1.031	11.097	13.674	0.002	0.389	0.695
2009	0.281	0.006	0.501	0.103	1.396	0.934	10.338	14.177	0.002	0.320	0.711
2010	0.346	0.005	0.493	0.128	1.347	1.049	10.128	15.851	0.001	0.315	0.724
2011	0.397	0.005	0.48	0.142	1.409	1.114	10.502	17.803	0.002	0.341	0.710
2012	0.411	0.005	0.405	0.133	1.378	1.066	10.461	19.648	0.001	0.300	0.673
2013	0.395	0.005	0.42	0.112	1.323	1.056	10.654	21.899	0.001	0.292	0.666
2014	0.35	0.005	0.485	0.101	1.020	0.957	9.568	25.541	0.001	0.272	0.649

年份＼国别	DNK	ESP	EST	FIN	FRA	GBR	GRC	HRV	HUN	IDN	IND
2000	0.004	0.000	0.006	0.006	1.433	0.044	0.03	0.554	1.91	0.127	1.534
2001	0.005	0.000	0.006	0.006	1.460	0.044	0.029	0.703	1.836	0.108	1.530
2002	0.005	0.000	0.006	0.007	1.553	0.043	0.036	0.749	2.224	0.121	1.600
2003	0.006	0.000	0.009	0.009	1.921	0.046	0.044	0.984	2.547	0.136	1.814
2004	0.006	0.000	0.010	0.010	2.177	0.059	0.049	1.035	3.001	0.135	1.853
2005	0.006	0.000	0.010	0.009	2.384	0.067	0.056	1.122	2.814	0.128	1.909
2006	0.007	0.000	0.010	0.010	2.476	0.065	0.062	1.097	2.524	0.150	1.894
2007	0.007	0.000	0.013	0.010	3.175	0.072	0.068	1.228	3.26	0.172	2.125
2008	0.008	0.000	0.013	0.011	3.379	0.086	0.061	1.411	3.314	0.192	2.126
2009	0.007	0.000	0.011	0.011	3.179	0.047	0.062	1.190	2.684	0.214	2.020
2010	0.007	0.000	0.013	0.011	3.218	0.078	0.056	1.090	2.436	0.259	2.244
2011	0.007	0.000	0.013	0.011	3.156	0.088	0.055	1.045	2.425	0.320	2.383
2012	0.006	0.000	0.012	0.011	2.988	0.065	0.047	0.891	2.057	0.303	2.289
2013	0.006	0.000	0.013	0.011	3.169	0.058	0.046	0.902	1.929	0.272	2.281
2014	0.006	0.000	0.014	0.011	3.026	0.053	0.04	0.834	1.872	0.261	2.446

年份＼国别	IRL	ITA	JPN	KOR	LTU	LUX	LVA	MEX	MLT	NLD	NOR
2000	0.001	0.100	0.009	0.299	0.005	0.000	0.001	2.907	0.001	0.006	4.030
2001	0.002	0.102	0.008	0.275	0.005	0.000	0.001	3.185	0.001	0.006	4.467
2002	0.002	0.106	0.007	0.311	0.008	0.000	0.001	2.999	0.001	0.006	4.145

续表

国别＼年份	IRL	ITA	JPN	KOR	LTU	LUX	LVA	MEX	MLT	NLD	NOR
2003	0.002	0.132	0.008	0.335	0.011	0.000	0.001	3.711	0.001	0.008	3.540
2004	0.003	0.147	0.009	0.359	0.011	0.000	0.002	4.203	0.002	0.009	3.595
2005	0.004	0.154	0.009	0.430	0.013	0.000	0.002	4.946	0.002	0.009	4.305
2006	0.004	0.161	0.009	0.476	0.013	0.000	0.002	5.577	0.002	0.010	3.794
2007	0.004	0.173	0.008	0.530	0.013	0.000	0.002	5.823	0.003	0.010	3.895
2008	0.005	0.200	0.010	0.369	0.015	0.000	0.002	6.499	0.003	0.011	4.084
2009	0.004	0.172	0.010	0.356	0.015	0.000	0.002	4.680	0.002	0.011	3.181
2010	0.003	0.171	0.010	0.469	0.017	0.000	0.002	5.544	0.002	0.011	3.144
2011	0.003	0.177	0.012	0.476	0.012	0.000	0.002	6.549	0.003	0.011	2.998
2012	0.003	0.156	0.011	0.491	0.010	0.000	0.002	6.861	0.002	0.01	3.228
2013	0.003	0.163	0.009	0.579	0.010	0.000	0.002	6.673	0.002	0.01	3.143
2014	0.004	0.145	0.009	0.828	0.010	0.000	0.002	6.065	0.002	0.011	3.105

国别＼年份	POL	PRT	ROM	RUS	SVK	SVN	SWE	TUR	TWN	USA	—
2000	2.087	0.031	0.226	14.643	0.024	0.61	0.002	0.324	6.898	793.70	—
2001	2.259	0.032	0.177	13.883	0.022	0.605	0.002	0.16	6.038	861.40	—
2002	2.090	0.035	0.170	13.349	0.03	0.711	0.002	0.123	6.291	668.10	—
2003	2.137	0.043	0.178	14.163	0.037	0.831	0.003	0.121	6.867	631.00	—
2004	2.500	0.050	0.177	15.423	0.041	0.913	0.003	0.134	9.378	614.00	—
2005	3.028	0.052	0.185	15.891	0.035	0.935	0.003	0.174	10.98	656.50	—
2006	2.996	0.053	0.202	17.788	0.040	0.994	0.003	0.181	12.36	623.60	—
2007	3.405	0.066	0.232	18.456	0.050	1.113	0.004	0.217	14.60	652.80	—
2008	4.204	0.074	0.261	18.831	0.061	1.265	0.004	0.234	51.90	675.80	—
2009	3.082	0.069	0.246	13.823	0.057	1.198	0.003	0.188	14.60	570.70	—
2010	3.594	0.065	0.198	14.797	0.057	1.168	0.004	0.205	18.38	609.30	—
2011	4.239	0.067	0.243	13.646	0.063	1.282	0.004	0.185	29.38	563.60	—
2012	3.728	0.059	0.211	13.983	0.057	1.160	0.004	0.188	29.80	540.50	—
2013	3.790	0.063	0.195	12.867	0.056	1.230	0.004	0.186	21.97	556.70	—
2014	3.480	0.063	0.193	11.178	0.049	1.191	0.004	0.147	20.07	553.77	—

资料来源：笔者计算整理得到。

表19　　按年份区分的世界各国及地区教育行业蓝色虚拟水耗水量 单位：m³

国别 年份	AUS	AUT	BEL	BRA	BGR	CAN	CHE	CHN	CYP	CZE	DEU
2000	39	0.71	3.9	63	47	149	853	409	0.06	3.5	29
2001	36	0.69	3.8	52	46	147	983	390	0.06	3.7	28
2002	38	0.75	4.0	44	50	149	1074	408	0.07	4.5	30
2003	47	0.90	4.9	42	58	171	1140	415	0.08	5.6	36
2004	54	1.02	5.5	46	64	193	1130	460	0.09	6.1	40
2005	56	1.04	5.5	56	67	222	1101	512	0.10	6.7	40
2006	57	1.07	5.6	63	71	252	1116	580	0.10	7.3	40
2007	64	1.19	6.2	69	78	279	1141	704	0.11	8.3	44
2008	69	1.32	6.8	73	83	285	1310	821	0.13	10.0	48
2009	66	1.27	6.4	67	73	247	1434	943	0.13	8.9	46
2010	78	1.23	6.1	80	61	278	1519	1027	0.12	8.9	44
2011	89	1.30	6.5	92	63	295	1741	1183	0.13	9.9	47
2012	91	1.21	6.0	80	55	294	1667	1295	0.12	8.7	44
2013	87	1.26	6.3	78	57	283	1702	1414	0.13	8.9	45
2014	83	1.27	6.6	74	70	277	1734	1543	0.13	8.5	45

国别 年份	DNK	ESP	EST	FIN	FRA	GBR	GRC	HRV	HUN	IDN	IND
2000	9	97	1.7	3.8	59	45	6	70	227	27	140
2001	9	96	1.7	3.8	57	44	6	77	226	23	139
2002	9	105	1.8	4.1	60	47	8	85	267	27	141
2003	11	130	2.3	4.9	72	52	9	93	310	31	160
2004	12	148	2.6	5.4	80	57	12	97	343	31	174
2005	12	155	2.6	5.5	80	60	12	95	354	29	199
2006	13	160	2.8	5.6	80	61	12	103	334	31	199
2007	14	183	3.1	6.1	88	66	13	112	380	30	229
2008	15	203	3.4	6.6	94	60	14	125	417	29	240
2009	15	194	3.1	6.2	88	51	13	125	351	26	227
2010	14	190	2.8	6.1	84	50	12	123	341	29	262
2011	15	202	3.0	6.4	88	52	13	121	352	32	274

续表

国别\年份	DNK	ESP	EST	FIN	FRA	GBR	GRC	HRV	HUN	IDN	IND
2012	14.0	184.0	2.8	5.8	83.0	53.0	11.0	111	312.0	33	254
2013	15.0	189.0	2.9	5.9	86.0	53.0	11.0	116	321.0	32	259
2014	15.0	188.0	3.0	5.9	87.0	57.0	11.0	114	310.0	30	271

国别\年份	IRL	ITA	JPN	KOR	LTU	LUX	LVA	MEX	MLT	NLD	NOR
2000	0.66	48.0	209.0	398.0	1.8	0.09	2.6	935	0.04	11	597
2001	0.62	47.0	187.0	378.0	1.9	0.09	2.5	980	0.04	11	678
2002	0.67	51.0	181.0	408.0	2.2	0.09	2.6	953	0.04	12	777
2003	0.80	62.0	192.0	453.0	2.7	0.11	2.9	851	0.05	15	821
2004	0.90	67.0	208.0	487.0	3.2	0.13	3.3	825	0.05	16	823
2005	0.92	66.0	201.0	554.0	3.3	0.13	3.1	877	0.05	16	848
2006	0.93	66.0	191.0	626.0	3.4	0.13	3.4	882	0.05	17	874
2007	1.05	73.0	187.0	666.0	3.8	0.14	3.7	894	0.06	18	936
2008	1.10	78.0	200.0	603.0	4.3	0.16	4.1	904	0.06	20	959
2009	1.05	73.0	212.0	526.0	3.7	0.15	3.5	742	0.06	19	943
2010	1.01	69.0	231.0	583.0	3.5	0.15	3.1	794	0.06	18	1011
2011	1.10	73.0	255.0	599.0	3.6	0.16	3.5	830	0.07	19	1039
2012	1.01	67.0	263.0	600.0	3.4	0.15	3.3	794	0.07	18	1016
2013	1.05	69.0	217.0	630.0	3.4	0.15	3.4	832	0.08	18	1033
2014	1.08	69.0	197.0	660.0	3.5	0.16	3.6	802	0.09	19	970

国别\年份	POL	PRT	ROM	RUS	SVK	SVN	SWE	TUR	TWN	USA	—
2000	56.0	9.4	36.0	733.0	0.45	37.0	5.4	66	284	73082	—
2001	61.0	9.3	29.0	704.0	0.48	35.0	4.9	36	273	77717	—
2002	59.0	10.0	25.0	680.0	0.59	37.0	5.3	29	287	80027	—
2003	63.0	12.0	27.0	707.0	0.71	42.0	6.6	28	301	81450	—
2004	68.0	13.0	32.0	756.0	0.76	46.0	7.3	30	324	81516	—
2005	78.0	13.0	37.0	778.0	0.82	47.0	7.3	34	343	82006	—
2006	85.0	13.0	38.0	801.0	0.91	47.0	7.4	33	352	85952	—

续表

国别 年份	POL	PRT	ROM	RUS	SVK	SVN	SWE	TUR	TWN	USA	—
2007	98	15	43	874	1.09	52	8.0	38	363	90218	—
2008	114	16	47	903	1.38	56	8.4	39	388	93036	—
2009	90	15	39	678	1.40	54	7.3	33	382	96589	—
2010	91	15	36	653	1.32	51	7.8	38	409	102112	—
2011	94	15	41	673	1.38	54	8.6	37	446	103871	—
2012	86	13	38	691	1.31	50	8.2	37	444	103080	—
2013	86	14	38	694	1.38	51	8.5	37	448	104138	—
2014	87	13	39	659	1.41	51	8.3	35	441	105315	—

资料来源：笔者计算整理得到。

表 20　　按年份区分的世界各国及地区教育行业灰色虚拟水耗水量 单位：m^3

国别 年份	AUS	AUT	BEL	BRA	BGR	CAN	CHE	CHN	CYP	CZE	DEU
2000	98	1.1	30	889	520	799	4882	5241	0.8	15	33
2001	89	1.1	29	728	509	789	5603	5001	0.8	16	32
2002	94	1.1	31	613	549	800	6108	5235	0.9	19	34
2003	115	1.4	37	587	644	922	6476	5328	1.1	24	41
2004	133	1.5	42	647	702	1038	6433	5906	1.2	26	45
2005	139	1.6	42	783	739	1193	6281	6570	1.3	28	46
2006	140	1.6	43	881	781	1354	6359	7432	1.3	30	46
2007	159	1.8	47	966	857	1502	6520	9025	1.5	35	51
2008	171	2.0	52	1029	917	1531	7493	10528	1.7	42	55
2009	163	1.9	49	943	803	1330	8138	12088	1.7	37	52
2010	192	1.9	47	1126	670	1494	8621	13173	1.7	37	50
2011	219	2.0	49	1300	695	1589	9902	15175	1.8	41	53
2012	225	1.8	45	1121	609	1581	9489	16611	1.6	36	50
2013	215	1.9	48	1098	623	1524	9701	18129	1.7	37	52
2014	204	1.9	50	1035	771	1487	9882	19784	1.7	35	51

续表

国别 年份	DNK	ESP	EST	FIN	FRA	GBR	GRC	HRV	HUN	IDN	IND
2000	20	0	8	14	223	22	18	402	1637	496	2665
2001	20	0	8	14	216	21	18	440	1631	423	2643
2002	21	0	9	15	230	22	22	486	1925	499	2688
2003	25	0	11	18	273	25	27	528	2241	564	3034
2004	28	0	12	20	304	27	33	551	2475	564	3301
2005	28	0	13	20	303	29	33	542	2555	542	3774
2006	29	0	13	20	305	29	33	586	2409	568	3773
2007	31	0	15	22	335	31	38	638	2747	561	4355
2008	35	0	16	24	358	29	41	717	3009	530	4551
2009	35	0	15	23	333	24	38	708	2535	483	4317
2010	33	0	13	22	319	24	35	697	2459	528	4987
2011	35	0	14	23	336	25	36	688	2539	596	5206
2012	32	0	13	21	316	25	32	634	2255	607	4823
2013	34	0	14	21	328	25	31	658	2317	592	4920
2014	34	0	14	21	330	27	32	651	2241	545	5143

国别 年份	IRL	ITA	JPN	KOR	LTU	LUX	LVA	MEX	MLT	NLD	NOR
2000	2.0	285	1308	1603	10	0	16	11551	0.61	2.1	3417
2001	1.9	278	1170	1524	11	0	16	12102	0.66	2.1	3862
2002	2.0	301	1133	1644	13	0	16	11774	0.69	2.3	4421
2003	2.4	364	1202	1827	16	0	18	10510	0.82	2.8	4665
2004	2.7	397	1306	1960	18	0	21	10194	0.87	3.1	4684
2005	2.8	387	1263	2230	19	0	20	10825	0.86	3.1	4835
2006	2.8	390	1196	2522	20	0	21	10898	0.89	3.1	4985
2007	3.2	429	1170	2682	22	0	23	11044	0.97	3.5	5344
2008	3.4	458	1251	2427	24	0	26	11164	1.04	3.8	5488
2009	3.2	429	1328	2119	21	0	22	9168	0.95	3.6	5351
2010	3.1	409	1446	2347	20	0	20	9805	1	3.5	5737
2011	3.4	431	1597	2413	21	0	22	10256	1.12	3.6	5909

续表

国别 年份	IRL	ITA	JPN	KOR	LTU	LUX	LVA	MEX	MLT	NLD	NOR
2012	3.1	395	1648	2418	19.0	0	21	9809	1.14	3.4	5781
2013	3.2	404	1361	2537	20.0	0	22	10273	1.35	3.5	5888
2014	3.3	408	1233	2658	20.0	0	22	9899	1.45	3.5	5529

国别 年份	POL	PRT	ROM	RUS	SVK	SVN	SWE	TUR	TWN	USA	—
2000	402	57	492	13935	3.7	347	14	726	1627	397127	—
2001	439	57	392	13373	4.0	324	13	396	1561	422316	—
2002	426	61	348	12919	4.8	344	14	316	1640	434868	—
2003	454	71	371	13437	5.8	393	18	313	1723	442599	—
2004	493	80	445	14358	6.2	428	19	333	1853	442958	—
2005	565	81	508	14779	6.7	434	19	369	1963	445619	—
2006	611	81	516	15228	7.4	437	20	368	2017	467065	—
2007	705	89	585	16607	8.9	483	21	420	2079	490244	—
2008	824	97	648	17150	11.0	526	22	429	2223	505557	—
2009	653	94	533	12886	11.0	503	19	365	2186	524864	—
2010	660	90	498	12407	11.0	478	21	417	2342	554874	—
2011	676	93	557	12779	11.0	503	23	412	2551	564436	—
2012	620	81	514	13135	11.0	461	22	404	2543	560139	—
2013	622	83	527	13186	11.0	476	23	405	2564	565885	—
2014	629	81	530	12527	12.0	476	22	389	2525	572283	—

资料来源：笔者计算整理得到。

表21　　　　　按年份区分的世界各国及地区卫生与社会

工作行业蓝色虚拟水耗水量　　　　单位：m³

国别 年份	AUS	AUT	BEL	BRA	BGR	CAN	CHE	CHN	CYP	CZE	DEU
2000	38	0.69	4	63	45	149	598	391	0.06	3.4	29
2001	36	0.68	4	52	46	148	682	364	0.06	3.8	29
2002	39	0.75	4.2	44	49	151	740	364	0.06	4.6	31

续表

国别 年份	AUS	AUT	BEL	BRA	BGR	CAN	CHE	CHN	CYP	CZE	DEU
2003	50	0.90	5.1	42	68	176	839	396	0.09	5.5	38
2004	58	1.01	5.8	45	76	194	896	467	0.09	5.8	42
2005	63	1.03	5.9	56	70	212	902	685	0.10	6.3	43
2006	65	1.08	6.0	65	82	234	920	690	0.11	6.6	44
2007	76	1.21	6.8	76	91	256	902	768	0.12	7.7	49
2008	84	1.33	7.5	82	96	264	1045	900	0.14	9.2	55
2009	82	1.29	7.6	78	92	227	1114	928	0.13	8.4	55
2010	99	1.25	7.4	93	94	252	1192	1003	0.13	8.3	53
2011	114	1.32	7.7	100	96	268	1397	1208	0.14	8.7	58
2012	120	1.23	7.3	87	78	266	1390	1405	0.13	7.7	54
2013	123	1.28	7.6	81	88	262	1492	1534	0.13	7.8	57
2014	119	1.3	7.6	76	88	255	1600	1674	0.13	7.7	58

国别 年份	DNK	ESP	EST	FIN	FRA	GBR	GRC	HRV	HUN	IDN	IND
2000	8.5	96	1.8	3.8	57	42	6.1	51	229	29	154
2001	8.5	94	1.7	3.7	57	41	6.9	55	234	24	153
2002	9.2	103	1.8	4.0	62	45	7.4	59	280	32	156
2003	11.0	130	2.4	4.8	76	52	9.1	62	353	36	176
2004	13.0	152	2.8	5.5	85	61	10.0	66	407	37	200
2005	13.0	160	2.9	5.7	87	64	11.0	66	447	40	226
2006	13.0	168	3.2	5.9	90	66	11.0	69	434	45	223
2007	15.0	195	3.8	6.5	101	75	12.0	71	469	47	256
2008	16.0	219	4.1	7.3	111	73	13.0	78	521	48	254
2009	16.0	212	3.7	7.1	108	65	12.0	76	455	46	242
2010	16.0	204	3.6	6.8	105	68	11.0	74	431	58	264
2011	17.0	218	3.9	7.3	113	72	9.5	75	448	65	256
2012	16.0	203	3.6	6.8	107	73	7.7	70	393	65	237
2013	16.0	210	3.8	7.2	113	77	7.6	74	412	62	242
2014	17.0	205	3.8	7.2	115	80	7.1	74	415	58	253

续表

国别 / 年份	IRL	ITA	JPN	KOR	LTU	LUX	LVA	MEX	MLT	NLD	NOR
2000	0.64	48	210	392	2.0	0.08	2.6	941	0.04	11	553
2001	0.67	48	185	368	1.9	0.08	2.4	996	0.04	11	607
2002	0.77	52	183	428	2.1	0.10	2.6	964	0.04	12	702
2003	0.96	63	204	475	2.7	0.12	2.9	863	0.05	15	759
2004	1.12	72	224	525	2.9	0.14	3.4	844	0.06	17	800
2005	1.20	73	230	626	3.1	0.14	3.2	893	0.06	18	857
2006	1.30	75	221	727	3.0	0.15	3.3	962	0.06	18	890
2007	1.53	82	224	818	3.3	0.17	3.4	960	0.07	21	941
2008	1.69	90	264	744	3.7	0.20	3.7	992	0.08	23	991
2009	1.66	87	295	699	3.5	0.20	3.2	829	0.07	23	936
2010	1.59	83	324	811	3.5	0.20	2.8	898	0.08	23	991
2011	1.70	88	368	886	3.5	0.21	3.2	953	0.09	25	1046
2012	1.57	79	368	934	3.3	0.20	3.0	916	0.09	23	1030
2013	1.70	82	304	1012	3.3	0.22	3.2	979	0.11	24	1056
2014	1.67	83	276	1105	3.3	0.23	3.3	951	0.12	24	1012

国别 / 年份	POL	PRT	ROM	RUS	SVK	SVN	SWE	TUR	TWN	USA	—
2000	52	9	35	740	0.5	37	5.4	60	471	69795	—
2001	69	10	28	705	0.5	34	4.9	33	444	76163	—
2002	82	10	27	696	0.51	37	5.3	27	460	74282	—
2003	92	13	28	710	0.58	43	6.4	27	464	79083	—
2004	100	14	33	760	0.65	48	7.0	28	484	83657	—
2005	121	15	39	793	0.67	50	7.0	35	494	87021	—
2006	127	15	38	833	0.75	51	7.2	34	479	91165	—
2007	142	17	45	895	1.00	58	7.9	38	508	87285	—
2008	180	19	47	932	1.24	64	8.4	40	547	91165	—
2009	150	19	41	732	1.26	62	7.4	34	550	94886	—
2010	168	18	33	735	1.19	59	7.9	37	587	98458	—
2011	180	19	36	771	1.22	63	9.0	34	650	101890	—

国别 年份	POL	PRT	ROM	RUS	SVK	SVN	SWE	TUR	TWN	USA	—
2012	170	16	31	776	1.16	59	8.6	32	643	100901	—
2013	181	17	32	804	1.21	60	9.0	31	637	104188	—
2014	188	17	29	711	1.25	61	8.7	29	640	108366	—

资料来源：笔者计算整理得到。

表 22　　　　按年份区分的世界各国及地区卫生与社会

工作行业灰色虚拟水耗水量　　　　单位：m³

国别 年份	AUS	AUT	BEL	BRA	BGR	CAN	CHE	CHN	CYP	CZE	DEU
2000	94	1.1	30	889	500	801	3434	5017	0.8	14	33
2001	89	1.0	30	725	506	794	3890	4670	0.8	16	33
2002	97	1.1	32	625	542	810	4223	4665	0.8	19	36
2003	122	1.4	39	588	744	944	4774	5077	1.2	23	44
2004	143	1.5	44	631	834	1042	5100	5986	1.2	24	48
2005	155	1.6	45	782	776	1140	5154	8787	1.3	26	49
2006	162	1.6	46	913	898	1258	5255	8849	1.4	28	50
2007	189	1.8	52	1067	1002	1379	5177	9848	1.6	32	56
2008	206	2.0	57	1148	1062	1419	6004	11547	1.8	39	63
2009	203	2.0	58	1092	1019	1220	6344	11900	1.8	35	62
2010	245	1.9	56	1304	1032	1357	6797	12859	1.7	35	61
2011	282	2.0	59	1401	1061	1439	7978	15494	1.8	36	66
2012	296	1.9	55	1219	863	1432	7951	18025	1.7	32	62
2013	303	2.0	58	1138	975	1407	8540	19673	1.7	33	65
2014	293	2.0	58	1073	971	1372	9138	21468	1.7	32	66
国别 年份	DNK	ESP	EST	FIN	FRA	GBR	GRC	HRV	HUN	IDN	IND
2000	20	0	8.5	14	217	20	17	292	1652	533	2925
2001	20	0	8.0	13	215	20	20	313	1692	447	2903
2002	21	0	8.8	14	237	21	21	337	2025	585	2962

续表

国别 年份	DNK	ESP	EST	FIN	FRA	GBR	GRC	HRV	HUN	IDN	IND
2003	26	0	11	17	288	25	26	354	2552	657	3347
2004	29	0	13	20	325	29	28	376	2940	685	3809
2005	29	0	14	21	330	30	31	374	3230	742	4289
2006	31	0	15	21	343	32	32	391	3130	824	4238
2007	34	0	18	24	383	35	35	410	3385	866	4868
2008	38	0	19	26	422	34	38	450	3764	881	4829
2009	37	0	18	25	409	31	35	435	3283	843	4603
2010	36	0	17	25	399	32	31	424	3111	1072	5022
2011	38	0	18	26	431	34	27	431	3236	1205	4862
2012	36	0	17	25	405	35	22	398	2835	1192	4505
2013	37	0	18	26	429	37	22	421	2972	1148	4595
2014	38	0	18	26	436	38	20	421	2999	1071	4804

国别 年份	IRL	ITA	JPN	KOR	LTU	LUX	LVA	MEX	MLT	NLD	NOR
2000	2.0	282	1315	1577	11	0.07	16	11622	0.6	2.1	3171
2001	2.0	285	1162	1481	11	0.08	15	12301	0.6	2.1	3465
2002	2.3	308	1146	1723	12	0.09	16	11906	0.6	2.3	4008
2003	2.9	370	1279	1912	15	0.11	18	10657	0.8	2.9	4322
2004	3.4	424	1404	2116	16	0.13	21	10424	0.9	3.3	4554
2005	3.6	431	1444	2522	17	0.13	20	11032	0.9	3.4	4895
2006	4.0	439	1383	2930	17	0.14	21	11877	1.0	3.5	5083
2007	4.6	481	1402	3293	19	0.17	21	11859	1.1	3.9	5401
2008	5.1	527	1654	2996	21	0.19	23	12257	1.3	4.4	5696
2009	5.0	511	1848	2816	20	0.19	20	10243	1.2	4.4	5331
2010	4.8	488	2033	3267	20	0.19	18	11086	1.3	4.3	5649
2011	5.2	515	2308	3567	20	0.20	20	11765	1.5	4.7	5976
2012	4.8	467	2310	3760	19	0.19	19	11315	1.5	4.4	5889
2013	5.2	483	1908	4078	19	0.21	20	12094	1.8	4.6	6045
2014	5.1	490	1728	4451	19	0.22	20	11746	1.9	4.6	5781

续表

国别 年份	POL	PRT	ROM	RUS	SVK	SVN	SWE	TUR	TWN	USA	—
2000	378	57	479	14052	4.1	348	14	658	2702	379269	—
2001	501	58	383	13393	4.1	320	13	365	2546	413870	—
2002	593	62	373	13220	4.2	343	14	293	2640	403651	—
2003	663	77	385	13487	4.8	403	17	295	2660	429736	—
2004	723	88	446	14445	5.3	446	19	306	2778	454593	—
2005	876	90	535	15058	5.5	462	19	384	2835	472872	—
2006	915	91	522	15828	6.1	472	19	377	2748	495390	—
2007	1028	104	620	17005	8.2	538	21	417	2917	474309	—
2008	1298	114	637	17714	10.1	600	22	436	3140	495390	—
2009	1083	113	555	13917	10.3	578	20	375	3154	515610	—
2010	1212	111	456	13969	9.7	549	21	405	3367	535021	—
2011	1299	115	495	14654	10.0	587	24	372	3732	553671	—
2012	1228	100	422	14735	9.5	545	23	356	3687	548295	—
2013	1304	104	438	15276	9.9	559	24	341	3653	566159	—
2014	1357	102	403	13512	10.2	565	23	324	3672	588859	—

资料来源：笔者计算整理得到。

参考文献

一 中文文献

白洁、苏庆义：《CPTPP 的规则、影响及中国对策：基于和 TPP 对比的分析》，《国际经济评论》2019 年第 1 期。

鲍晓华、朱钟棣：《技术性贸易壁垒的测量及其对中国进口贸易的影响》，《世界经济》2006 年第 7 期。

鲍晓华：《技术性贸易壁垒的量度工具及其应用研究：文献述评》，《财贸经济》2010 年第 6 期。

鲍晓华、朱达明：《技术性贸易壁垒的差异化效应：国际经验及对中国的启示》，《世界经济》2015 年第 11 期。

陈秀莲、郭家琦：《中国虚拟水贸易的测度，评价与影响因素的实证分析——基于投入产出公式和 SDA 分解模型》，《现代财经》2017 年第 1 期。

程大中：《中国增加值贸易隐含的要素流向扭曲程度分析》，《经济研究》2014 年第 9 期。

程国栋：《虚拟水——中国水资源安全战略的新思路》，《中国科学院院刊》2003 年第 4 期。

董逸恬：《RCEP 对中国的经济效应研究》，博士学位论文，南京大学，2017 年。

龚静、尹忠明：《铁路建设对我国"一带一路"战略的贸易效应研究——基于运输时间和运输距离视角的异质性随机前沿模型分析》，《国际贸易问题》2016 年第 2 期。

郭志芳、李春顶、何传添：《欧盟的大型区域贸易协定建设对中国对外贸易的影响》，《数量经济技术经济研究》2018 年第 10 期。

蒋璐：《基于投入产出分析的中国虚拟水贸易研究》，博士学位论文，
　　华南理工大学，2012 年。

李翀：《我国对外开放程度的度量与比较》，《经济研究》1998 年第
　　1 期。

刘红梅、李国军、王克强：《中国农业虚拟水"资源诅咒"效应检验
　　基于省际面板数据的实证研究》，《管理世界》2009 年第 9 期。

刘红梅、李国军、王克强：《中国农业虚拟水国际贸易影响因素研
　　究——基于引力模型的分析》，《管理世界》2010 年第 9 期。

刘幸菡、吴国蔚：《虚拟水贸易在我国农产品贸易中的实证研究》，
　　《国际贸易问题》2005 年第 9 期。

刘志中、崔日明：《全球贸易治理机制演进与中国的角色变迁》，《经
　　济学家》2017 年第 6 期。

鲁晓东、赵奇伟：《中国的出口潜力及其影响因素——基于随机前沿
　　引力模型的估计》，《数量经济技术经济研究》2010 年第 10 期。

鲁晓东、连玉君：《要素禀赋，制度约束与中国省区出口潜力——基
　　于异质性随机前沿出口模型的估计》，《南方经济》2011 年第
　　10 期。

毛其淋、许家云：《中间品贸易自由化提高了企业加成率吗？——来
　　自中国的证据》，《经济学》（季刊）2017 年第 2 期。

盛斌：《中国对外贸易政策的政治经济分析》，上海人民出版社 2002
　　年版。

孙才志、陈丽新：《我国虚拟水及虚拟水战略研究》，《水利经济》
　　2010 年第 2 期。

田云华：《中国进口非关税措施（NTMs）的现状、特征及其对进口表
　　现的影响》，博士学位论文，对外经济贸易大学，2016 年。

王克强、李国军、刘红梅：《中国农业水资源政策一般均衡模拟分
　　析》，《管理世界》2011 年第 9 期。

汪明珠：《我国农产品进口贸易政策的保护水平与结构——基于贸易
　　限制指数的研究》，博士学位论文，山东大学，2015 年。

朱启荣、高敬峰：《中国对外贸易虚拟水问题研究——基于投入产出

的分析》,《中国软科学》2009 年第 5 期。

朱启荣:《中国外贸中虚拟水与外贸结构调整研究》,《中国工业经济》2014 年第 2 期。

朱启荣、孙雪洁、杨媛媛:《虚拟水视角下中国农产品进出口贸易贸易流量问题研究》,《世界经济研究》2016 年第 1 期。

朱启荣、袁其刚:《中国工业出口贸易中的灰色虚拟水及其政策含义》,《世界经济研究》2014 年第 8 期。

二　外文文献

Abu – Sharar T M, Al – Karablieh E K, and Haddadin M J, " Role of Virtual Water in Optimizing Water Resources Management in Jordan", *Water Resources Management*, Vol. 26, No. 14, 2012, p. 3977 – 3993.

Anderson J E and Neary J P, "Measuring the Restrictiveness of Trade Policy", *The World Bank Economic Review*, Vol. 8, No. 2, 1994.

Anderson J E and Neary J P, "The Merchantilist Index of Trade Policy" *International Economic Review*, Vol. 44, No. 2, 2003.

Anderson J E and Van Wincoop E, "Trade Costs", *Journal of Economic literature*, Vol. 42, No. 3, 2004.

Ansink E, "Refuting Two Claims about Virtual Water Trade", *Ecological Economics*, Vol. 69, No. 10, 2010.

Aldaya M M, Allan J A and Hoekstra A Y, "Strategic Importance of Green Water in International Crop Trade", *Ecological Economics*, Vol. 69, No. 4, 2010.

Allan J A, "*Virtual Water*": *a Long Term Solution for Water Short Middle Eastern Economies*? London: University of London, 1997.

Allan J A, "What Price Water?" *UNESCO Courier*, Vol. 52, No. 2, 1999.

Allan J A, "Virtual Water – the Water, Food, and Trade Nexus. Useful Concept or Misleading Metaphor?" *Water International*, Vol. 23, No. 1, 2003, p. 106 – 113.

Allan and John Anthony, "Integrated Water Resources Management is More a Political than a Technical Challenge", *Developments in Water Sci-*

ence, Vol. 50, 2003, p. 9 – 23.

Amiti M and Khandelwal A K, "Import Competition and Quality Upgrading", *Review of Economics and Statistics*, Vol. 95, No. 2, 2013.

Armstrong S, "Measuring trade and trade potential: A survey", *Asia Pacific Economic Papers*, No. 368.

Ansink E, "Refuting Two Claims about Virtual Water Trade", *Ecological Economics*, Vol. 69, No. 10, 2010.

Arto I, Andreoni V and Rueda – Cantuche J M, "Global Use of Water Resources: A Multiregional Analysis of Water Use, Water Footprint and Water Trade Balance", *Water Resources and Economics*, No. 15, 2016.

Genty A and Arto I, "Neuwahl F. Final Database of Environmental Satellite Accounts: Technical Report on Their Compilation", *WIOD Deliverable*, Vol. 4, No. 6, 2012.

Bagwell K and Staiger R W, "Protection and the Business Cycle", *Advances in Economic Analysis & Policy*, Vol. 3, No. 1, 2003.

Baier S L and Bergstrand J H, "The Growth of World Trade: Tariffs, Transport Costs, and Income Similarity", *Journal of International Economics*, Vol. 53, No. 1, 2001.

Balassa B, "Trade Liberalisation and 'Revealed' Comparative Advantage", *The Manchester School*, Vol. 33, No. 2, 1965.

Baldwin R E, Mutti J H and Richardson J D, "Welfare Effects on the United States of a Significant Multilateral Tariff Reduction", *Journal of International Economics*, Vol. 10, No. 3, 1980.

Baldwin R E and Forslid R, "Trade Liberalization with Heterogeneous Firms", *Review of Development Economics*, Vol. 14, No. 2, 2010.

Bao X and Chen W C, "The Impacts of Technical Barriers to Trade on Different Components of International Trade", *Review of Development Economics*, Vol. 17, No. 3, 2013.

Bao X and Qiu L D, "How Do Technical Barriers to Trade Influence Trade?" *Review of International Economics*, Vol. 20, No. 4, 2012.

Beaulieu E and Cherniwchan J, "Tariff Structure, Trade Expansion, and Canadian Protectionism, 1870 – 1910", *Canadian Journal of Economics*, Vol. 47, No. 1, 2014.

Berrittella M, Rehdanz K and Tol R S J, et al, "The Impact of Trade Liberalization on Water use: A Computable General Equilibrium Analysis", *Journal of Economic Integration*, 2008.

Bhagwati J, *Surveys of Economic Theory*, London: Palgrave Macmillan, 1965.

Caliendo L and Parro F, "Estimates of the Trade and Welfare Effects of NAFTA", *The Review of Economic Studies*, Vol. 82, No. 1, 2015.

Calzadilla A, Rehdanz K and Tol R S J, "The Economic Impact of More Sustainable Water Use in Agriculture: A Computable General Equilibrium Analysis", *Journal of Hydrology*, Vol. 384, No. 3, 2010.

Coe D T and Helpman E, "International R&D Spillovers", *European Economic Review*, Vol. 39, No. 5, 1995.

Chapagain A K, Hoekstra A Y and Savenije H H G, et al, "The Water Footprint of Cotton Consumption: An Assessment of the Impact of Worldwide Consumption of Cotton Products on the Water Resources in the Cotton Producing Countries", *Ecological Economics*, Vol. 60, No. 1, 2006.

Chapagain A K and Hoekstra A Y, "The Water Footprint of Coffee and Tea Consumption in the Netherlands", *Ecological Economics*, Vol. 64, No. 1, 2007.

Choi Y S and Krishna P, "The Factor Content of Bilateral Trade: an Empirical Test", *Journal of Political Economy*, Vol. 112, No. 4, 2004.

Dietzenbacher E and Velázquez E, "Analysing Andalusian Virtual Water Trade in an Input – output Framework", *Regional Studies*, Vol. 41, No. 2, 2007.

Disdier A C, Fontagné L and Mimouni M, "The Impact of Regulations on Agricultural Trade: Evidence from the SPS and TBT Agreements", *A-*

merican Journal of Agricultural Economics, Vol. 90, No. 2, 2008.

Dollar D, "Outward – oriented Developing Economies Really Do Grow More Rapidly: Evidence from 95 LDCs, 1976 – 1985", *Economic Development and Cultural Change*, Vol. 40, No. 3, 1992.

Dollar D and Kraay A, "Institutions, Trade, and Growth", *Journal of Monetary Economics*, Vol. 50, No. 1, 2003.

Edwards S, "Openness, Productivity and Growth: What Do We Really Know?" *The Economic Journal*, Vol. 108, No. 447, 1998.

El – Sadek A, "Virtual Water Trade as a Solution for Water Scarcity in Egypt", *Water Resources Management*, Vol. 24, No. 11, 2010.

Federico G and Tena A, "Was Italy a Protectionist Country?" *European Review of Economic History*, Vol. 2, No. 1, 1998.

Feenstra R C, "Symmetric Pass – through of Tariffs and Exchange Rates under Imperfect Competition: An Empirical Test", *Journal of International Economics*, Vol. 27, No. 1 – 2, 1989.

Feenstra R C, Mandel B R and Reinsdorf M B, et al, "Effects of Terms of Trade Gains and Tariff Changes on the Measurement of US Productivity Growth", *American Economic Journal: Economic Policy*, Vol. 5, No. 1, 2013.

Ferreira P C and Trejos A, "Gains from Trade and Measured Total Factor Productivity", *Review of Economic Dynamics*, Vol. 14, No. 3, 2011.

Frankel J A and Romer D H, "Does Trade Cause Growth?" *American Economic Review*, Vol. 89, No. 3, 1999.

Fugazza M and Nicita A, "The Direct and Relative Effects of Preferential Market Access", *Journal of International Economics*, Vol. 89, No. 2, 2013.

Gebrehiwet Y, Ngqangweni S and Kirsten J F, "Quantifying the Trade Effect of Sanitary and Phytosanitary Regulations of OECD Countries on South African Food Exports", *Agrekon*, Vol. 46, No. 1, 2007.

Goldberg P K and Pavcnik N, "The Effects of Trade Policy", *Handbook of*

Commercial Policy, No. 1, 2016.

Guan D and Hubacek K, "Assessment of Regional Trade and Virtual Water Flows in China", *Ecological Economics*, Vol. 61, No. 1, 2007.

Haaland J I and Venables A J, "Optimal Trade Policy with Monopolistic Competition and Heterogeneous Firms", *Journal of International Economics*, No. 102, 2016.

Handley K and Limao N, "Trade and Investment under Policy Uncertainty: Theory and Firm Evidence", *American Economic Journal: Economic Policy*, Vol. 7, No. 4, 2015.

Harrison A, "Openness and Growth: A Time – series, Cross – country Analysis for Developing Countries", *Journal of Development Economics*, Vol. 48, No. 2, 1996.

Hoekstra A Y and Hung P Q, "Globalisation of Water Resources: International Virtual Water Flows in Relation to Crop Trade", *Global Environmental Change*, Vol. 15, No. 1, 2005.

Hoekstra A Y and Chapagain A K, "The Water Footprints of Morocco and the Netherlands: Global Water Use as a Result of Domestic Consumption of Agricultural Commodities", *Ecological Economics*, Vol. 64, No. 1, 2007.

Hummels D, Ishii J and Yi K M, "The Nature and Growth of Vertical Specialization in World Trade", *Journal of International Economics*, Vol. 54, No. 1, 2001.

Irwin D A, "Trade Restrictiveness and Deadweight Losses from US Tariffs", *American Economic Journal: Economic Policy*, Vol. 2, No. 3, 2010.

Islam M S, Oki T and Kanae S, et al, "A Grid – based Assessment of Global Water Scarcity Including Virtual Water Trading", *Water Resources Management*, Vol. 21, No. 1, 2007.

Johnson R C and Noguera G, "A Portrait of Trade in Value – added over Four Decades", *Review of Economics and Statistics*, Vol. 99, No. 5, 2017.

Kee H L, Nicita A and Olarreaga M, "Import Demand Elasticities and Trade Distortions", *The Review of Economics and Statistics*, Vol. 90, No. 4, 2008.

Kee L H, Nicita A and Olarreaga M, "Estimating Trade Restrictiveness Indices", *The Economic Journal*, Vol. 119, No. 534, 2009.

Kim S H and Shikher S, "Long – Run Effects of the Korea – China Free – Trade Agreement", *Journal of East Asian Economic Integration*, Vol. 19, No. 2, 2015.

Klenow P J and Rodriguez – Clare A, "The Neoclassical Revival in Growth Economics: Has It Gone Too Far?" *NBER Macroeconomics Annual*, No. 12, 1997.

Koopman R, Wang Z and Wei S J, "Tracing Value – added and Double Counting in Gross Exports", *The American Economic Review*, Vol. 104, No. 2, 2014.

Krishna P, "Regionalism and Multilateralism: A Political Economy Approach", *The Quarterly Journal of Economics*, Vol. 113, No. 1, 1998.

Krueger A O, "Trade Creation and Trade Diversion under NAFTA", Sponsored by the National Bureau of Economic Research, 1999, No. W7429.

Kumar M D and Singh O P, "Virtual Water in Global Food and Water Policy Making: is There a Need for Rethinking?" *Water Resources Management*, Vol. 19, No. 6, 2005.

Lai H and Zhu S C, "Technology, Endowments, and the Factor Content of Bilateral Trade", *Journal of International Economics*, Vol. 71, No. 2, 2007.

Lee J W and Swagel P, "Trade Barriers and Trade Flows across Countries and Industries", *Review of Economics & Statistics*, Vol. 79, No. 3, 1997.

Leamer E E, "Latin America as a Target of Trade Barriers Erected by the Major Developed Countries in 1983" *Journal of Development Econom-*

ics, Vol. 32, No. 2, 1990.

Leontief W W, "Price – quantity Variations in Business Cycles", *The Review of Economics and Statistics*, Vol. 17, No. 4, 1935.

Lloyd P and MacLaren D, "Partial – and General – Equilibrium Measures of Trade Restrictiveness", *Review of International Economics*, Vol. 18, No. 5, 2010.

Magee C S P, "New Measures of Trade Creation and Trade Diversion", *Journal of International Economics*, Vol. 75, No. 2, 2008.

Melitz M J, "The Impact of Trade on Intra – industry Reallocations and Aggregate Industry Productivity", *Econometrica*, Vol. 71, No. 6, 2003.

Mubako S, Lahiri S and Lant C, "Input – output Analysis of Virtual Water Transfers: Case Study of California and Illinois", *Ecological Economics*, No. 93, 2013.

Norouzi G, Moghaddasi R and Yazdani S, "Measuring Restrictiveness of Agricultural Trade Policies in Iran", *World Applied Sciences Journal*, Vol. 19, No. 3, 2012.

Oki T and Kanae S, "Virtual Water Trade and World Water Resources" *Water Science and Technology*, Vol. 49, No. 7, 2004, p. 203 – 209.

Ornelas E, "Endogenous Free Trade Agreements and the Multilateral Trading System", *Journal of International Economics*, Vol. 67, No. 2, 2005.

O'Rourke K H, "Measuring Protection: a Cautionary Tale", *Journal of Development Economics*, Vol. 53, No. 1, 1997.

Park S, "The Trade Depressing and Trade Diversion Effects of Antidumping Actions: The Case of China" *China Economic Review*, Vol. 20, No. 3, 2009.

Prochaska C, Dioudis P and Papadopoulos A, et al., "Applying the Virtual Water Concept at Regional Level: The Example of Thessaly (Greece)", *Fresenius Environmental Bulletin*, Vol. 17, No. 5, 2008.

Reimer J J, "On the Economics of Virtual Water Trade", *Ecological Eco-*

nomics, No. 75, 2012.

Rodrik D, "Policy Uncertainty and Private Investment in Developing Countries", *Journal of Development Economics*, Vol. 36, No. 2, 1991.

Soper C S, "The Efective Protective Rate, the Uniform Tariff Equivalent and the Average Tariff", *Economic Record*, Vol. 42, No. 1 - 4, 1966.

Staiger R W and Sykes A O, "International Trade, National Treatment, and Domestic Regulation", *The Journal of Legal Studies*, Vol. 40, No. 1, 2011.

Trefler D, "International Factor Price Differences: Leontief Was Right!" *Journal of Political Economy*, Vol. 101, No. 6, 1993.

Trefler D, "Trade Liberalization and the Theory of Endogenous Protection: an Econometric Study of US Import Policy" *Journal of Political Economy*, Vol. 101, No. 1, 1993.

Trefler D and Zhu S C, "The Structure of Factor Content Predictions", *Journal of International Economics*, Vol. 82, No. 2, 2010.

Van Hofwegen P, "Virtual Water: Conscious Choice", *Stockholm Water Front*, No. 2, 2003.

Vanham D, Mekonnen M M and Hoekstra A Y, "The Water Footprint of the EU for Different Diets", *Ecological Indicators*, No. 32, 2013.

Verma S, Kampman D A and van der Zaag P, et al., "Going Against the Flow: a Critical Analysis of Inter - state Virtual Water Trade in the Context of India's National River Linking Program", *Physics and Chemistry of the Earth*, *Parts A/B/C*, Vol. 34, No. 4 - 5, 2009.

Wang Z, Wei S J and Zhu K, "Quantifying International Production Sharing at the Bilateral and Sector Levels", Sponsored by the National Bureau of Economic Research, 2013, No. W19677.

Wichelns D, "Enhancing Water Policy Discussions by Including Analysis of Non - water Inputs and Farm - level Constraints", *Agricultural Water Management*, 2003, 62 (2): 93 - 103.

Wichelns D, "The Policy Relevance of Virtual Water Can Be Enhanced by

Considering Comparative Advantages", *Agricultural Water Manage-ment*, Vol. 66, No. 1, 2004.

Wichelns D, "Virtual Water: A Helpful Perspective, But Not a Sufficient Policy Criterion", *Water Resources Management*, Vol. 24, No. 10, 2010.

Wilson J S, Otsuki T and Majumdsar B, "Balancing Food Safety and Risk: Do Drug Residue Limits Affect International Trade in Beef?" *Journal of International Trade & Economic Development*, Vol. 12, No. 4, 2003.

Yang H and Zehnder A J B, "Water Scarcity and Food Import: A Case Study for Southern Mediterranean Countries", *World Development*, Vol. 30, No. 8, 2002.

Yi K M, "Can Vertical Specialization Explain the Growth of World Trade?" *Journal of Political Economy*, Vol. 111, No. 1, 2003.

Zhao X, Liu J and Liu Q, et al. "Physical and Virtual Water Transfers for Regional Water Stress Alleviation in China", *Proceedings of the National Academy of Sciences*, Vol. 112, No. 4, 2015.

Zhao X, Liu J and Yang H, et al, "Burden Shifting of Water Quantity and Quality Stress from Megacity Shanghai", *Water Resources Research*, Vol. 52, No. 9, 2016.